口絵１　ハイダ族の彫刻と赤と黒で彩色した容器

口絵２　ハイダ族のカヌー

口絵3　ハイダ族のビーバーの仮面

口絵４　ハイダ族のシャーマンの木像

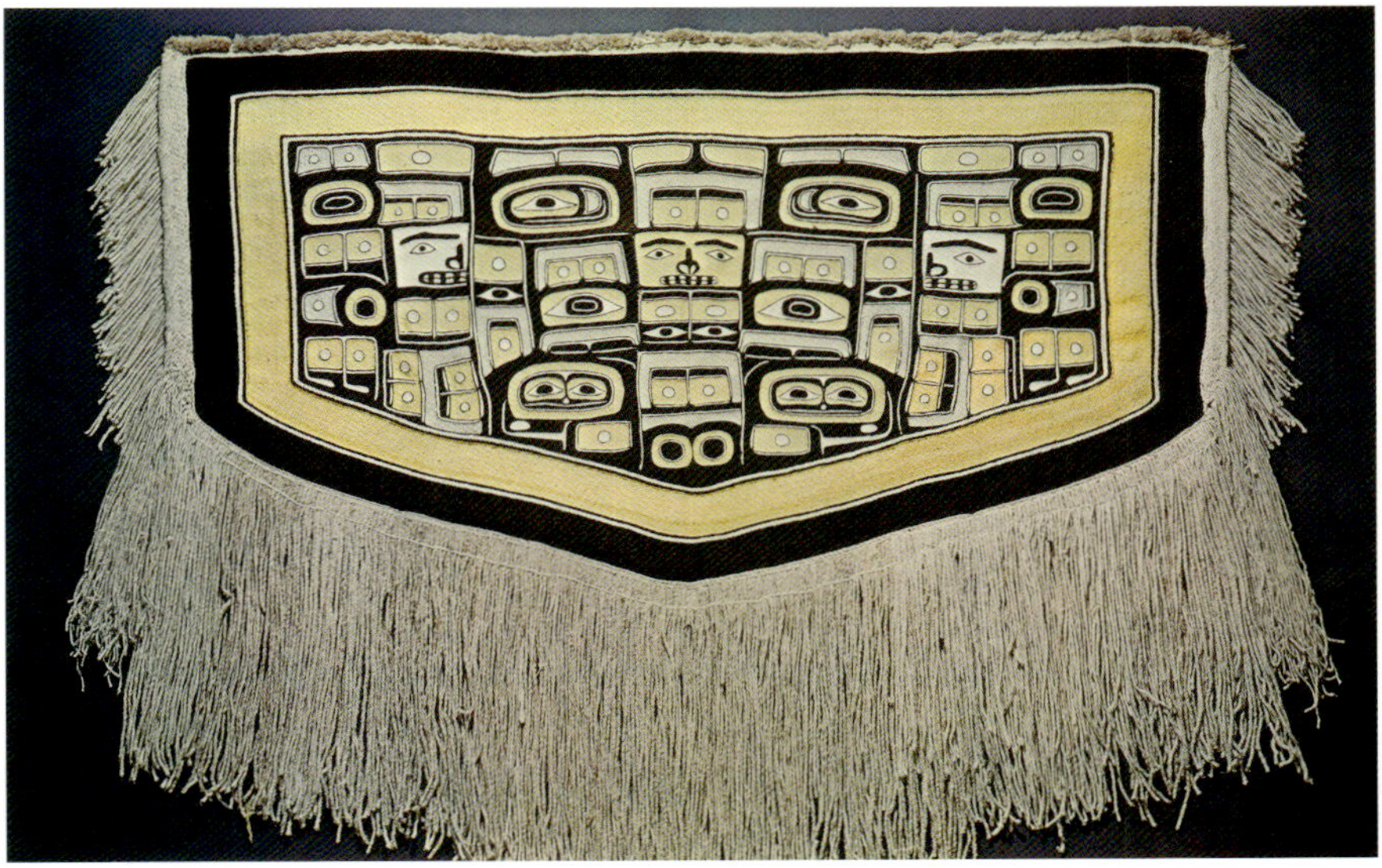

口絵５　トリンギット族の首長用チルカット・ブランケット

口絵６　ハイダ族のオオカミをかたどった容器

*Archaeology Square 8

カナダ
北西海岸民の生活像

Image and Life of the Native Peoples of the Northwest Coast of Canada

関　俊彦

Seki Toshihiko

六一書房

目次

第二章　先住民の漁撈

プロローグ

北アメリカの北西海岸域とは、アラスカ州南西部からブリティッシュ・コロンビア州を経てカリフォルニア州北部の太平洋に面した地をさすばあいもある。

ここには、いくたの先住民が紀元前から住みつづけている。先史モンゴロイドの血をひく彼らは、悠久の歴史とともに歩み、その間に生き抜くうえで複雑な種族組織や社会を形成し、モノづくりを始めとする技を磨き込み、独自の文化を築いてきた。

ことにブリティッシュ・コロンビア州の北部は、人間が生活するうえで自然環境のきびしい所である。しかし、人々はさまざまな体験と知恵を活かして困難な環境に屈《くっ》せず、じょじょに順応し、漁撈を生業として営みをおこなってきた。

北太平洋沿岸は自然がもたらす資源に恵まれていたが、海岸は岩だらけで、多くの深いフィヨルド状の入り江と散在する沖の島々からなっている。

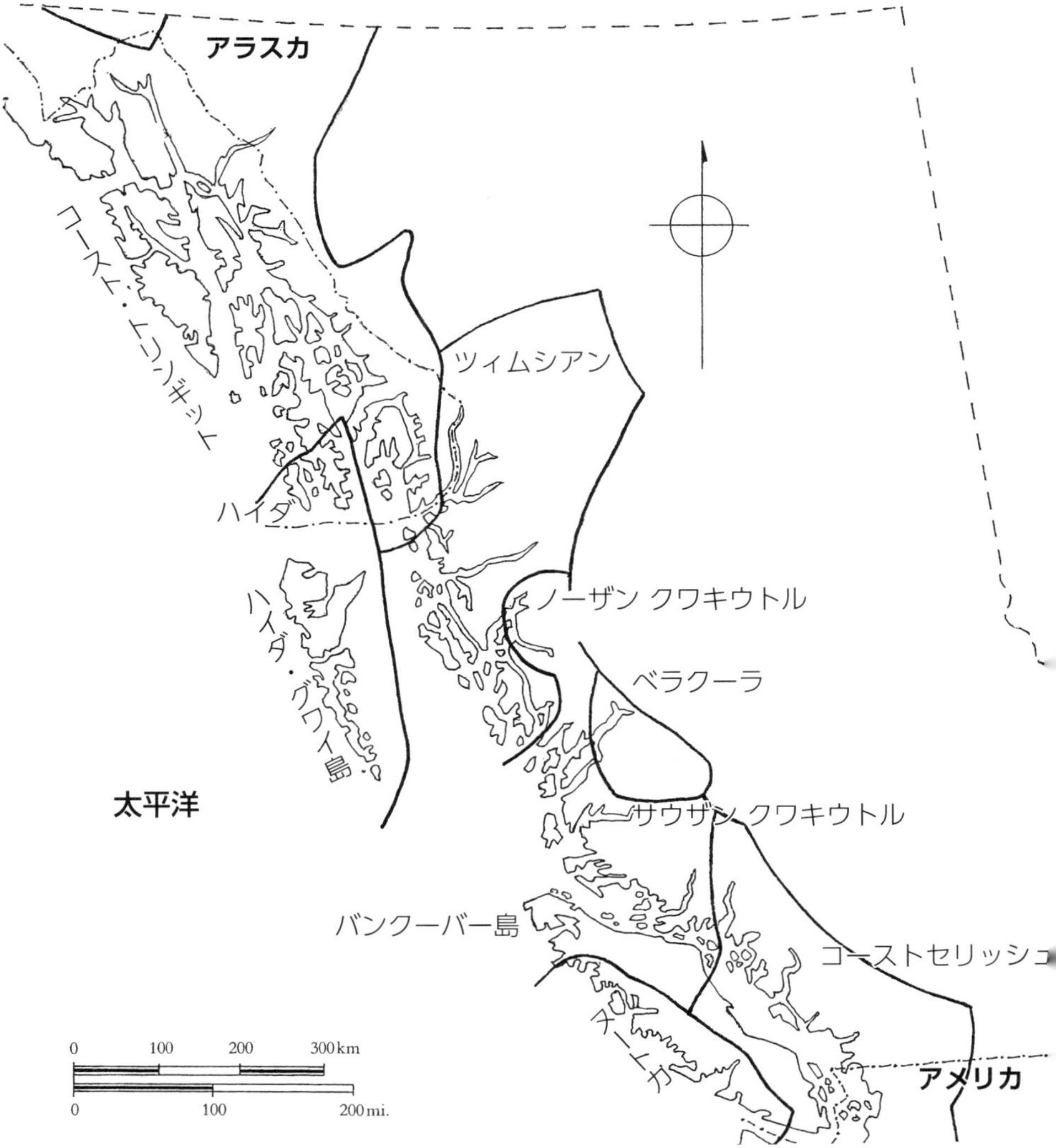

図1　カナダ・ブリティッシュ・コロンビア州にみる先住民の生活域

岩山がだんだんと海洋に沈み、それにともない岩山の両岸が切り立った深い谷に海が侵入してきた。峡谷の大半は急斜面をなし、氷河により極度に侵食されている。この地をはるかな時間をかけて植物が芽を出し、密生したシダー（シーダー）などの森林が埋めつくしたのである。

ここに移り住んだ先住民は、紀元前五〇〇〇年ごろから一九世紀までおもに魚捕りと獣狩りで生活をしてきた（図1）。海洋は豊かで、サケ、タラ、オヒョウ、ニシンといった無数の魚類と（図2・3）、クジラ、アザラシ、トドなどの海獣の群《む》れ、ハマグリ、カキ、ムラサキイガイ、カニなどの貝類と甲殻《こうかく》類、海鳥を居住者に提供した。

海岸から一歩内陸に進むと、急斜面に針葉樹林が人の入るのを拒《こば》んでいる。そこで先住民は海を

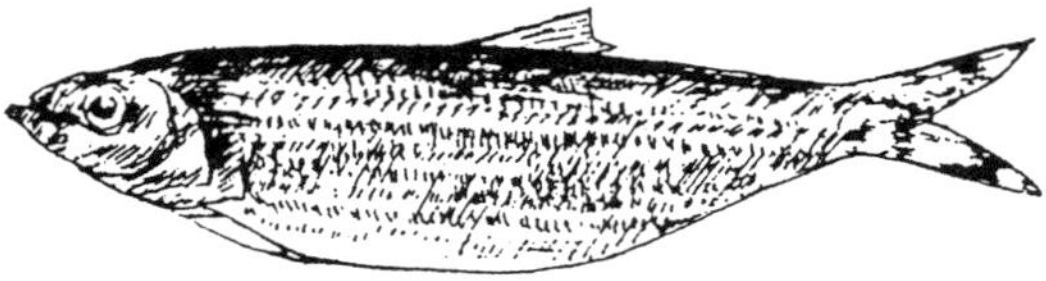

図2　ニシン

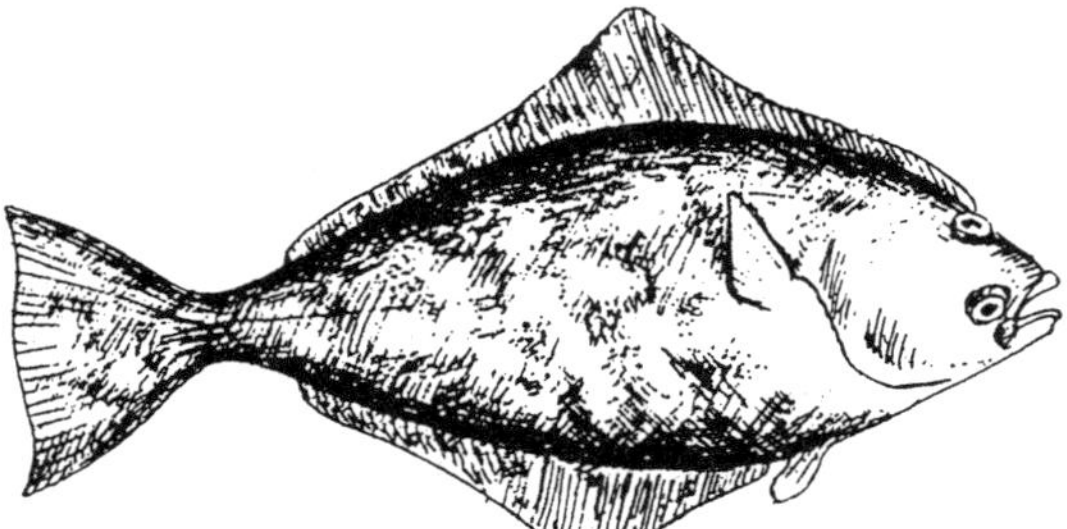

図3　オヒョウ

道として選び、強風と荒海に耐えられるカヌーをつくっていく。

長さ一三m前後、三〇人ほどが乗れる刳《く》り抜きのカヌーを、漁や周辺地域との往き来に使った。一つの集落の住人は一〇〇人以上で、家々は流れの速い河口や浜に面して建っていた。

こうした土地は、カヌーを岸に引き上げるのに適し、隠れ家となる後背地は他種族からの襲撃を防いでくれた。家は太い木の柱と梁《はり》を使い、プランは正方形か長方形で、壁と屋根にはシダーの板を張り、出入り口は円形ないし楕円形で、水辺に面した側は切妻壁《きりづま》で囲っていた。道具には硬い石を磨き上げてつくった斧や手斧《ておの》を用いた。

少量だが石の彫刻もあり、それは他の石で叩《たた》いたり削《けず》ったりしたのち、砂と木で磨き、擦《す》ってつくった。また、難破船の底から取った銅板や天然の銅塊《どうかい》を叩き延ばし、高い威信的価値をもつ銅器、盾《たて》型の祭祀器をこしらえた。しかし先住民は、ヨーロッパ人が来るまではほとんど金属加工の知識はなかった。

トーテムは人々にとって氏族の祖先同然で、家族のトーテムの名誉のために身を捧げた。彼らは魚捕り、狩猟、戦士団の編成にあたり恒久的な統制組織が重要だった。トーテムは家紋的性質をもっていた。サケのトーテムの人たちは、衣服の上にサケの印《しるし》を、家にはサケの像を表示する彫刻したトーテムポールを建てた。

トーテムポールはいろいろな機能をもち、家の構造部分であるとともに、ある人物やできごとを記念するために、あるいは特殊の権威を象徴するために立てられた。一九世紀、先住民らはヨーロッパ人との取り引きで鉄の道具を手にすると、大きく丹念に彫り込んだトーテムポールを多く製作した（図４）。

図４　ハイダ族のトーテムポール

贈り物の催し（ポトラッチ）では、社会的権威を得るために多くの富をあたえたり破壊したり、なんども反復し、有用な品物を交換する役割も担《にな》っていた。贈り物を受けたグループは、後日、自分たちが前に貰《もら》った物以上に価値のある品物を贈り返した。この返礼の祭りを主催するという名誉ある義務を指導者は負った。

こうして、彫刻をほどこした木製品や毛布、装飾品、器具など、種族のつくるあらゆる品々が富として交換された。

儀式は、冬の暗い時期が最も盛んで、そのときは長い夜に参加者たちが、トーテムにまつわる伝説を演じることでくりかえし神話を伝え、同時に種族の知識の泉ともいえる長老らの語りで、生き生きと盛り上がった。子供たちは、芝居に登場する動物の仮面や役者の化粧にみとれ、しだいに物語を学び、種族の造形に興味をもっていった。

この造形的スタイルが、どのくらい存続していたかわからない。たぶん、この様式はヨーロッパ人が来るまでの数世紀、あるいは数千年のあいだ存続していたのではなかろうか。

先住民のことを知ろうと本のページを開いていくにつれ、現代人とは異なる世界のふしぎさにはまってしまう。それは、私たちがあまりに合理的な思考に慣らされてしまったからであろうか。

人は時代や環境によって、より生きる方法をいろいろと考えた末に、ふさわしいモノに到達したのであろう。その思考や価値観が異なるほど好奇心をそそられる。ブリティッシュ・コロンビア州に生きた人たちが、時代ごとに独自な生き方をみせてくれる。

過ぎ去りし日の遠い歴史は、それを知ろうとする人々に万巻の書のようなものをプレゼントしてくれる。

本書であつかう先住民とは、一八世紀から二〇世紀にかけて生きた人々である。なお、種族名は日本語のばあい、カタカナ表記では統一されておらず、研究者によって異なる。たとえば、ツィムシアンはツィムシャン、チムシャンというように、また種族の領域もいくぶんちがう。そこで、本書では各人が表記したものを用いた。

図1・4はStewart（1990）、2・3は木村（1987）。

カバーのクワキウトル族が冬の儀式に使うくちばしの曲った仮面と中扉のハイダ族の家族用の衣服を納める蓋付大箱と口絵1～6はThe Museum of Anthropology the University of British Columbia（1975）からである。

出典は第一章の参考・引用文献に挿入。

◉各章の引用・参考文献末の◎印は、初出の論考で、これに後日加筆し、図を入れた。

第一章　ハイダ族の社会

一　はじめに

ハイダ族はカナダのハイダ・グワイ（旧名クイーン・シャーロット）諸島全域から東南アラスカのプリンス・オブ・ウェールズ島南部にかけて生活している。人々は漁撈を中心に植物採集・狩猟を生業とし、方言からクンギット、スキデゲート、マセット、カイガニの四つの集団に分けられる。

ハイダ族はワタリガラスとワシという母系半族《はんぞく》組織からなる。半族は外婚の単位で、政治機能を握っていたのは《グワイギアガン》という母系出自集団だった。

彼らの社会単位は、村やキャンプ地の名前をもつ、一から一二軒ほどの家々から構成され、人々は漁撈・植物採集・狩猟のためのテリトリーを所有していた。

ハイダ族というと、多くの財宝が贈与される《ポトラッチ》や《トーテムポール》などで知られている。

ハイダ族がヨーロッパ人と接触した記録の古いものは一七七四年、スペインの探検家ファン・ペレス一隊が旧名クィーン・シャーロット（現在はハイダ・グワイ）諸島のランガラ島においてである。彼らは北上してアラスカのドール島でもハイダ族に会っている。

一八世紀後半から一九世紀初めにかけ、ヨーロッパやアメリカの貿易業者がハイダ・グワイ諸島とアラスカ南東部の海域で定期的に行き来すると、船員とハイダ族は船の甲板で商《あきな》いを始めた。彼らはいろいろな商品を持ち込んでは、ハイダ族の捕るラッコの毛皮と交換した。

先住民が好んだ品としては、鉄製品（手斧《ておの》や鑿《のみ》などの刃先を加工したもの）、銅板、マスケット銃、ウィスキー、布、衣服、鍋《なべ》といったものがある（図1・2）。

先住民は商人からジャガイモの栽培法を教わるや、生産に励んだ。一八二五年には大量のジャガイモを対岸のコースト・ツィムシアン族との交易品とした。その後、毛皮をあつかう商人らにより創設されたハドソン湾会社にも毛皮を売った。

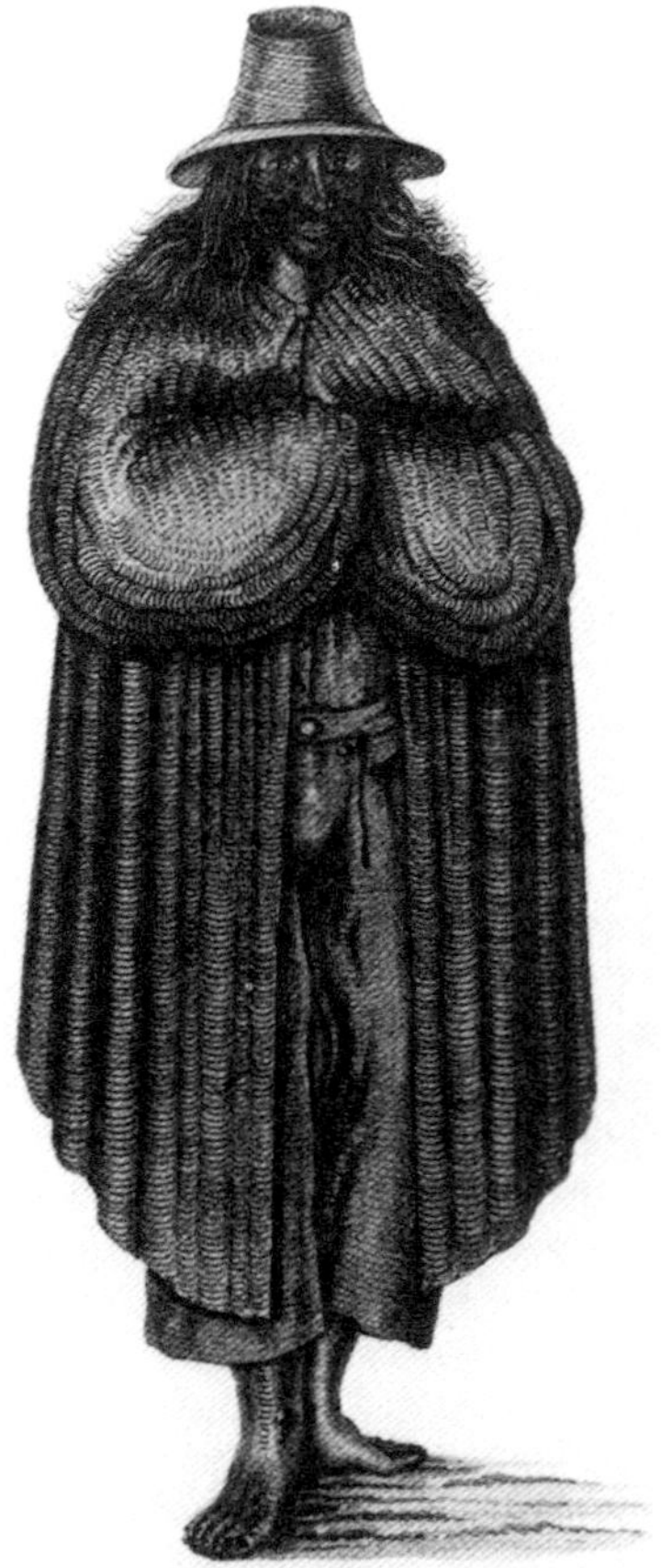

図２　ハイダ族の男性
マントで着飾っている
1793年のスケッチ

図１　ハイダ族の女性
外国商人から手にした衣服で正装している
1793年のスケッチ

ハイダ族は交易商人たちと接するうちに、決まった交易船とではなく、他の商人らとも毛皮類の取り引きをおこなうなどして商売の方法を会得した。北の海上での交易は季節的なもので、この時期は来航船がたびたび来、ハイダ族にとって有利な業者を選ぶことができた。

一七九一年、ハイダ族が天然痘にかかったという記録は残っているが、伝染病による人口の激減の資料はない。この年に先住民と交易商人とで対立する事件が起きたが、ほぼ平和的に交流していたという。

ハイダ族が交易商人と商売を始めると、彼らの経済システムがラッコの捕獲に重点をおくことで成り立っていた。

しかし、ラッコの乱獲が進み、一八一〇年から毛皮交易が減少し、一八三〇年に消滅した。

一八三四年、海上交易はハドソン湾会社が独占し、やがてコースト・ツィムシアン族の領域内にフォート・シンプソン交易所を開設した。この交易所はツィムシアン族、サザン・トリンギット族、ハイダ族などの会合場所としての役割も果たした。各先住民は、その後四〇年にわたり、ヨーロッパやアメリカの交易商人や他の種族との交易がおこなった。

一八五八年、フレーザー川で金が見つかると、先住民の生活域にも変化があらわれた。

ハイダ族は交易拡大のため、バンクーバー島で急成長していたビクトリア（現在の州都ビクトリア市）の地を定期的に訪れて商売をするほか、北方のシトカまで舟を進めている。

一八六九年、ハイダ・グワイ諸島のマセット島にハドソン湾会社の小さな交易所が開かれると、周辺の村々から商いのために住民がやって来て賑《にぎ》わった。いっぽうで、ハイダ族は対岸の大陸側の先住民などとも行き来して利を得ている。

ハイダ族が交易の活路を拓《ひら》こうとビクトリアへのルートに力をそそいだが、失敗に終わった。というのは、彼らの行く手にはクワキウトル（クワクワカクゥ）族の村々が点在し、紛争を起こしたり、ビクトリアではウィスキーと売春に多くの仲間が溺《おぼ》れたりしたからである。

一八六二年、ビクトリアへ出かけた者たちが持ち帰った天然痘が、ハイダ・グワイ諸島で壊滅《かいめつ》的な猛威《もうい》をふるい多くの命を落とした。このために人口は、その後の二年間で激減し、村全体がじょじょに廃棄《はいき》されていった。生きながらえた者たちは、一五年余のあいだにマセット村やスキデゲート村へ移り住んだ。

一九一五年の統計によると、ハイダ・グワイ諸島の人口は五八八人まで落ち込んでしまった（Duff 1964a）。

ハイダ族はハイダ・グワイ諸島全域および東南アラスカのプリンス・オブ・ウェールズ島南部に暮らす。生業は漁撈、植物採集、狩猟などで、方言によってクンギット、スキデゲート、マセット、カイガニの集団に分けている。

では、一八世紀末から一九世紀以降の自然環境・物質文化・社会組織・儀式の一部についてのべてみる。

ハイダ族のライフスタイルや文化は、いつごろまでさかのぼれるのだろうか。いままでのところ断続的ではあるが紀元前三〇〇〇年ごろまではたどれる（関 2006）。

二　生活域と自然環境

●生活域

ハイダ族が居住していた地域は広く、ブリティッシュ・コロンビア州のハイダ・グワイ諸島とアメリカ合衆国アラスカ州南東部のアレクサンダー諸島の一部におよんでいる（図3）。

ハイダ・グワイ諸島は、グラハム（グレーアム）島とモアスビー（モレスビー）島の主島と一五〇ほどの小さな島々から構成され、ブリティッシュ・

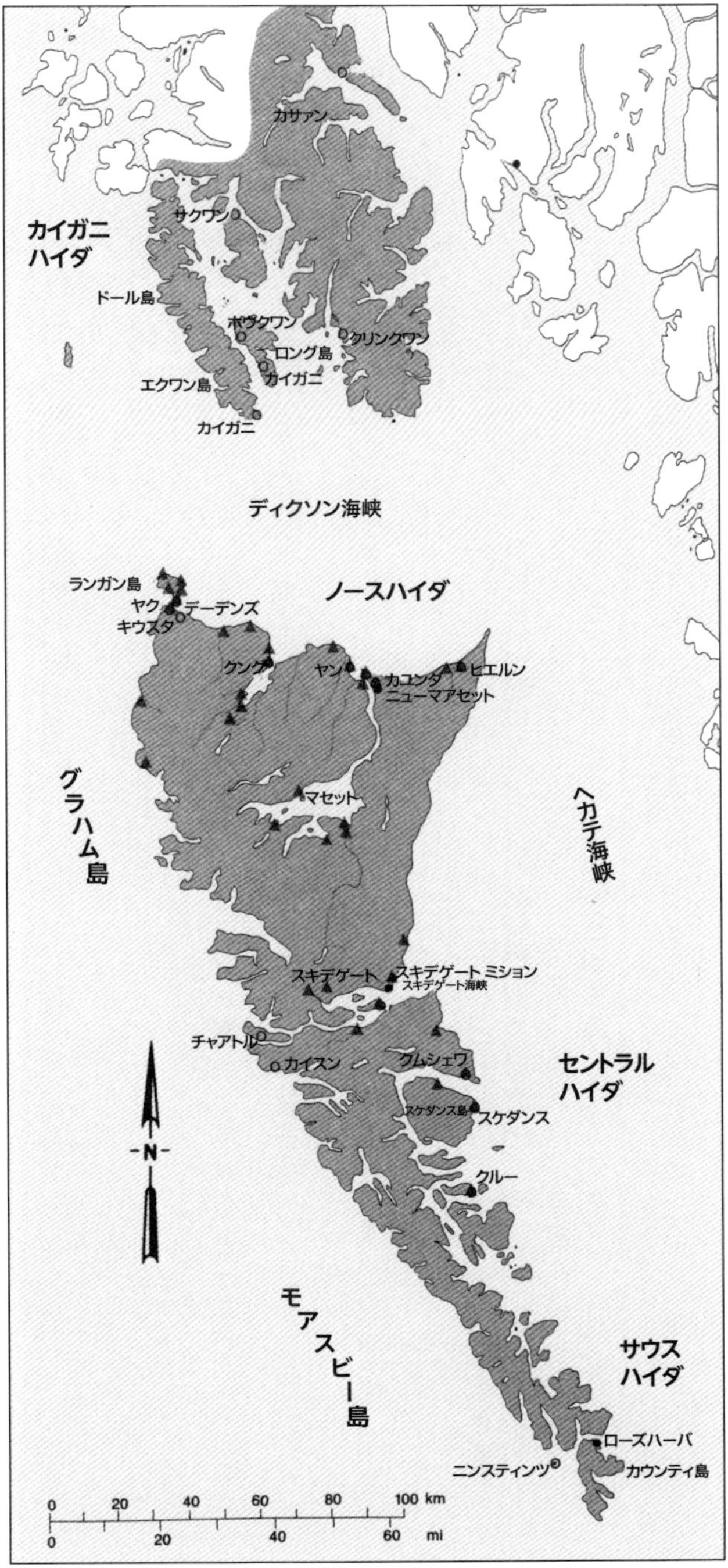

図３　ハイダ族の領域と主要集落（19世紀初めから中ごろ）

コロンビア州北部沿岸の海上約五〇kmから一二九kmに位置する。

ハイダ族の一部は、一八世紀ごろにハイダ・グワイ諸島のランガラ（あるいはノース）島からディクソン海峡を越え、ロング、サクワン、ドール、プリンス・オブ・ウェールズの島々へ移住したらしい。

一八世紀後半、ハイダ族とヨーロッパ人とが出会ったころ、彼らは一つ以上の母方のリネージ（単系的出自集団）の家からなる多くの《村》で生活していた。ここの居住民は政治的組織をもたず、単に地形、伝統、言語を基に六つの集団に分かれていたという（Swanton 1905）。

ハイダ・グアイ島の北から、ランガン島デーデンズ出身で、サクワン、ホウクワン、コイァングラス、クリンクワン、カサァンの各村に暮らしていたカイガニの人たち、ローズ・ポイントから来たヤク、キウスタ、クング、ヤン、カュング、マセット（オールド・マセット）、ヒエレンの各村にいたグラハム島北部沿岸の人々、スキデゲート村に住んでいたスキデゲート湾岸の居住者、チャアトルとカイスンの各村に居住していた。

のち、ハイナ村に移ったモアスビー島西部沿岸民、クムシェワ、スケダンス、クルー（タヌー）の各村にいたモアスビー島東部沿岸の人たち、アンソニー島のニンスティンツ村に生活していた南部（あるいはクンギット）の住民らである。

この分類に属さない先住民が、紋章システムをもたなかったといわれる西部沿岸に居住した集団、いわゆる《ピッチ・タウンの住民》であった (Swanton 1905)。

一九七〇年代に入ってもマセット・ハイダ族は、方言の大きなちがいにより、ハイダ族の四集団とは異なっていた。そしてモアスビー島の東部と西部に暮らしていた人々は、スキデゲート湾岸にいた者らと区別がつかないほどだった。というのは、一九世紀後半、スキデゲート村に住んでいたハイダ族全員が南部に再移住したからである。

●自然環境

ハイダ族の本拠地ハイダ・グワイ諸島は、大陸側の海岸性森林帯と異なる生態系が南北に広がり、変化に富んでいる（関　2006）。

諸島の北東部は沿岸低地で、そこからじょじょに標高が増し、西部では高原となり、南部にいくにつれ、高原は山岳地帯へと移行する。

参考までに平均的な太平洋沿岸の気候をかかげると、冬は湿潤温和で、気温が氷点下になることはごく少なく、夏の平均気温は一六度以上にはほとんどならない。年間の降水量は二〇三〇㎜以上で、夏の降水量は冬よりも少ない。

西部山地の気候は多様で、高度および斜面で大きくちがう。高い山脈では一年じゅう雪が降るが、南部の山脈にはさまれた谷の夏は温暖で乾燥している。七月の気温は平均二一度ほどで、年間の降水量はブリティッシュ・コロンビア州のオカナガン河谷の南部で二五〇㎜にすぎない。

海岸線に眼を転じると、地域ごとに異なる景観を形成している。たとえば、広大な砂浜がつづくのは沿岸平地、小石の浜がのびる高原地帯、岩肌を露呈した断崖絶壁の南部西海岸と複雑である。

北西海岸地域の地形の特徴は、すさまじい地盤沈下の影響により、谷には海水が奥まで入り、海中から突然に山々がそそり立っている。多数の入り江が陸地に深く切れ込み、そこに山間部から流れる小川が何本もあり、すごい水量が急流となって注ぎ込んでいる。

無数の入り江が発達して天然の良港となり、波がおだやかなときは、カヌーによる往き来や物資の運搬を活発にし、文化を発達させる環境にあった。

降雨量は多く、その結果、山々はシダー（シーダー）などの森林を育んでいる（図４）。雨量はハイダ・グワイ諸島の東部は年平均一一七・五cmから一五七・五cm、西部沿岸の山岳地帯は三五四cmから四八〇cm前後にもなる(Blackman 1990, 関 2006)。

ハイダ・グワイ諸島とカイガニ・ハイダ族の居住地として知られるアラス

図４　剥ぎ取られたシダー
籠の素材となる樹皮を切り取る

カ州のアレクサンダー諸島とは大きく異なる。アレクサンダー諸島は暴風から保護されるが、冬は厳しい寒さで、夏は暑く、降雨量はハイダ・グワイ諸島の東部沿岸よりも多い。

ハイダ族にとり、他の先住民とのちがいは食用となる動植物の種類と量である。たとえば、カイガニ・ハイダ族の生活域には果実があり、シカ、オオカミ、ビーバー、ミンク、そしてフォレスター島に棲息する多種の水鳥などがいる。いっぽう、ハイダ・グワイ諸島のハイダ族の領域ではオヒョウ、シロザケが獲れ、植物は良質のレッドシダーが繁る。

ハイダ族の領域の自然環境と比較するため、北西海岸域の概要をのべておこう。自然の植生は気候の指標とされ、気温や降水量の差異と関係が深い。ブリティッシュ・コロンビア州の山地では、雨量が多く、エンゲルマントウヒ、ベイスギ、アルバートツガ、ベイマツなど主体とする森林帯が形成されている。低山地、つまり州の南部の乾燥した内陸地方はポンデローザマツが多く、森林が広がり、そのところどころに広大な草地が開けている。

太平洋に面する南部の斜面や、バンクーバー島、そのほかの太平洋沿岸の島々は、カナダで最も森林が繁茂している。その種類はアルバートツガ、ベイスギ、ベイマツといった種類の針葉樹が巨大に生育し、先住民は大木を家やカヌーなどの原材とした。

大型動物のなかでも、耳がラバに似たシカの一種で尾の黒いミュールディア、山岳地帯にはハイイログマとクロクマ、オオツノヒツジ、ロッキーヤギとも呼ぶシロイワヤギ、そしてピューマが多く棲息する。

鳥類はカナダガン、ハクガン、コクガン、シロフクロウ、ミミズク、ワタリガラス、カラス、ニホンムクドリ、カモメ、アジサシ、ウミガラス、カモなど多種の姿がみられる。

こうした動物をどのくらい先住民が捕獲したのかは正確につかめないが、五〇〇〇年ほど前の貝塚からは多数の獣・鳥骨が出土している（関　2006）。

三　物質文化

ハイダ族は食べ物の大部分を海の幸に頼っていた。常緑針葉樹のシダーは、彼らの家、カヌー、家具といった材料に広く活用された。その樹皮はマットや衣服に利用した。土器をもたない人々にとってシダーの板を曲げて接合した器《うつわ》は盛り付けや調理するうえで大きな役割を果たした。木工職人はシダーの丸太から厚板を割り裂《さ》き、手斧で削《けず》り、これを材料にトーテムポールや家、柱をつくったが、その加工技術は卓越している。

●居住形態

ハイダ・グワイ諸島を調査した人類学者のスワントンとニューカムによると、一八五〇年から一八六〇年ごろは一二六か所の居住跡が確認できたという。「ただし、いわゆる《集落》が野営地以上の性格をもっていたかはわからず、かつ、多くの場所に同時期に暮らしていたとは考えがたい」と、スワントンは記している（Swanton 1905）。

先住民の冬期の集落跡は現在のところ二〇か所見つかっている（図1）。彼らは冬の居住地をどこにするかを決めるさい、いくつかの立地条件があったらしい。それは、冬期用の集落跡をさまざまな視点から分析すると読めてくる。たとえば、嵐や外敵から自衛できる自然条件を備《そな》えた所で、オヒョウの漁場や貝類を採集できる地であるか、飲料水が得られるか、カヌーの出入りに適した浜辺があるか、といった条件である。

先住民の居住配列をみると、浜辺に向かって長く一列に連なる。家どうしは隣接して建てているが、ニンスティンツ、クルー、クムシェワ、チャァトル、カサァンのように、家を二列に配した居住地もある。家は樹林に囲まれるように建てられ、人々は必要以上の木を切らなかった。

集落の最重要人物の家は、居住地の中心部にあるマセット、キウスタ、カユング、クムシェワなどの例と、居住地の外れにあるクルー、スケダンズ、チャァトル、クング、クリンクワン、カサァンの例の二種がある（Blackman 1990）。

トーテムポールが林立することで知られるハイダ族の集落は有名で、海辺にあるものは嵐のさいの満潮時を考えて少し高い場所にある（図5）。彫刻をほどこした柱の間に立つトーテムポールには死者の遺体が納められた。

これらのトーテムポールには、彫刻のある例とほどこしていないものとがある。また、居住地の裏手や集落の外れには、住居構造に似た小さな墓屋が建てられた。

現在、スキデゲート村のようなトーテムポールと家屋群が多く残っている例はほとんどない。

図５　ハイダ・グワイ諸島のグラハム島のスキデゲート村（1875年当時）
各家には紋章を彫ったさまざまなトーテムポールが林立する。左端は首長スケダンスのために立てた埋葬柱で、上部に月とサンダーバード（あるいはタカ）の顔を描いた飾り板で覆った埋葬室があり、ヤギ（上）とハイイログマを表現している。この埋葬柱のうしろには、のちにスキデゲートの首長となった《弟は服従しなければならないけれど》という名の彼が、1875年ごろに立てた《離れたところにある首長ピープの家》がある
家の正面ポールには、上からシャチにくわえられた小さなサメ、カジカにくわえられたワタリガラス、ゴマアザラシを食べるシャチの像。サメの尾の両側と家の隅の柱の上部にはポトラッチの帽子を被ったガードマンらがいる。２軒目の《ワタリガラスの家》は1860年代から1870年代のもので、６代目のスキデゲートの首長が所有していた。正面ポールにワタリガラス、サメ、ゴマアザラシを食べるシャチの像を刻んでいる

●建造物

北西海岸域はシダーというスギに象徴される常緑針葉樹の大木が繁茂する。とくにレッドシダーとイエローシダーがあり、前者はイースタン・レッドシダー（ヒノキ科ビャクシン属）とウエスタン・レッドシダー（ヒノキ科クロベ属）がある（菊池・益子 1990）。

ハイダ族の領域にはレッドシダーの森が広がっている。彼らは直径三m余、高さ六〇mほどの巨木を加工し、家屋の建材とした。住居の外観は似ているが、構造的には異なるので、二つのタイプに分けられる。

タイプAは、屋根に七本の梁《はり》を用い、そのうちの六本は長く、家の正面と後ろから一mほど突き出し、中央の梁（大棟）の一本は煙出し用になるために真ん中で切っている。これらの梁は前と後ろの板で支えられ、家の各側面の庇《ひさし》には溝が刻まれている。

このタイプの家屋はハイダ・グワイ諸島の中部に多くみられた。記録によると、一九世紀中ごろのスケダンズ地域では、このタイプの家しかなかった。ただ、カイガニ・ハイダ族の集落では見つかっていない（Blackman 1990）。

タイプBは、屋根に使う梁は四本で、それらは突き出さず、中央の二本の梁は内側の四本の柱で支えている。正面と後ろの板は家の四隅の柱と接合され、壁の厚板を嵌込《はめこ》むための溝がある。

このタイプの家は、ハイダ・グワイ諸島全域とカイガニ・ハイダ族の集落で建てられていた。タイプBを変形させたものをB'と呼び、家の正面と後ろに幅いっぱいに張った水平な長い梁をもつのが特徴である。タイプB'の住居は現在ではみられないが、一九世紀後半のヤン、カサァン、ホウクワンの集落に残っており、その様式を知ることができる（Blackman 1990）。

また、コイァングラスの地にあっては、その存在が考古学調査でうらづけられた。

両タイプとも屋根はシダーの分厚い樹皮で覆《おお》い、真ん中に屋内の煙を出すための四角い穴を開け、周囲を厚板で囲っている。

一八四〇年ごろに建てられたマセット・ハイダ族の首長の家は約一六・二×一六・五mの広さで、ハイダ族でもいちばん大きな家の典型である(Blackman 1972)(図6)。なお、クルー村の長《おさ》ギトゥクンとカサァン村の長スコワルの家も同じくらいの大きさだった。

ハイダ族は住居を快適な場にする工夫をこらした。たとえば家の中央にハウスピットと呼ぶ炉を設け、それは各階ごとにあった。家の中央に炉があって、ここで料理や厳寒のときに衣服

図6　家と富の誇示（ハイダ・グワイ諸島）

グラハム島中央部のハイナ村にある《人々がいつも行きたがる家》。首長ハイエスト・ピークは富の象徴の２つの銅製品を家の前に立てている。６本の梁をもち、正面ポールの基部には切り抜いた入り口がある。ここが戸口で、そばにあるポールの彫像は３人の警備員、家の所有者の紋章ワタリガラス、これに関連するシロクマとそれより小さな生き物、妻の紋章サンダーバードである
1884年撮影

を乾かすのに、さらに、魚の乾燥、暖房などにも使った。食事の用意はハウスピットでおこない、奴隷はここで眠った（図7）。

居間と寝室は家族内の地位に従って割り当られ、高位の人たちは一階を、低い人々は中階で、最高位の家長は上階の後部の真ん中を寝所とした。

彫刻をもつトーテムポールで最高は高さが一五mくらいあり、ふつうは家の正面に立てられた（図8）。家の中心にあるトーテムポールの下部にみる彫像は、家の入り口の役目を果たし、柱の基部を刳り抜き、そこが人物の腹や口に見立てた穴を通って家に出入りした（図9）。

図7　グラハム島北部マセット村にある首長ウィアの家の内部。

この家は《大きな家》（《怪物の家》）と呼ばれ、家の中央のハウスピットは真ん中に炉があり、２段になって深さ約2.5m。炉の上に乾燥用ラックが２本吊るされている。戸口が開いている上段には首長ウィアが使う切妻造りの寝所がある

1888年撮影

図８　ハイダ族の家屋

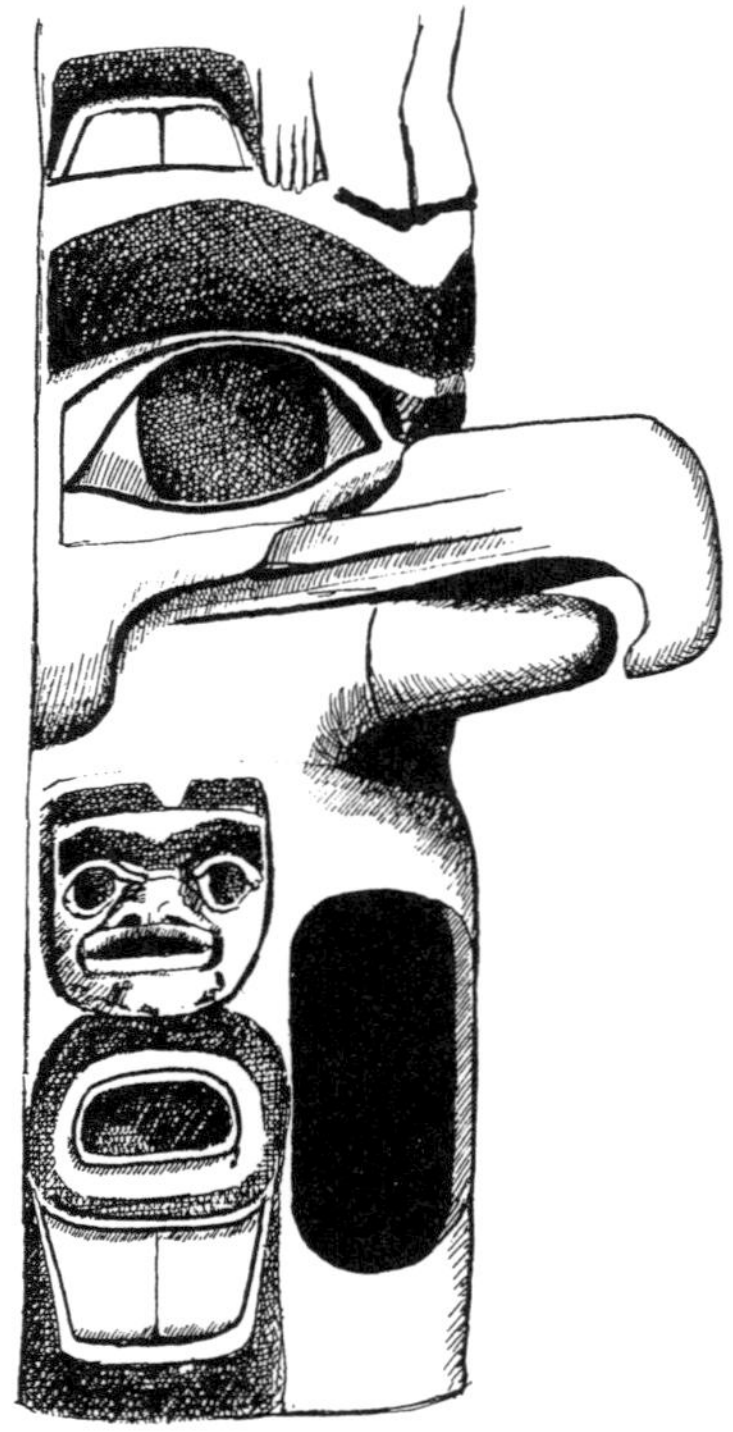

図９　ハイダ族の家の正面の出入り口

人類学者スワントンの見解は、この正面のポールは、むかしハイダ族の家の前を飾り、彫刻のある柱や小さな木塊が進化したものだという（Swanton 1905）。

正面に立つポールに通路としての穴がない家は、家の正面を切り抜いた楕円形の戸口から出入りし、戸口には塗装した厚板を用いた。なかには家の正面全体に動物を描いたものもある。このほかに家の隅に立てた柱や屋根板、家屋内の柱に彫刻し、家を飾った例もある。

ハイダ族の家にはそれぞれ名前がつけられ、一軒に一つ以上の名をもつ例が多い。名前の基になるものは、家の持ち主の紋章（たとえば《月の家》、《サメの家》）、家の所有者の贈与や豊富な経済資源（《いつも食べ物のある家》）、家の建築にかかわるできごと（《イタチの家》は家を建てるための木材を持ち上げたとき、その下から逃げたイタチに由来している）、家の特徴（《大きな家》）などである。

家の名前は個人の財産と考えられ、家の所有者が引っ越したばあい、新しい村で建てた家にその名がつけられた。一九世紀後半のハイダ族の家と、それに付随《ふずい》するトーテムポールについて、民族学者のマクドナルドが集落ごとにまとめている。いまとなっては貴重な資料である（MacDonald 1983）。

紋章は、それをみる人々がその背後にある物語や概念を理解していなければ、十分な効果はない。多くのばあい、家族の起源神話については、その家族の成員以外はくわしいことを知らなかった。そのため、家族の成員だけが彫刻の情緒的価値を受け入れることができた。

●漁撈

ハイダ族にとって魚介類は食べ物の大半を占め、ついで海生哺乳動物、食用植物、陸生哺乳動物の順で食された。彼らが最も重視したのは保存可能な資源だった。というのは、食料源が季節ごとに変化したため、大量の食べ物が不足する冬期に備えて貯蔵する必要があったからである。

ハイダ族の生活域には、サケが大量にのぼってこないため、オヒョウは住民にとっては重要な食料だった。人々は広大な漁場へカヌーを漕ぎ出し、単式や結合式V字形のオヒョウ用の釣り針で、タコを餌《えさ》として盛んに捕った（図10）。この魚は一四〇cmから一六〇cm前後、重さは一六kgほどのものが多く、なかには九〇kgを超えるものもいる（関　2009）。多く釣り上げたオヒョウは冬用の保存食にするため、薄く切り、天日で乾燥させたり、燻製《くんせい》にしたりした。

サケ、ことにシロザケは貴重な冬の食べ物で、グラハム島北東部にあるマセット村

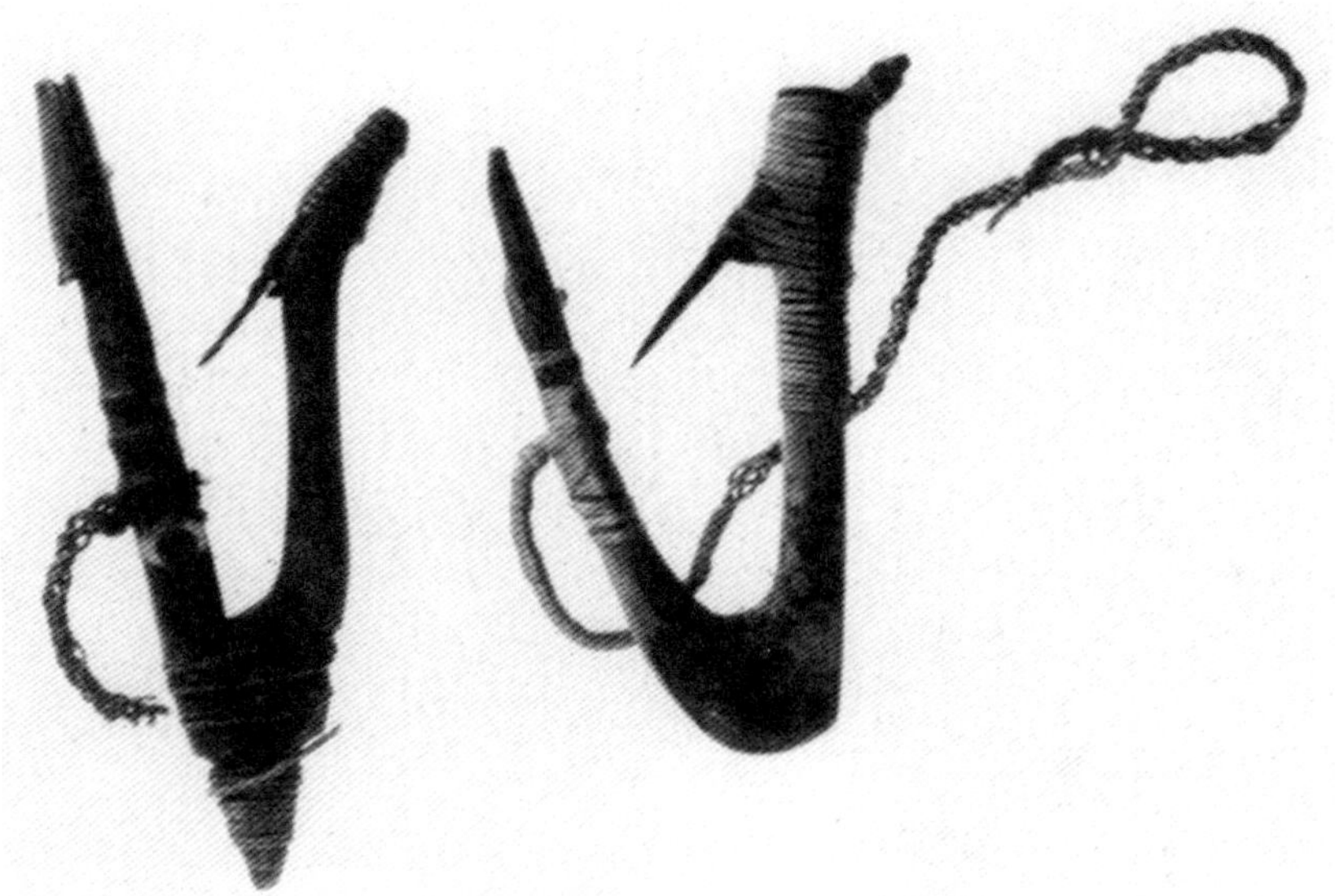

図10　19世紀後半のオヒョウ用の釣り針（グラハム島マセット村）
左は２本の軸をシダーの樹皮とイラクサの繊維の撚り糸で縛《しば》り付け、逆刺《かえし》は鉄製で、スプルースの根で固定している。長さ25.5㎝。右は木の枝の股を利用し、逆刺は鉄製。この種の釣り針で重さ22から54㎏ぐらいのオヒョウを獲った

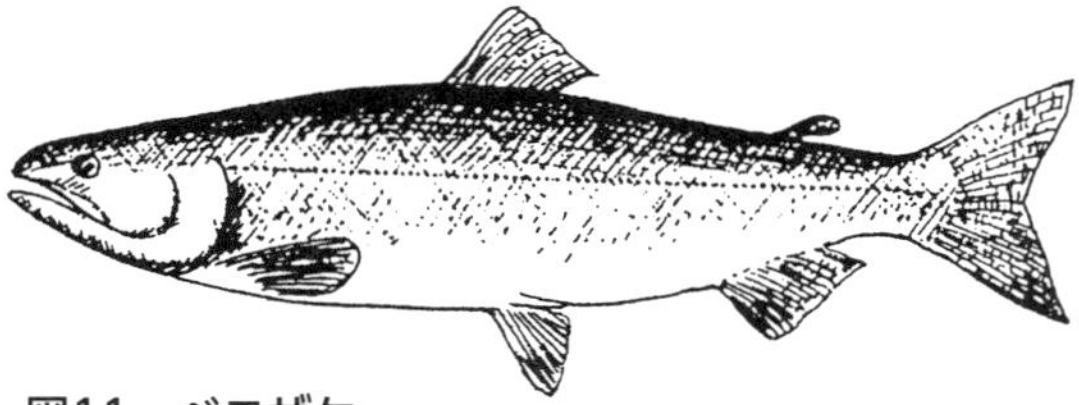

図11　ベニザケ

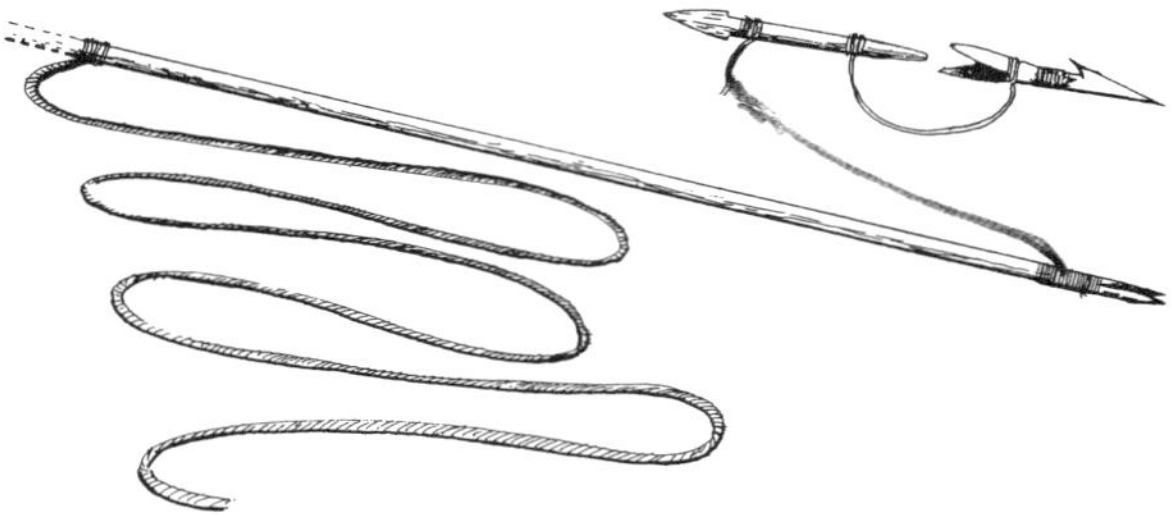

図12　ハイダ族の銛

図13　川岸でサケがくるのを簎で構える

の人たちは一九七〇年代まで先祖からの伝統的な食事をとっていた(Blackman 1979)。

ハイダ族は河口に罠《わな》を仕掛けたり、川幅の狭い所で簗《やな》や罠を設けたり、あるいは簎《やす》、銛《もり》でベニザケ、ギンザケ、カラフトマス、シロザケを捕獲した(Drucker 1950)(図11～13)。また、アラスカ州に移り住んだハイダ族は、河口や入り江で上流にやってくるマスノスケの大群を、新鮮なニシンのなかまの小魚を餌にして釣り針で捕った(Blackman 1990)。

ハイダ・グワイ諸島のシロザケは、脂肪分が少ないうえに大きく、晩秋に遡上《そじょう》するので、冬期のたいせつな食料源として多く捕った。

ハイダ族はいろいろの魚を食用としたが、最も好んだのはギンダラとニシンだった。カラフトマスとシロザケの卵（イクラ）やニシンの卵（カズノコ）も口にした。

モアスビー島西部沿岸の人々はユーラコン（ユーラコーン、ロウソク魚）

の脂《あぶら》の代わりに《セイス》と呼ぶ魚の脂を絞《しぼ》って使ったという。おそらくギンダラではなかったか、とドーソンは報告している（Blackman 1990）。他のハイダ族はツィムシアン族との交易でユーラコンの脂を入手した。

ユーラコンの脂にはビタミンやミネラル分が多量にふくまれ、彼らの食事には欠くことのできない調味料であり、万能の飲み薬としても必需品だった。また、この魚脂にサケやオヒョウの干物《ひもの》を浸

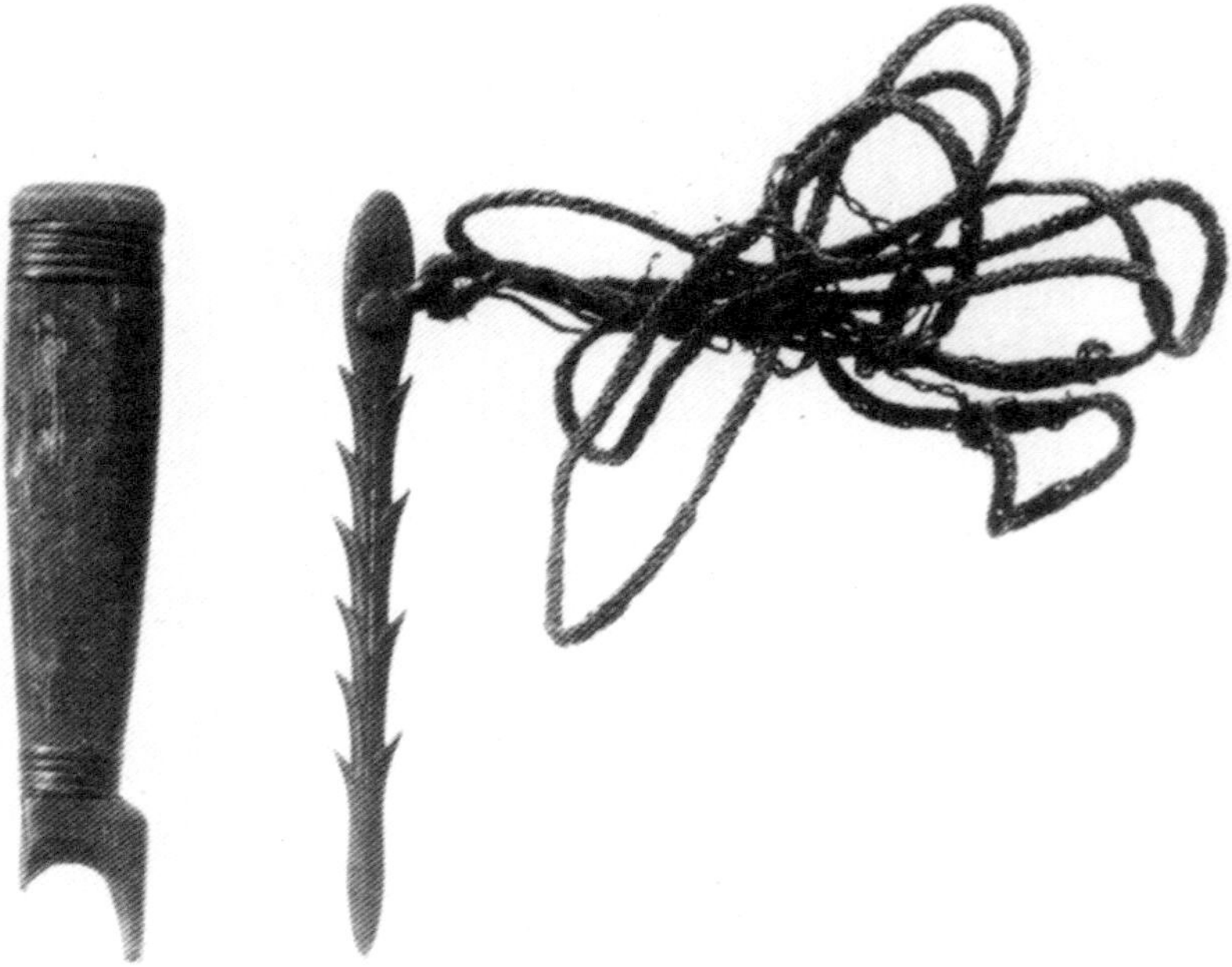

図14　アザラシ用の鉄製銛頭と鞘《さや》
19世紀以前の銛頭は骨・角・貝製だった。銛頭はノミで鋳鉄から切り取り、研磨した。使うときは銛頭の太いほうの端を、長くて軽いシダーの軸部の端に取り付けたソケットに固定。アザラシを撃つと簡単に切り離される仕組みになっている。逆刺付き銛頭の長さは20cm、19世紀後半

し、乾燥した果実や燻製肉と食べるといちだんと風味が増すため、先住民は必死になって手に入れた（関　2009）。

人々は海生哺乳動物のアザラシ、イルカ、アシカ、オットセイ、ラッコなどを捕獲するとともに、浜に打ち上げられたクジラを好んで食べた。

漁具にも注目すべきものが多い（図14）。

陸生動物ではシカ、ビーバー（アラスカ州のハイダ族のみ）、カリブー（ハイダ・グワイ諸島の居住者のみ）、クマなどを仕留めた。

アザラシ、シカ、クマの肉は燻製や乾燥にして保存した。

鳥類はハイダ・グワイ諸島のグラハム島北部の人々が二五種余を食したという（Blackman　1979）。

●食用植物と貝類

食用植物　スキデゲート・ハイダ族は五〇種のものを食べていたという記

録がある（Blackman 1990）。

食用植物のうち、海藻、数種類の果実、クローバー、バラ科のキジムシロの根、カナダツガ、スプルース（トウヒ）などをいくつかの方法で保存した。たとえば、木の実のばあいは軽く茹《ゆ》でてから水中で貯蔵するのがベストだった。また、果実を乾燥させ、茹で上げてから保存することもあった。野生リンゴはユーラコンの脂に漬けて保存した。他の食用植物は太陽の下で乾かした。

ほとんどの食用植物は、採取できる時期が限定され、それも散発的であったが、彼らにとっては常食だった。冬のシーズンは食用植物を手にできないため、干したもので補った。春になればセリ、サーモンベリー、他の植物が芽吹くのを摘《つ》んだ。ことにワラビやタマシダの根茎《こんけい》は、非常食としてたいせつで、いつも備えていた。

貝類　一年をとおして採取できたので、サケの捕獲が少なかったとき、食料として貴重だった。ヒザラガイやエボシガイは年間をつうじて取れたため、他の食べ物が不足したさいに多く口にした。

嵐は先住民に二つのものをもたらした。ひとつは森林や家に被害を、もうひとつはハマグリ、トリガイ、ホタテガイ、アワビなどを浜辺に打ち上げてくれ、豪雨で漁に出られない人々に食べ物の贈り物をしてくれた。

グラハム島の南部に居住したスキデゲート・ハイダ族は二七種の海生無脊《むせき》椎《つい》動物を食べていた（Blackman 1990）。

●年間の活動サイクル

ハイダ族の食べ物は地域や季節によって異なるため、活動サイクルはさまざまで、どの地域の人たちにも忙しい時期と暇《ひま》な時期が交互にやってきた。

四月、グラハム島北部の人々はカヌーに荷を積み、家族でランガラ島へ向かい、ウミスズメなどの海鳥の捕獲や、海藻の採取に追われた。春はオヒョウ漁やアザラシ猟が始まり、オヒョウの大漁期である九月末までつづいた。

五月下旬から六月上旬にかけ、彼らはサケが遡上する川へ移動した。

七月末から八月初めごろ、女性たちは果実の採集、そして加工、一〇月に再度木の実摘みと加工・保存に汗した。

一〇月はカモ、ガンの捕獲とクマやテンを捕るために多数の罠を獣の径《みち》に設置した。

一〇月末から一一月末までは冬の集落地での保存食となるサケの燻製と箱詰、輸送とおおわらわだった。

一二月から三月のある時期までは、越冬地でのんびりと暮らした。

アラスカ・ハイダ族とグラハム島のスキデゲート村の人たちの年間活動は、春のニシン漁があるために他地域の先住民とは大いに異なった。

食べ物は彼らにとって楽しみのひとつであり、それぞれが希少価値で、珍しいもの、旬《しゅん》のもの、社会的あるいは地理的に限定された品々は大いに重宝《ちょうほう》された。

貝類は、年間をつうじて人々が食するようになると、珍しいというものではなくなった。

いっぽう、祖先代々受け継がれてきた土地から捕ったサケやツルコケモモ、野生リンゴ、キジムシロの根などは、祭宴で客に振る舞う貴重な食べ物であるとともに、親族への贈り物として価値があった（Blackman 1990）。

●仕事

ハイダ族の社会での労働は、男女や、ある程度までの階級差で分担された。ブラックマンの報告を読むと、一九七〇年代にマセット村のある人物が語ったものをかかげている（Blackman 1979）。

そこには、「女性は全員が掘り棒を、男性は全員が釣り糸とタコの足をもたなければならない」とある。

女性は植物の根、果実、海藻などを食用として採集したほか、編み物の材料となるシダーの樹皮やスプルース（トウヒ）の根を集めた。そして、あらゆる食べ物を加工・保存し、動物の皮をなめしたり、衣服や籠《かご》などをつくったりした（図15）。

男性は漁をおこない、海と陸で動物を捕獲、住居やカヌーづくり、木彫と装飾絵やデザインを担当した。さらにスプルースの重い根を集めて漁獲用の罠をつくったり、シダーの分厚い外皮を材料として屋根を覆ったりした。

ハイダ・グワイ諸島沿岸域に多く棲息《せいそく》するヒザラガイ、ハマグリといった貝の採集は男も女もおこなった。

タコを獲ったり、ウニやカニを突き刺して取ったりするのは男の仕事だった。水鳥を罠や弓矢で捕るのは男たちで、女性と子供らは棍棒《こんぼう》をふりまわして威嚇《いかく》

図15　樹皮・スプルースで編んだ衣服

し、男性と一緒に海鳥のオークレットやウミスズメを捕まえた。

ハイダ族のなかでも一目置かれた人たちを記しておこう。カヌー製作者や彫刻家は、そのできばえで高い評価を得た（図16）。熟練したラッコの猟師も尊敬された。ただし、漁師は多くの人々に食料源を供給するにもかかわらず認められなかった。というのも、奴隷を所有していた身分の高い人たちは、男奴隷に漁を任《まか》せていたからである。

グラハム島北部の沖合にある数か所のオヒョウの漁場は、奴隷の名前がついていた。ここでは奴隷らによる経済活動が大きかった。従来、ハイダ族がもつ多くの奴隷は、薪《まき》を切り、水を汲むのが仕事だったからである（Mitchell and Donald 1985）。

奴隷は働きづめだったからといって、高位の階層の者が怠《なま》けていたわけではない。彼らは親として子供たちへのポトラッチ

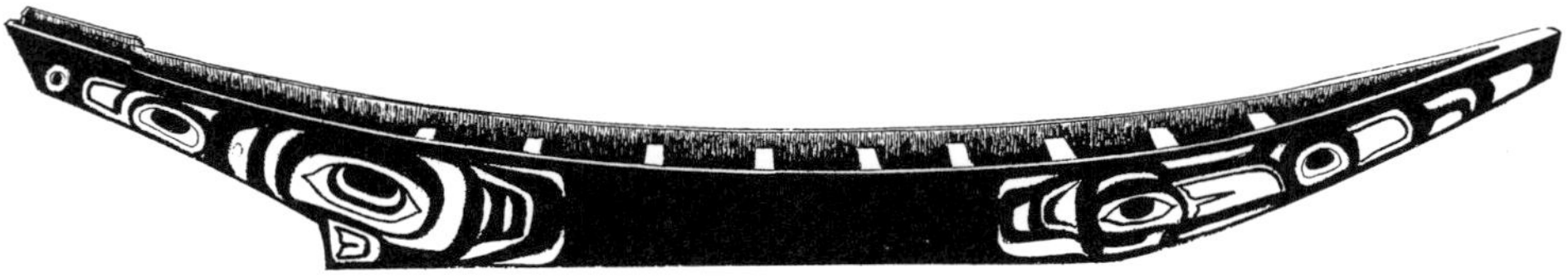

図16　グラハム島北部のカヌーの模型（12分の１で全長91.5㎝、19世紀中ごろ）
カヌーの全長は約10.8m、深さ65㎝。左側が船首、長期航海用の最大のものは12mを超え、船首と船尾に上向きに傾斜した丈夫な拍車がある。このクラスだと40人の乗員と荷物が運べた。せり上がった船首部と船尾部はそれぞれ個別のパーツになっていて、カヌー本体に固定されていた。船体は黒く塗り、内部はノミで整然とした繊細な模様を刻み、船首と船尾部には神秘的な生き物の造形模様がペイントされた

の富を貯えるために懸命に働いた。

高位の者が求めたのは、男性が野心をもつこと、狩猟や漁撈で多くの獲物を手にすることだった。

スワントンは、「若い未婚女性はたくさん働くことを禁じられ、一日の大半をベッドに横たわって過ごした。……彼女がチーフと結婚すれば、いつも何もしないでいられた」とのべている（Swanton 1905）。これは、高位の女性の実際の仕事というよりも、富を人々に誇示《こじ》するための行為ではなかろうか。

ハイダ族の社会にあっては、地位の有無には関係なく、怠け者は軽蔑《けいべつ》された。

●交　易

ハイダ族は必要な品々を近隣集団、とくにコースト・ツィムシアン族やトリンギット族との交易で手にしていた（関　1993）。

コースト・ツィムシアン族には、カヌー、海藻、オヒョウの干物をわたし、彼らからはユーラコンの脂と干物、器具用の材料や飾り玉となるムクロジを入手した（Curtis 1907-1930）。

トリンギット族には、カヌー、奴隷、貝を持ち込み、銅製品、チルカット毛布、ヘラジカ、カリブーの皮を受け取った（Oberg 1973）。

クワキウトル族との交易は、奴隷が対象だったらしい（Oberg 1973）。

ハイダ族内部の集落間でも交易がおこなわれ、スキデゲートの人々は、マセット村の人たちと接し、その領域では入手できにくい冬の海藻、ニシンの卵塊（カズノコ）と交換した。

いっぽう、ハイダ族以外との交易では、ハイダ族と半族（トリンギット族）、あるいはハイダ族と胞族《ほうぞく》（ツィムシアン族）の二人の首長間で結ばれた正式な関係のもとでおこなわれた。それは二人の首長間だけではなく、彼らのリネージ、あるいはクラン（氏族）と、その後継者との同盟が確立したことであり、両者どうしの戦争を禁止するものでもあった（Blackman 1990）。

●技術

ハイダ族の人々は、島民にありがちな内向性は少なく、島の外へ眼を向け、カヌーを使って外の世界と積極的に交易し、いろいろな物資や情報を手にした。

カヌーづくりは男が担当し、造船には高い技が求められ、専門職とみなされた。舟大工は二月から三月にかけて舟体に用いるレッドシダーを調達した。森でカヌーにふさわしい木を切り、大まかに長さを決め、幹を半分に割り、内側を刳《く》り抜いた。これを集落まで曳《ひ》いて行き、そこで形を整え、舟体に蒸気を当ててから横木を使い、じょじょに幅を広げた。ことにハイダ族の舟大工らの手がけたものは優れ、北西海岸の北から南までの沿岸民との交易品となった（図16）。

レッドシダーは、カヌーづくりには最適な樹木で、巨木になると直径が二m余にもなる。木質は柔らかく、加工が簡単であるうえに、きわめて腐《くさ》りにくい。一人ないし四人用のカヌーづくりは短期間でできたが、二〇m以上の大型の輸送用や戦闘用のカヌーの建造は、多くの舟大工と時間を要した。ハイダ族のカヌーは、船首と船尾の両方が上に跳ね上がり、前後に突き出すような形をしていた（菊池・益子 1990）。

籠づくりは女性の役割で、スプルースの根とレッドシダーの樹皮で編み、できばえもよく、高く評価された。この容器は食料の採集、加工・保存用に、そして儀式用にも使われた（図17）。

籠は用途に応じてつくられ、容器や撚《よ》り糸で編んだ透かし細工のものはホテ、海藻などの運搬に使われたが、のちには外国人との交易品として需要が増した（図18）。

木の実の採集には編み目の詰《つ》まったものが使われ、大きさと形は多種に及んだ。あるいは、シャーマンの魔除けや踊りに使うワシの羽毛などの宝物入れとしても用いた。もちろん、装飾に富んだ籠もあり、これらには刺繍《ししゅう》に似せた帯状の模様で飾ったものもある。

籠細工について補足しておこう。スプルースの根を裂いてつくる縦糸は、まず格子状に編み合わせ、籠の底部を形成した後、縦糸として上方に向って編み上げた。

横糸も同じように植物の根からつくったが、縦糸よりは細くて曲げやすい材

図17　籠づくり（グラハム島マセット村）
スプルースの根をきつく撚った糸で編んでいる女性。スプルースの根は火でいぶして皮をやわらかくし、切り裂き棒を使って根の皮を剥がした。根を水に浸してやわらかくし、裂いて束ね、乾燥した暗い場所で保存した。19世紀末

図18　かたく撚った糸で編んだ籠
自然の黄褐色の地に茶色の帯状の模様が入ったものはハイダ族の特徴である。19世紀末、グラハム島マセット村

料を使い、つねに二本の組みにして用いた。うち一本の横糸を籠の内側に沿って水平にのばし、縦糸と縦糸のあいだにあたる横糸の部分に第二の横糸を巻き付け、この第二の横糸を斜めに外側へ引っ張り、二本の縦糸を堅く結び付けた。

このような籠は透かし細工になっており、横糸と横糸の間隔を開けることで、思うような空間がつくれた。縦糸を互いに逆方向へ斜めに走らせて交差させる工夫により、きわめて外観の美しい籠ができた。この後、同じ素材による別の二本の横糸のセットが縦糸をしめるために編み込まれた（菊池・益子 1990）。

彼女らが編み上げた帽子は傑作で、スプルースの根を材料とし、撚り糸で編んだつばが付く。帽子には紋章が鮮やかに編み出され、装飾性に富んでいた。マットや袋物などの実用品はレッドシダーの樹皮で編んだ。マットの素材はレッドシダーの内皮を使い、樹皮は適正な太さと幅の糸に分割され、それらの糸は格子状に、あるいは綾織《あやお》りで編んだ。

作業は、女性が座ってするによい高さに横棒を設け、マットの縦糸となる樹皮の糸を真ん中から折ってこれに吊《つ》るし、ぶら下がっている両端を同じ長さにする。このぶら下がった縦糸を固定するため、二本の樹皮の糸を横棒の上縁部に沿って編み込んでいく。編む工程で素材に適度な湿気をあたえるため、手元に水の入った皿を置いた（菊池・益子 1990, 関 1993）。

● 造形

ハイダ族の造形表現のなかでよく知られているものは記念碑的な彫刻ではなかろうか。

彼らは実用を目的とした平面手法を重視した。一九世紀になって大規模なトーテムポールが盛んに製作されたハイダ・グワイ諸島のものは有名である。

先住民の彫刻柱にトーテムポールと名付けたのは、ヨーロッパ人である。この柱は針葉樹のレッドシダーを材料としてつくり、トリンギット、ツィムシアン、クワキウトル、ヌートカ（ウェストコースト）といった諸族が、いくぶん様式は異なるが立てている。柱に彫った内容は、神話や伝承に関するものが多い。トーテムポールには、これを立てた家族に属する主要な紋章が表現された。紋章は、柱を立てた夫妻を象徴し、ふつう二個から四個の紋章を柱の頂上、下部、中央部の人の眼をひく位置に彫った（Blackman 1990）。

それらの紋章は連結しており、空間には動物を様式化した形象などを彫り込んだ。しばしば家族の祖先とする動物が表現された。そのばあい、動物は人間の顔をもつ存在としてあらわされたので、個々の動物、人間と動物をみわけるのがむずかしい。

ただ、動物は耳が頭頂部に付いているため、人間と区別できた。鳥と人間の顔を識別する指標となるのは、人間の顔から突き出している嘴《くちばし》である。鰓《えら》か鰭《ひれ》があれば魚である。

北西海岸域では多くみられるワタリガラス、ワシ、タカなどは嘴の形でそれぞれわかった（図19）。ワタリガラスの嘴は真っ直ぐのびており、ワシとタカの嘴はともに曲がっている。タカは先端が口や顎《あご》にかかるほど大きく曲がっている。

ビーバーは大きな切歯《せっし》や、鱗《うろこ》状の模様の付いた平たい尻尾、口に枝木をくわえて前足で支えた姿は実物にちかい。

カサゴは鰓でわかるし、口の上にある二本の棘《とげ》でも判断できた（菊池・益子　1990）。

北西海岸域に暮らした先住民が創り出した、仮面などの儀式用の道具や衣装、家の正面の絵といった美術形態は、神話時代に生きた祖先からの系譜の連続性や、ある親族集団のアイデンティティの象徴とみなされた。そのため、ヨーロッパの人類学者はそれらの美術形態を《紋章》として記述してきた。トーテムポールも出自集団や血筋、家系などの起源と運命をシンボルとする紋章のひとつの形態とみる研究者もいる（Blackman　1990）。

トーテムポールが、いつごろから製作されたかということ、何をもってトー

図20　家の正面に立つハイダ族のトーテムポール　ハイダ・グワイ諸島

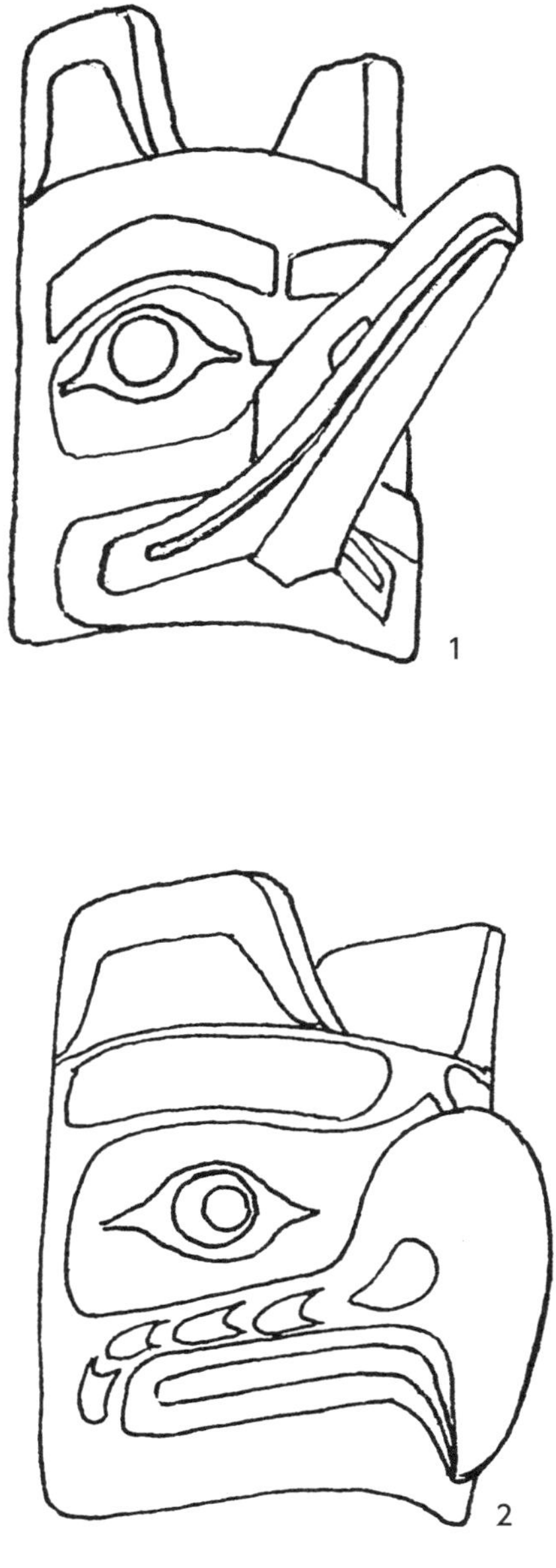

図19　1はワタリガラス、2はワシ

テムポールとするかの定義による。トーテムポールには家の内部にある家柱や家の入り口を構成する入り口柱、死者のために立てられる墓柱、家や墓とは離れた場所にある独立柱などがあるからである。

人々は家柱・トーテムポール・記念柱などを、どんな目的で立てたのであろうか。その真意はつかめていない。ただ考えられることは、互いに関連しあうさまざまな概念を図解し、表現したと思える（図20）。

彫刻による装飾で注目したいのは鉢・皿と匙《さじ》である（図21）。ことに祭宴用のものは、高い技法と美しい装飾を駆使《くし》している。

皿には所蔵者の名が刻まれるとともに人間や動物の形に彫刻し、描く対象の姿に応じて背中の部分や胴部を彫り込んでいる。

ユーラコンの脂を入れる皿はやや小さく、アザラシを形どったものもみかける。このばあい、皿の両端にアザラシの頭・顔・尾を写実的に表現している。なかにはアザラシの足鰭を皿の両側に彫り込んだものもある。しかし、容器と

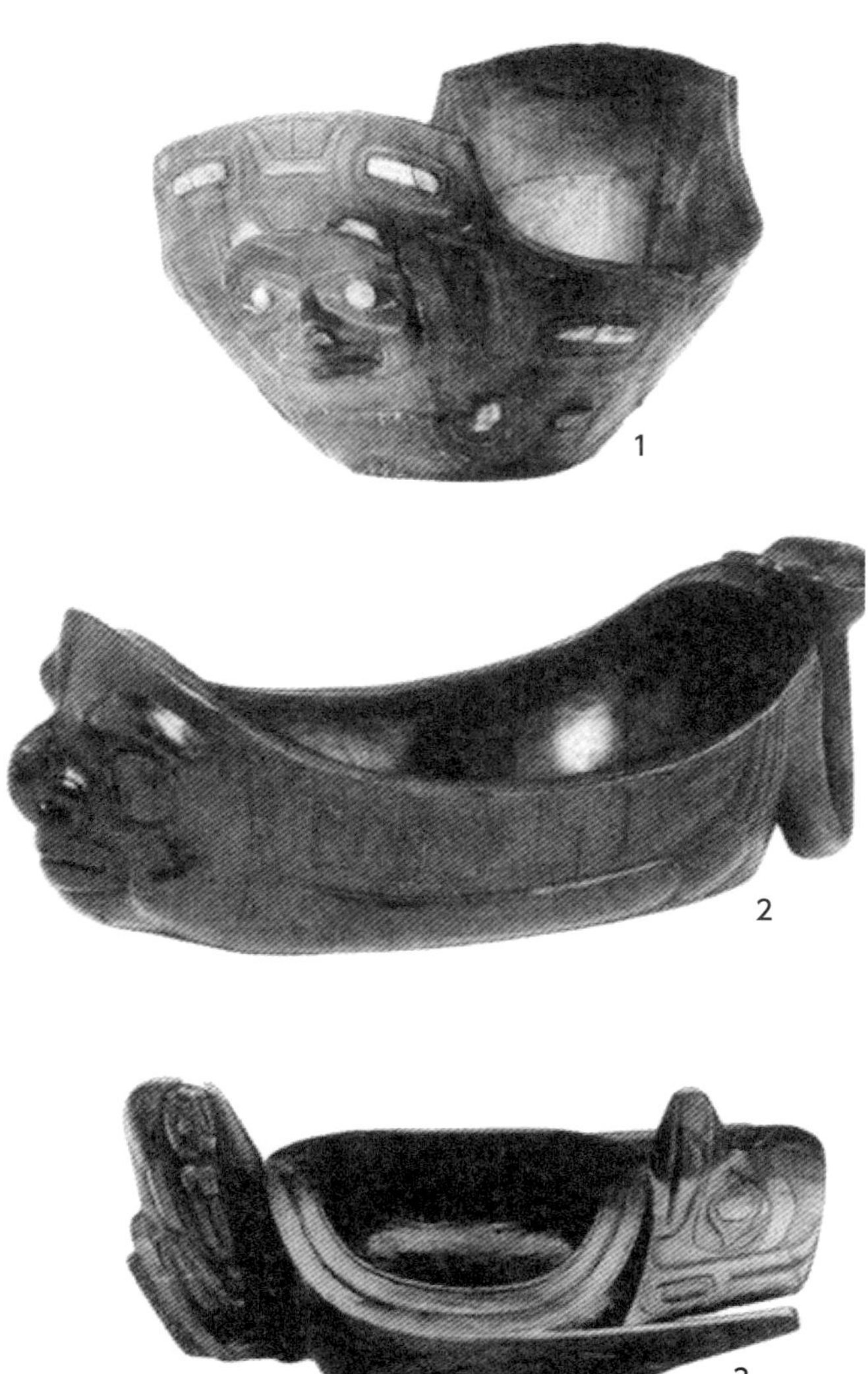

図21　ハイダ・グワイ諸島の容器

1．アワビの緑の貝殻を嵌《は》め込んだヤギの角製で、祭宴で使われ、贈答品としても家の世襲財産にもなった。硬い角に蒸気を当てて曲げ、最後に内側を薄く整え、外側に彫刻をほどこした。角はツィムシアン族や本土の集団との物々交換で手に入れた。アワビはカリフォルニア州モンテレー湾産で、毛皮商人によってもたらされた。長さ19㎝、19世紀後半

2．諸島の木製脂入れ。18世紀後半。側面に足鰭か翼をあらわす抽象図形がある

3．木製の脂入れで、人物を嘴にくわえたワタリガラスと尾にワシの顔を彫っている。19世紀後半

して使うことを優先につくられた。匙《さじ》の柄は先細になるため、彫刻しにくいにもかかわらず、こまやかな装飾をほどこしている。

　このほかに長椅子、武器、大型容器、収納箱、仮面、ラトルと呼ぶガラガラという音の鳴る用具といったものにも彼らの装飾意識が投影されている（図22）。

　身分の高い男女は入れ墨をしており、儀式のさいは男も女も顔や手などに顔料を塗って参加した（図23・24）。塗彩はシカの皮や籠細工にもおこ

図22　刻み模様のある石製の顔料皿とブラシ（グラハム島スキデゲート村とマセット村）
皿に顔料を入れて粉末にし、脂肪を混ぜてから、先端に粗い毛の付いた木製ブラシで塗った。ブラシには彫刻をほどこしているが、顔料容器には無文様が大部分で、写真の皿には人の顔の周りに図柄を対称に配置している。長さ23.8㎝、19世紀後半

図23　身体装飾
顔を赤く塗り、唇飾りをつけたハイダ・グワイ諸島の首長の妻。抱いている子供の顔もペイントされている。女性は成人すると、下唇に木製の唇飾りを入れた。その大きさは社会的な地位、富、年齢によって異なっていたため、年々大きくした。これはハイダ族にとっての美の象徴だった。ハイダ・グワイ諸島ローズ湾、18世紀末

図24　大きな唇飾りをつけた女性
グラハム島ハイナ村、19世紀後半

ない、角や石にも図柄をほどこした。ハイダ族の遠い祖先たちは、やわらかい炭素質の珪質粘土岩に彫刻を盛んにおこなっており、この石が集中的に採掘されたのは、ヨーロッパ人が来航し、取り引きの対象となった一九世紀からである。

彼らとの交易が始まると、伝統的なデザインが多用され、紋章付きのボタンで飾った儀礼用の毛布や衣服、金や銀製のブレスレット、イヤリング、ブローチなどにも取り入れた（図25）。

ハイダ族が工芸品に好んで使った色は、黒や赤や青緑で、表現形態としては母方の単系的出自集団の動物をかたどった紋章が多用された。もちろん、神話のなかのできごとや生き物も表現された（Holm 1965, MacDonald 1983）。

図25　ハイダ族が好んだ銀製のブレスレット
長さ19cm

四　社会組織

北西海岸域に暮らした先住民の基本的な社会単位は村落集団だった。ハイダ族は母系出自によって成員権が決定される、ある種の人為的な社会集団をもっていた。こういった集団はクラン（氏族）として知られ、すべての人はその母親と同一のクランに属した。

ハイダ族をふくめ、彼らは富と富の儀礼的分配を重要視したのが特質である。そして、各村落集団のなかでは、富と名声を得、高貴な血統に属する家族が村内で高い地位に就くことが多かった。

この富裕な上層部の人たちや、そのリネージの下に第二の集団がおり、さほど富裕ではなく、支配的立場にある家族との親族関係が薄い人たちで構成された。いわゆる平民である。この下に第三の最下層である奴隷らがいた。彼らは戦争で得た捕虜《ほりょ》やその子孫たちか、他部族から買われてきた捕虜およびその子孫らである。

富裕者は生まれが高貴であり、家柄が高位なことを意味した。富は自分のためよりは、自らの家族の偉大さを示すために所有した。

ある一定の時期ないしは一定の状況にあって、富を形式的に分配することで自分の家族の強さを誇示した。このような行為で自分の家族の名声を高めるとともに、富を分配し、社会を変えられる財力の所有を顕示できた（菊池・益子　1990）。

●系　譜

ハイダ族はワタリガラスとワシという半族（人類学者のスワントンはクランと呼んだ）で社会区分された。各半族は多くのリネージ（スワントンはファミリー、マドックはクラン、ドラッカーはリネージと、各人の表現は異なった）で構成されていた（Blackman　1990）。

一九〇〇年から一九〇一年、ハイダ族の数名の長老がワタリガラスのリネージの数を二二、ワシのリネージの数を二三と話したという（Blackman 1990）。こうした数字は単系的出自集団の大きさが変わったり、戦争で分裂したりし、新しく生まれるものもあり、時代によって変動した。

なお、ハイダ族のリネージは、分裂が生じるため、トリンギット族の単系的出自集団とは異なる。また、同族のリネージから構成されるトリンギット族のクランに相当するほどの大きな集団はない。

ここでハイダ族とワタリガラスおよびワシに関する神話の一部を紹介しておく（菊池・益子 1990）。というのは、ハイダ族の系譜にこの二つの鳥が深くかかわっているからである。

海辺の近くに暮らす先住民にとって、ワタリガラスは身近な鳥である。彼らの周囲に棲息する動物のなかでも親しみのある生き物であり、神話上の英雄だった。

では、神話の一部をかかげてみる。

「ハイダ族によると、原初、世界はある平らな岩をのぞき、すべて海で覆われ、その岩の上では、超自然的なものが交差する姿で横たわっていた。

ワタリガラスは、それらの超自然的なもののあいだに降り、それから天上に向かって飛んで行った。天上の世界に到着すると、ワタリガラスはそこの首長の幼い孫に変身した。その後、ワタリガラスはゆりかごから海に落ちた。

一人の使者が来て、彼を海底の家に招いた。その家でワタリガラスは円筒形をした物体二個を受け取り、その物体を使って陸地をつくる方法を教わった。この物体は大きく膨《ふく》らんで、ハイダ・グワイ諸島をつくり、そして大陸部をつくった。

ワタリガラスはさまざまな旅のなかでビーヴァーと友達になった。ビーヴァーは、魚が多く棲む湖とサケを捕獲する罠をもっていた。ビーヴァーが外出しているすきに、ワタリガラスは湖とサケを捕る罠を抱えて飛び去った。このおかげで、以後人間は魚を食べることができた。

その後、ワタリガラスはワシと出会い、ワシから真水の入った籠をだまし取った。ワシを追いかけながら、ワタリガラスはあちらこちらで水を吐《は》き出し、魚が棲息できる淡水の湖や川をつくった。

さらに自分のカヌーにユーラコーンの脂と卵を塗ってあるように見せかけて、ユーラコーンの超自然的な保管者からユーラコーンを奪《うば》い取り、その魚を各地域にばらまいた。それ以後、それらの場所ではユーラコーンがたくさん獲れるようになった。

ワタリガラスは針葉樹に変身して飲み水の上に浮かんだ。ある首長の娘が、その水を飲んで妊娠し、ワタリガラスを産んだ。産まれたワタリガラスが娘の父親が箱のなかに隠している日光を求めて泣きつづけると、ついに娘の父は孫を泣き止ませるため、その箱を孫にあたえるように命じた。ワタリガラスは再び鳥に戻り、日光の入った箱を抱えて煙穴（スモークホール）をくぐり抜けて飛び去り、星と月と太陽を空に解《と》き放った。

さらにワタリガラスはシカに姿を変えて、火の保持者の家に住む動物たちのあいだにもぐりこみ、火を盗み出した。尻尾に小枝の束を結び付け、それに火をつけて逃げ出した。火が消えないように尻尾をふりながら、この世界に火をもたらした。

ウニを採取しに来たといって、潮の流れを支配する老婆《ろうば》に近付き、彼女を盲目にし、一日二回潮を干かせることを約束させた。このため、干潮時に貝を採ることができるようになった。

あるとき、ワタリガラスは水位を上げて洪水を起こし、自らは矢を鎖のようにつなげることによって難を逃れた。まず矢を空に放ち、つぎつぎと前の矢の矢《や》筈《はず》めがけて矢を射ち込んで鎖のようにつなぎあわせ、それを利用して空に上ることができた。

ワタリガラスは鳥たちにいろいろな色を塗り、本人が黒色なのは、家を逃げ出ようとしたとき、その家の煙を出す穴に捕らえられ、煙をあびたからである」

この引用文からハイダ族とワタリガラスの深い結び付きが察せられる。

ハイダ族のリネージ（単系的出自集団）は、ワタリガラス半族とワシ半族に属する数人の超自然的な女性らを起源とし、その始まりはハイダ・グワイ諸島で語られる架空の《物語の町》までさかのぼるという。

調査者スワントンは、リネージに伝わる架空の移動の道を追い、最も重要な超自然的存在がワタリガラスであること、また、いくつかのワシの名前と単系的出自集団が他地域を起源としていることなどから、ワシ半族はツィムシアン族の系統ではないかとみている（Blackman 1990）。

ハイダ族のリネージにはそれぞれ名前がある。その多くは集団の発祥地とつながりをもち、他は集団が所有する特別な財産と関係している。いくつかの単系的出自集団、とくにアラスカに移住してカイガニ・ハイダ族を形成した人々のリネージは、さらに数種の下位リネージに区分される。

下位リネージは、ハイダ族のなかで《ハウス》と概念化され、これはトリンギット族の影響とみられている。

単系的出自集団は有形・無形の財産を掌握《しょうあく》し、つぎのような場所での一定の支配権をあたえられていた。

それは、サケが産卵で遡上する河川、湖に罠を仕掛ける場所、食用植物（キジムシロ、アメリカカンボク、湿原ツルコケモモ、野生リンゴなど）が採集できる所、シダーの群生林、鳥の群棲地《ぐんせいち》、沿岸域などである。

単系的出自集団は冬の集落にある家の敷地も所有していた。スワントンは、「昔は一つの町に一家族のリネージだけが住んでいたらしく、そうした町に住む女性は全員ほかの地から来た人たちだった」と報告している。

しかし、一八四〇年代から一八五〇年代には、大半の冬の集落がいくつかのリネージの家の持ち主で構成され、ほとんどの集落の家の所有者が両方の半族に属していたという（Blackman 1990）。

家の用地と財産は単系的出自集団からリネージへ変換できたし、父親がリネージの財産から家の敷地を息子にあたえるように、財産を反対側の半族に属する個人に譲渡《じょうと》することもできた。

また、ひとつの例としてチーフ・スキデゲートが結婚の祝いにハイダ・グワイ諸島の東部沿岸にあるトレルの土地を受け取り、のちに親族への返礼の贈り物に、その土地をチーフ・スケダンズにあたえている（Blackman 1990）。

無形の財産にはさまざまな種類の名前がつけられている。それらの名前は、たとえば個人名、カヌー、漁撈用の罠、家、スプーン、ダンス、歌、物語などから取ったものである。なかでもリネージにとって最も重要な無形財産は紋章だった。スワントンが一九〇五年に発表した報告には七〇種類の紋章が、一九〇六年のニューカムの報告には一四〇余種が記されている（Blackman 1990）。

紋章のほとんどは動物をモチーフとし、ほかに虹、岩崩れ、夜空、巻雲、層雲、積雲といった自然現象も対象となった。ワシやシャチなど、わずかな紋章はひとつの半族の全リネージが共有し、他の紋章は単系的出自集団ごとに異なっていた。紋章はリネージを見分ける象徴で、個人が紋章の独占権を主張するばあい、リネージ内での自分の地位を示した。

紋章はトーテムポールに彫られ、人体にも入れ墨で表現し、顔にペイントし、日常用品、箱、祭宴用の皿に彫ったり、塗彩したりした。また、儀式用の衣類や頭飾り、ヘルメット、籠目編みの帽子、太鼓、武器、カヌーにも表示した。

紋章はツィムシアン族との儀式をつうじてその存在と重要さを知らせた。また、父親の許しを得て子供たちが用いることもあった。ただし、この慣習はサザン・ハイダ族だけのものであったかもしれない。

● 地位

ハイダ族のリネージ間には全体的に地位の上下はなかったが、ある報告ではワタリガラス半族とワシ半族のそれぞれの上位に三つのリネージがあったという。また、一九七〇年代にマセット・ハイダ族では単系的出自集団に地位の上下があり、ある出自集団はごくわずかな土地しかもっておらず、全リネージのなかで最も地位が低かったという（Blackman 1990）。

各リネージは、その財産の受託者である、世襲による首長によって統率されていた。他の単系的出自集団が支配する土地や食料源の地に入るばあい、そのリネージの首長の許可が必要だった。首長はリネージが抱える問題についての考えをのべ、出自集団の人々を召集して協議をおこない、戦争をするかなどを決断した。

リネージが下位リネージに分割されたときは、これら下位リネージの首長も承認された。また、シダーの厚板で建てた住居の所有者は家長であり、その権威はその家に暮らす全員に及んだ。

家長は、家族が冬の家から漁撈用のキャンプ地に出発する時期を決めたり、自分の姉妹の息子たちを集めて戦争に行かせたりした。

単一のリネージからなる町では、その出自集団の首長が村の最高権力者であり、複数のリネージから構成される居住地のいちばんの権威者で、《タウン・マスター》、あるいは《タウン・マザー》と呼ばれた（Blackman 1990）。

この肩書をもつのは、村を所有する単系的出自集団のなかでも最も高い地位にあり、トップの資産家の家長でもあった。しかし実際は、他の場所に先祖代々の財産をもつ、あるリネージの首長がその地位に就くこともあった。町民全体の利害に関する問題は、町の長《おさ》が決めていたし、彼が属するリネージ以外に権力を行使する首長はいなかった。

マセット族の人々は一九七〇年代に、町の長は彼の村の家長やリネージの首長たちに支援されながら、村全体の問題についてさまざまな点で相当の権力を行使したという（Blackman 1990）。

単系的出自集団の首長の座は母系継承制によって代々引き継がれ、ふつうは首長の最年長の弟、その下の弟、最年長の姉妹の長男に受け継がれた。このばあい、富裕であることが首長になるための重要な基準であり、姉妹の息子が利益を得られないときは無視され、実子でなくても、利益をもたらす甥《おい》でも継ぐことができた。

首長の座はときに、同じ半族の別のリネージや下位リネージに属する個人に譲渡されることもあったが、この慣習に対しては人々の圧力がかかった。まれなケースとして、反対側の半族の個人に首長の座があたえられることもあった。つまり、父から息子に引き継がれた。

マセット族の町長の地位は一八四〇年ごろ、ワタリガラス半族のリネージが維持していたが、その後、ワシ半族のリネージが受け継いだ。父から息子に世襲された（Blackman 1972, 1981）。

ハイダ族における首長の地位は、祭宴やポトラッチであきらかにされた。そうした場では客の地位に従い、席順が決められた。

このような序列にくわえ、ハイダ族は階級制を認めていた。高位の人々は、子供のときから両親が催すポトラッチで子供としての栄誉を称えられ、複数のポトラッチの名前をもっていた。そして男女とも、その地位を表象する印《しるし》を入れ墨で示した。こうした高貴な者は家をもち、リネージや下位リネージの首長の座や高位の名称を相続した。

いっぽう、高位でない人々はポトラッチで善行を称えられることもなかった。家を建てられず、高位の名称も相続できなかったうえ、不用意か不運によって、経済活動も高位の人たちのように順調にいかなかった。地位を示すシンボルもなく、ポトラッチや祭宴をおこなうこともなかった。

奴隷は戦争の捕虜で、これにはその子供たちもふくまれていた。彼らは動産とみなされ、その地位は世襲された。

●儀式

ハイダ族の社会では儀式を司るのは上層階級だった。彼らは祭宴、ポトラッチ、踊りなどの大規模な催しをおこなうのが義務のひとつとされた。

首長は多数の人たちが見つめるなかで、威信を誇示するためにつぎつぎと祭宴を開いた。そして、首長の座を相続し、子供の高貴な地位を維持したり、家を建てたりするうえでポトラッチを開く必要があった。

ポトラッチの開催者は、財産の一部を客人らにいろいろの名目で儀礼的に配分した。このなかで最も重要な富の分配はシダーの厚板材で建てた住居と、その前に立てたトーテムポールの両方が完成したときに催すポトラッチである。

この宴では、富の配分がいくつかおこなわれ、新築した家の所有者が家長の地位を取得した。同時に家を建てるさいに重要な役割を果たした人々に対し、称賛と品々をあたえた。これと同等に評価されたのが、家の所有者の子供のために開かれた宴だった。

子供はポトラッチの名前（新しい名前が考えられた）をもらい、入れ墨が彫られ、つづいて高い身分を授《さず》かった。ただし、子供の地位を得るための儀式は簡単で、家は建てられず、その子の紋章を彫ったトーテムポールが建立されたにすぎない。

葬祭ポトラッチ（《埋葬への儀礼的償《つぐな》いを催すこと》と呼ばれる）では、高位の人の死とその地位の継承を祝った。このばあい、埋葬柱、あるいは記念ポールの彫刻と建立のほうが富の分配よりも大事だった。

また、つぎのようなポトラッチでは、わずかな財産が分けられた。少女の初潮を祝うためのポトラッチ、人の地位に不満を唱えた反対側の半族に属する高位の人に対して、その答えを出すためのポトラッチ（彼に《物を投げること》と呼ばれる）がある。ついうっかり起こしてしまったささいなできごと（何かから落ちたり、何かにつまずいたりしたこと）を忘れてもらうためのポトラッチ。これは、反対側の半族の成員が協力した（《ある人の高い地位を堅持すること》といわれる。

なお、この宴の例外として、富の分配が主催者とは反対側の半族の成員に対してもおこなわれた。たとえば、初潮を祝うポトラッチでは少女の父方のリネージが、葬祭ポトラッチのばあい、故人の父方の単系的出自集団の成員がポトラッチでは、名前を授けられる子供の父方の単系的出自集団の成員がそれぞれの富の配分を受けた。

ポトラッチは一般に祭宴をふくみ、宴は別個に催された。祭宴では、まず子供の名、結婚する者の氏名、亡くなった者の名が読み上げられ、つぎに高位の訪問者が称えられ、そして、主催者の威信が称賛された。

祭宴はポトラッチ同様、こまやかな儀式に則《のっと》って進められた。客の席順は地位で定められ、一定の食べ物がふるまわれ、その器《うつわ》は特別な彫刻や彩色がほどこされた祭宴用の皿やスプーンが使われた。

シャーマン、あるいはダンス《結社》の成員によるパフォーマンスは、ポ

図26　儀式用の祭具

1．赤と白で彩色されたダンスする木彫ウララ。人食いの霊をあらわす頭飾りを付けている。ラスキークで1884年に収集。高さ122㎝

2・3．ガラガラと音の鳴る楽器のラトル。霊界に橋渡しをする道具としてシャーマンが使い、また社会的地位を表現するために演技者が使った。2は秘密結社のパフォーマンスで用いたクマの頭部を模したラトル。1875年にアラスカ州アドミラルティ島のクーツナフー湾で収集。長さ33㎝。3は彫像で飾ったダンス用ラトル。ツィムシアン族のものらしい。長さ30㎝

4．シャーマンの太鼓。これとラトルと《ソウル・キャッチャー》が、患者の肉体から病気を追い払うための魔除けの儀式に欠かせないものだった。直径62.4㎝

5．木製のシャーマンの彫像。長髪を束ね、房縁のついたシカ皮にシカの図形が入ったチルカット毛布の前垂れをつけ、ラトルをもつ。シャーマンの尖った鼻には骨製の装身具がついている。胸と背にあらわした鳥の像はシャーマンの変身能力を示している。高さ51㎝

図27　儀式用の衣装

左は儀式用の衣装を着けた男たち。このうちの２人は仮面を付けたシャーマン。左から2人目の男は、ドクター・クードといわれる首長でシャーマン。右端に立つのは《ハイイログマの家》というチーフの腕と胸に先祖代々の紋章の入れ墨が濃灰色で彫られている。髪と肩のまわりには、儀式用の飾りに使う鳥の羽毛がみえる。４人はスカートとレギンスをはき、ツノメドリの嘴飾りとヤマアラシの針飾りを付けている。この写真は1881年にマセット村で撮影されたトラッチのもうひとつの特徴である（図26・27）。

ダンスは、ノーザン・ワカシャン族の冬の儀式の踊りを模したものといわれていたが、元のダンスのように魅力や精彩さを欠いていた。

一九〇七年から調査したカーティスは、ダンスの奥儀や隠れた神話が、ハイダ族に知られていなかったころ、戦争で捕虜となったベラベラ族の者がハイダ族に踊りを教えたが、彼はダンスに精通していなかったため、ハイダ族の踊りには感動するものが少ないという（Blackman 1990）。

いっぽう、人類学者のボアズはハイダ族のダンスの起源をヘイルツク族に求めているが、ハイダ族の口伝ではキトカトラ（コースト・ツィムシアン族）付近の集落から教わったという（Blackman 1990）。

ダンスは宴や葬祭ポトラッチのような大きなポトラッチで演じられた。ハイダ族が真似たとされるワカシヤン族のパフォーマンスでは、イニシエーションをおこなう人々に霊がのりうつったと想定するところから始まる。つづいて、彼らが村に戻り、踊りをとおして悪魔払いをし、パフォーマンスに立ち会った客に富を分配した（図28・29・30）。

高い地位にある男性はポトラッチのたびに新たな霊に導かれた。霊がのりうつるのは特定の半族であり、反対側の半族の人たちは降りた霊にとりつかれることはなかった。くわえて、二つのダンスは二つの異なるリネージの特定の財産とみなされた。

また、サザン・ハイダ族のあいだでは、イニシエーションを司る人々が集まって排他的な集団を形成したが、ノーザン・ハイダ族にはこういったパフォーマンスが重要でなかったため、そのような集団はなかったらしい（Blackman 1990）。

●人生の暦

マードックによると、ハイダ族は男の子よりも女の子の誕生を喜んだとい

図28　彩色した籠目編みの帽子

赤・黒・紺の３色による図形は所有者の紋章を表現している。飾りの多い服を着るときや、家族の地位や名誉を誇示する儀式などで被った。帽子の天辺は内側の木枠で支えている。大きな帽子のため、皮製の顎紐がある。1883年にマセット村で収集。直径60㎝

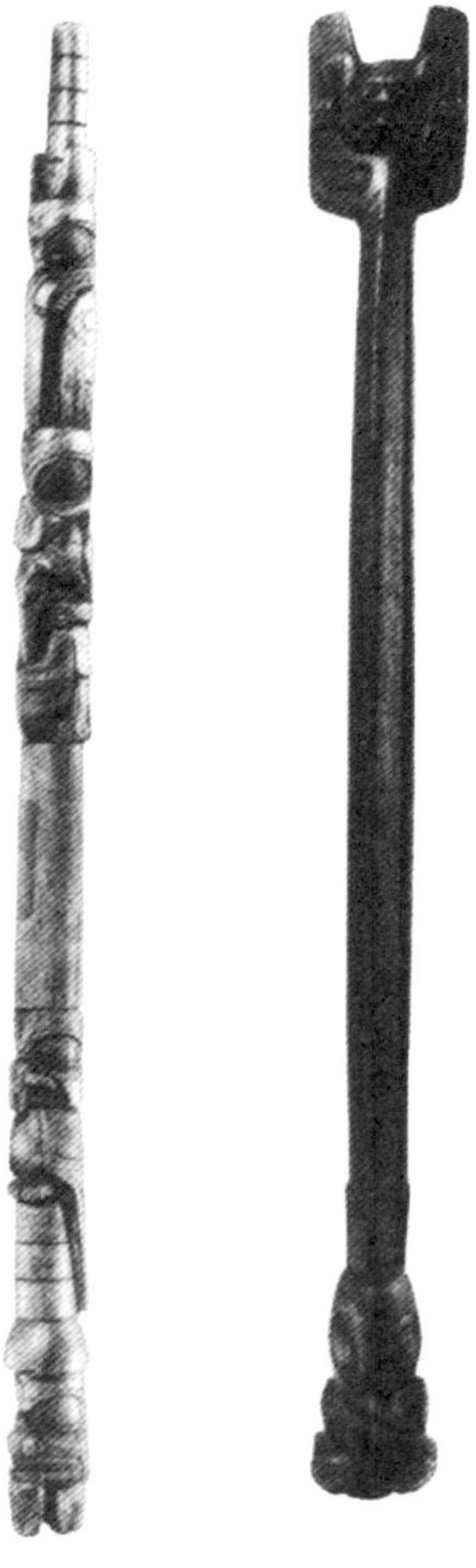

図29　儀杖

左は２つに分離できる彫刻をほどこした儀《ぎ》杖《じょう》。首長が接合部を切り離して各々を手にもつと、それを合図に贈り物の分配が始まった。1883年にマセット村で収集

右はポトラッチで贈り物を分配するさいに首長が使った儀杖。贈り物を受け取る者の名前が呼ばれると、この杖で床板をドンドン叩いた。上部にビーバーの紋章が、下部にワシの紋章が刻まれている。1883年にスキデゲート村で収集、長さ122.6㎝

1

2

3

図30　珪質粘土岩製の彫り物

1．一群の架空の像を彫ったタバコ用パイプ。幅9.5㎝

2．19世紀後半の大皿。卵形で上面にだけ彫刻がある。それまでの大皿は円形で、内側と外側に彫り物があり、花やシンプルな幾何学模様、アメリカのコインやバッジ、名前、文字を基にした図案が多かった。ここではカイガニ族の物語を題材に２人の像が、タコと格闘している様子を彫っている。ハイダ・グワイ諸島で収集。長さ52㎝

3．大形容器の模型。首長の家にあった儀式用具入れとしてつくられた。木製で蓋、底、側面がそれぞれ粘土岩製の薄板ででき、それらを木製ハイイログマと格闘する猟師たちに関する伝説のなかのひとこまを描いている。箱の側面にある頭部はサケをくわえているアシカが表現されている。1883年にスキデゲート村で収集。長さ34.5㎝

う。女の子はリネージの永続性を保証したからではなかろうか。

妊婦とその夫にはいくつもの禁止事項があり、それらをよく守ることは生まれてくる子供のためであった。そして、女性は安産のためにいくたの儀式をした（Blackman 1990）。

ハイダ族の赤ん坊は、父方の単系的出自集団の女性が出産を手伝い、この世に迎えられた。赤ん坊の名前は、ふつう両親により父方の、さらにその父方のリネージの個人名のなかから選んで命名した。この名前は小宴会で承認された。

赤ん坊は生後まもなくして（現代のハイダ族の話では生後四日目に）、耳に穴が開けられたり、父が催す宴、あるいは葬祭ポトラッチで父方の単系的出自集団の女性によって入れ墨がほどこされたりした（男の子

図31　ハイダ族の女性の耳飾りと木製の唇飾り

は両腕、両脚、胸、背中に、女の子は両腕と両脚に)。

赤ん坊は、父がおこなうポトラッチで別名があたえられた。高位な女の子の下唇には、唇飾りをつけるための穴が開けられた。ある記録によると、女性の唇飾りの大きさは、女性の地位だけではなく、出産した子供の数とも関係があったという(Blackman 1990)(図31)。

ハイダ族の子供の全員が、亡き先祖の生まれ変わりとみなされた。先祖とのつながりは、出産斑や他の肉体的な特徴、性格、あるいは行動の共通性、過去の記憶を示す子供の言葉などから推測した(Stevenson 1975)。

スワントンは、各人がそれぞれの属する半族やリネージへと生まれ変わると報告しているが(Swanton 1905)、ハイダ族の一人が一九七〇年代に語ったところでは、生まれ変わりは特定の単系的出自集団や半族とは関係なかったという(Blackman 1990)。

ハイダ族の子供たちは、いたるところで学んだり教えられたりした。幼いころは父から、少年になると母方の兄弟、つまり、叔（伯）父《おじ》の家でともに暮らし、叔（伯）父を手伝いながらリネージにかかわることや男としての生き方を学んだ。

叔（伯）父は冬の冷たい海で少年を定期的に泳がせたり、儀式に関する訓練をしたり、あるいは特定の事柄を教え込んだ。たとえば、速く泳げるようになるためにトンボの羽を食べたり、水中で長く息を止められるように潜水しながらアヒルの舌を吸ったり、山に速く登れるようにアオカケスの舌を吸ったりといったことをした。

しかし、少年が思春期になると、儀式的なことは何もしなかった。

いっぽう、少女は母のそばで、幼いときからスプルースの根やシダーの樹皮、海藻、果実などの採集の仕方を教わりながら、母の仕事の手伝いをした。

初潮が儀式で承認されると、少女は両親の家の裏手にある仕切り板で囲まれた場所に一か月以上隔離されて過ごした。彼女の地位が高いほど長期にわたりとどまった。この期間の少女にはたくさんの禁止事項が課せられた。

たとえば、顔が永遠に赤くならないように、家の中央の炉へ近付けなかったし、自分を鍛えるために石の枕で寝、ほとんど食べず、水はふくむだけだった。また、自分の将来の子らが寝小便をしないように海を見ることを避け、貝類を食べるのをひかえた。

少女は隔離のあいだ話すことも笑うことも禁じられ、家を出るときには、通常の出入り口を使えなかった。狩猟・漁撈・賭け事などは、彼女に悪影響を及ぼすとして、できるだけ遠くでした。この期間は父方の姉妹がいろいろのことを彼女に教えた。

隔離期間が終わると、清めの儀式をおこない、つづいて成人女性への仲間入りの祭宴が催され、そこで少女の母が父方の姉妹に財産をあたえた。

その後の二年から五年のあいだに少女が体験したいくつもの禁止事項についての報告がある（Swanton　1905）。なお、月経期間中の女性たちも短期間隔離された。

ハイダ族の結婚は、当事者二人が子供のころに決められるのが一般的だった。二人が幼いときは、その親どうしが結婚を決め、両人が成長して結婚を申し込むさい、男性側のリネージが女性側の両親と彼女の母方の叔（伯）父に会い、結婚を申し込んだ。男女とも選ぶ相手は父方の単系的出自集団に属していた(Blackman 1990)。

いくつかのリネージが近親婚の長い歴史をもっており、双方のいとこどうしの結婚が定期的にくりかえされていた（Swanton 1905)。

結婚では新郎新婦の親たちのあいだで財産の交換をし、新郎から新婦の母方の兄弟へ財産が贈られた。また、新婦の叔（伯）父と父から新郎へ、その数倍の財産の返礼があった。結婚の祝宴はおこなったが、財産の交換はポトラッチとはみなされなかった。

一夫多妻は首長のみで、珍しい慣習といえよう。配偶者が亡くなると、残された者は再婚した。女性は夫のリネージの男性と再婚するのが当然とされ、夫の弟か甥との再婚が多い。いっぽう、男性は妻のリネージの女性と再婚するのが好ましいとされ、妻の妹、妻の姉妹の娘と再婚した。

ハイダ族のライフサイクルのなかで、死は最高の儀式に相当し、その内容は故人の地位によって異なった。亡くなると、故人の父方の単系的出自集団に属する女性らにより、丁寧に遺体が清められ、衣服が着せられ、顔に彩色がほどこされた。死者のまわりには個人の所持品が並べられ、友人や親族が故人を偲《しの》び、泣きながら歌を唄い、数日間は家の裏手に安置された。

父方のリネージの男たちが棺をつくった。棺は四隅に丸味をもたせたもので、出棺は家の内壁の穴から裏手にある単系的出自集団の墓屋に納められた。

遺体は新しく彫った埋葬柱の窪みに安置するまで墓屋に置いた。記念柱が建立されるばあい、遺体は永遠に墓屋に納められていた。そして、墓か記念柱ができると、葬祭ポトラッチが催された。

男性の葬祭ポトラッチは、彼の相続人が催し、女性は夫がおこなった。地位の低い人々は、高位の人たちと一緒に墓屋に安置されることはなく、名誉を称える埋葬柱も立てられなかった。

男性が亡くなると、財産は弟と甥が相続した。故人の家は相続人によって清められ、未亡人は自分の家庭用品と所持品だけを手にして家を出た。女性のばあい、その財産は娘にわたされた。

喪中《もちゅう》の期間、未亡人は数日のあいだ食を断ち、まるで奴隷のように振る舞った。この慣習はハイダ族の長老らによって一九八〇年代前半までつづいた。故人の親族や親しい友人らは、髪を切り、顔をピッチで黒く塗って喪《も》に服した。妻を亡くした男も未亡人と同じように哀悼《あいとう》の意をあらわした（Blackman 1990）。

死を間近にした人は再生することを約束し、両親に生まれ変わると明言することもあった。故人はカヌーで《霊の国》へと運ばれた。

五　おわりに

変化に富んだ北西海岸域は海洋資源に恵まれ、人々は漁撈活動に大きく依存し、かなり富裕な生活を営む者もあり、高度なクラン組織と階層制を共有していた。

ハイダ族は複数の村落集団を形成し、それは母系出自によって成員権が決められる社会集団で、すべての人はその母親と同一のクランに属した。

この社会のトップにいたのが、首長とその親族たちで、彼らは首長の恩恵を受けた。ただし、首長が質的に卓越した存在ではなかった。

首長は名前の付いた家、一定の彫刻や絵で住居を飾る権利、名前を刻んだ祭宴用の皿、自分の名をもつカヌー、本人や家族の名前、人々の前で芝居化される家族の起源神話など価値ある財産を相続した。さらにある一定の社会単位を司る職務を世襲した（菊池・益子　1990）。

祭宴は首長や高位者をはじめ、ハイダ族にとっては重要な催しだった。人の誕生、思春期、結婚、死、社会的できごとなど、ことあるごとに祭宴を開いた。これを催すにあたり、それにふさわしい家と十分な食べ物、財宝を客人らに贈与する必要があった。

そのほかにも子供の命名、少女の初潮、そのときに耳や鼻に穴を開けたり、下唇に穴をあけ、木片を差し込む唇飾りを付けたり、男女ともに入れ墨をする、親族の埋葬、家の新築などである。

儀式の責任者は新しい名前やその他の特権を相続し、彫刻や絵や芝居を見せることで、彼が受け継いだ特権を披露《ひろう》した。

男の名声は、彼が開く儀式の回数と気前のよさで増大していった。盛大な儀式や多大な富の贈与をおこなうためには、その男は一定の名前や特権を獲得し、世襲していなければならなかった。そうした儀式の場で、彼はそれらの名前や特権を公的に得、披露することができた。世襲的な名前や特権は母方の叔父から姉妹の息子へと継承された。

彼らにとって漁場や狩猟地は重要な財産であった。奴隷たちや首長の親族らも富の蓄積に貢献することを要求された。また、技術を応用することで多くの財を増やすことができた。カヌーの所有は、技と労働だけから得られる富の卓越したものである。

出自をつうじて富を手にする者や、個人の能力や活動で富を得た者もいた。彼らが盛大な祭宴と財宝を分配することで世襲的な名前を公式に認められないうちは、その名前は潜在的な特権にすぎなかった。

つねに新しい資産を生み出し、儀式のときに近隣の人たちを招くことによって、主催者は名声を外部まで広められた。このような儀式で新たに入手した地位は公的に認知された。そして、客人が家に入るさいに、その人の名前が大きな声で紹介され、客の一人一人に階級に応じた座席が割り当てられた（菊池・益子　1990）。

ハイダ族の社会組織をみると、すべての人々はワタリガラスとワシという二つの半族のどちらかに属し、反対の半族の成員との結婚が定められていた。半族には重要な政治的機能はなかった。

ハイダ族は首長や高位者を頂点とするピラミッド体制のもとで、慣習に基づいて物事や人の行動がおこなわれた。そして、トップクラスの男たちには祭宴という存在が大きくのしかかり、名声と資産の分配の維持に終始した。一九世紀以降の建造物や工芸品には指導者たちの意図を刻み、後世に伝えたのである。

図1・2・3・5〜7・10・14・17・18・21〜24・26〜30はBlackman（1990）、4・25はHalpin（1981）、8・9・12・13・15・16はMcConkey（1973）、11は木村（1987）、19・20・31はStewart（1990）による。

本文をまとめるにあたり、Blackman（1990）と菊池・益子（1990）氏らの論考を多く引用させてもらった。また、文献のコピー入手にはカナダ・ブリティッシュ・コロンビア大学名誉教授のリチャード・ピアソン氏にご尽力いただいた。

参考・引用文献

Blackman, Margaret B.

1972　*Nei: wɔns* the “ Monster” House of Chief *Wí:ha:* An Exercise in Ethnohistorical, Archaeological, and Ethnological Reasoning. *Syesis* 5:211-225. Victoria, British Columbia.

1979　Northern Haida Land and Resource Utilization. Pp. 43-55 in Tales from the Queen Charlotte Islands,eds. Cloverdale, B.C.: D.W. Friesen and Sons.

1981　Window on the Past: The Photographic Ethnohistory of the Northern and Kaigani Haida. *Canada. National Museum of Man. Mercury Series. Ethnology Service Papers* 74. Ottawa.

1990　Haida: Traditional Culture. *Handbook of North American Indians—Northwest Coast*—Vol.7: 240-260. Smithsonian Institution, Washington D.C.

Burley, David V.

1980　Marpole: Anthropological Reconstructions of a Prehistoric Northwest Coast Culture Type. *Simon Fraser University. Department of Archaeology Publications* 8. Burnaby, British Columbia.

Curtis, Edward S.

1907-1930　The North American Indian: Being a Series of Volumes Picturing and Describing the Indians of the United States, the Dominion of Canada, and Alaska. Frederick W. Hodge, ed. 20 vols. Norwood, Mass.: Plimpton Press. (Reprinted: Johnson Reprint, New York, 1970.)

Drucker, Philip

1950　Culture Element Distributions, XXVI: Northwest Coast. *University of California Anthropological Records* 9(3): 157-294. Berkeley.

Halpin, Marjorie M

1981　*Totem Poles*—An illustrated Guide—. University of British Columbia Press. Vancouver British Columbia.

Holm, Bill

1965　Northwest Coast Indian Art: An Analysis of Form. (*Thomas Burke Memorial Washington State Museum. Monographs* 1) Seattle: University of Washington Press. (Reprinted in 1970.)

McConkey Lois

1973　*Sea and Cedar*—How the Northwest Coost Indians Lived—. A Firefly Book. Douglas Tait, Canada.

MacDonald, George F.

1983　Haida Monumental Art: Villages of the Queen Charlotte Islands. Vancouver: University of British Colombia Press.

Mitchell, Donald, and Leland Donald

1985　Some Economic Aspects of Tlingit, Haida, and Tsimshian Slavery. Barry L. Isaac,

ed. *Research in Economic Anthropology* 7:19-35. Greenwich, Conn.
Oberg, Kalervo
1973　The Social Economy of the Tlingit Indians. (*American Ethnological Society Monographs* 55) Seattle: University of Washington Press.
Stevenson, Ian
1975　The Belief and Cases Related to Reincarnation Among the Haida. *Journal of Anthropological Research* 31(4): 364-375.
Stewart, Hilary
1990　*Totem Poles*. Douglas & Mclntyre, Vancouver, British Columbia.
Swanton, John R.
1905　Contributions to the Ethnology of the Haida. *Publications of the Jesup North Pacific Expedition* 5; *Memories of the American Museum of Natural History* 8(1):1-300. New York.
The University of British Columbia.
1975　*Indian Masterpieces From the Walter and Marianne Koerner Collection*. in the Museum of Anthropology, the University of British Columbia. The University of British Columbia. Vancouver,
Northwest Coast Indian Artifacts From H.R. MacMillan Collections. in the Museum of Anthropology, the University of British Columbia. The University of British Columbia. Vancouver.

菊池徹夫・益子待也訳
1990　『北西海岸インディアンの美術と文化』六興出版
木村英明・木村アヤ子訳
1987　『海と川のインディアン―自然とわざとくらし―』雄山閣
関 俊彦
1993　「北米・北西海岸地域の先住民の生活」『考古学の世界』9号、44～76頁、学習院考古会
1994　「北アメリカ・北西海岸地域の先住民の造形表現」1『武蔵野美術大学研究紀要』24号、137～150頁、武蔵野美術大学
2006　「カナダ北西海岸域の先史文化」『考古学の諸相』Ⅱ、1～23頁、坂詰秀一先生古稀記念会
2009　「カナダ北西海岸域の先住民の漁撈」『青山考古』25・26号、613～640頁、青山考古会

◎2011「カナダ北西海岸域の先住民―ハイダ族について―」『青山考古』27号、145～175頁、青山考古会

第二章　先住民の漁撈

一　はじめに

ブリティッシュ・コロンビア州に点在する博物館を見学するたびに、ここに住んだ先住民の漁具に強くひかれた。というのは、何千年にもわたり改良され、技を磨き上げたものが、時代ごとに並び、魚類の棲息地や習性や行動にあわせて、何十種類もの漁具が所狭しと陳列されているからである。

それはカナダ北西海岸域に暮らしたトリンギットやハイダ、ヌートカなどの諸族のもので（図1）、釣り針とその付属品、錘《おもり》、浮き、釣り糸、擬似餌《ぎじえ》にみてとれる。彼らのつくりだす漁具は、自然環境に適応し、その技が熟練の域に達していたことがわかる。

一九世紀に入ると、ヨーロッパ系の人たちがさまざまなものをこの海域にもちこんだが、材料のみが入れ替わったにすぎなかった。釣り針の骨製逆刺《かえし》（アグ）が鉄に、亜麻《あま》糸や麻紐《あさひも》がトウヒの根に取って替わり、ケルプの紐《ひも》が

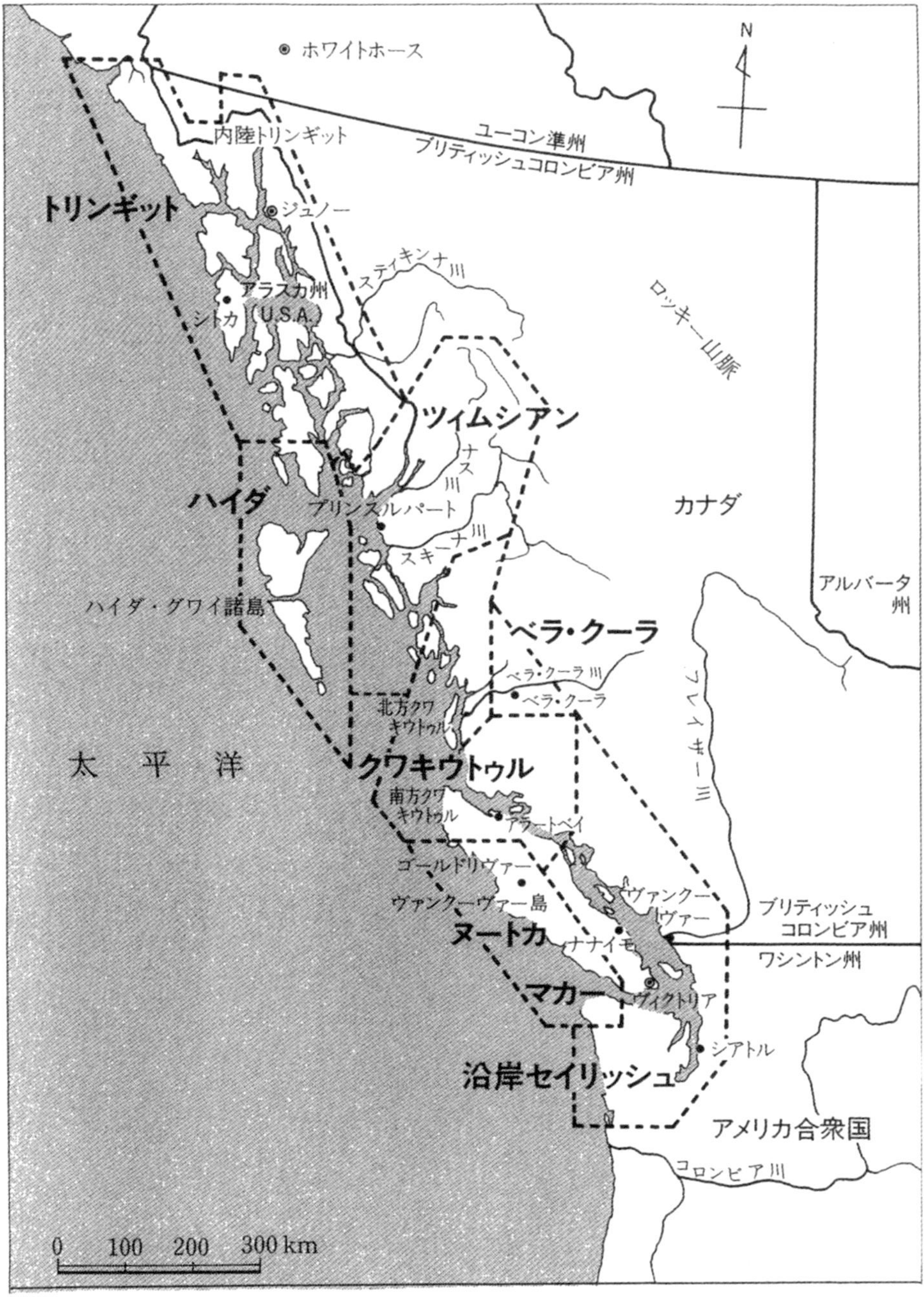

図１　カナダ北西海岸域の先住民の文化領域

縄へと替わっただけで、釣り針は元の形のままである。

北西海岸域は動植物の宝庫といわれるほど食べ物が豊富である。干満の差が著しい海岸は、海の幸に好環境をあたえている。潮間ゾーンには、ハマグリ、ザルガイ（カクル）、イガイ、カサガイ、ヒザラガイ、アワビ、ウニ、カニなどが群生する。海洋哺乳動物は、アザラシ、アシカ、ラッコ、イルカが棲息《せいそく》している。

魚類は多種類に及ぶために漁

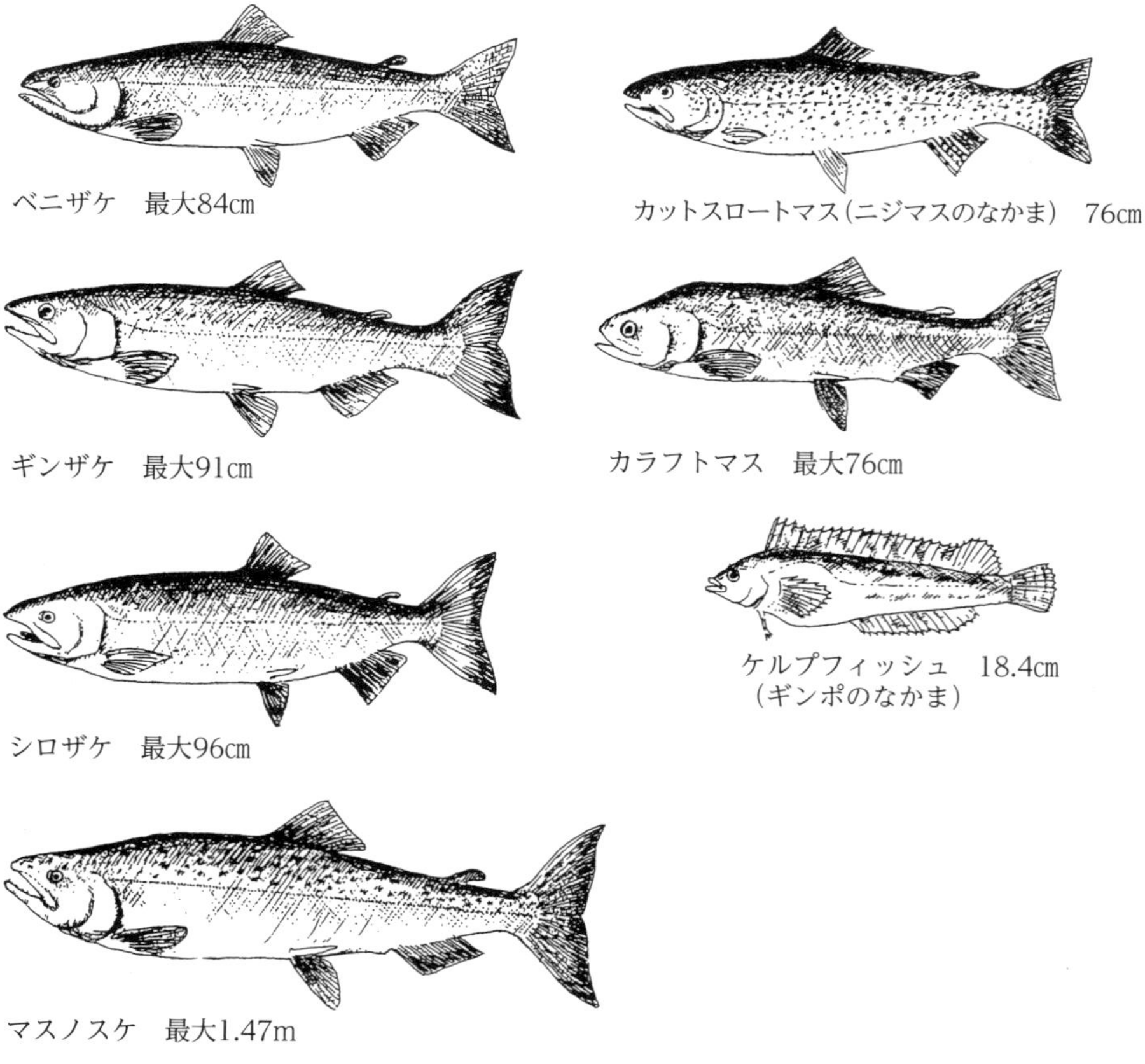

図2　先住民の主食となったサケなど

期が長く、サケの仲間は五種で年間をつうじて捕れる。ユーラコン（ユーラコーン）、ニシンと最大級の魚として知られるオヒョウなどは、人々が好んで捕った。

先住民にとり、サケは長い時期捕獲できるために安定した食べ物である。六月はキングサーモン、七月はカラフトマス、八月はギンザケとベニマス、九月はシロザケが捕れ、これらのサケを保存用に加工し、長い冬の食料とした（図2）。

五種のサケが、ニジマスやユーラコンなど他の川をのぼる魚と同じく、周期的に海岸沿いの多くの河川に戻ってきた。

鳥類では、アヒル、ガン、ハクチョウも、季節の訪れとともに河口に大群で飛来した。

陸の哺乳動物は、クマ、オオカミ、ヘラジカ、シカ、シロイワヤギなどが生息していたが、彼らの生活は物質的にも、精神的にも、深く海と結び付いていた。

こうした自然環境のもとで、一八世紀から一九世紀末にかけての北西海岸域の先住民が、海洋からの食べ物をどんな漁具を用いて得ていたか、代表的なものをとおし、彼らの漁撈をさぐってみよう。さらに漁具の材料や魚の調理と保存についてもふれてみる。

この時代の漁具や漁法は、現在も素材が変っても生きつづいている。それを知るうえで価値ある書は、Stewart Hilaryの*INDIAN FISHING——Early Methods on the Northwest Coast*——1977. である。私は一九七九年に本書を片手に先住民の生活の舞台となった地や博物館の陳列品の一部を見て回った。帰国後、この書が一九八七年、木村英明氏と木村アヤ子氏により『海と川のインディアン』(雄山閣)となって上梓された。

ほかにも北西海岸域の先住民の漁撈について書かれたものはあるが、専門的で、ある種族のみを対象とし、入手が困難である。

こんかいは、この好著を基に内容と図を多く引用し、補足的に他の文献を参考にまとめてみた。ことにヒラリー女史のスケッチは貴重な資料なので多数使わせてもらった。

二　釣り針

●オヒョウ用の釣り針

北西海岸域の人々は魚ごとに釣り針を替えて捕っていた。ひとつの事例としてオヒョウ用のものを取り上げてみる。それは北部と南部でいくぶん異なっているからである。

北部は南部ほど大量にサケがのぼってこないため、オヒョウは重要な食べ物だった。この地域では捕獲される魚のうちでも最大のものである。

オヒョウは海深の水域で卵をかえし、生後六か月ほど波間に漂いながら成長する。やがて海面に浮上すると、風で運ばれる潮流に身をゆだねて大陸棚の浅い所に流れつく。ここで姿を変えて幅広の表面が、海底と平行になる。そして、この変化にともない左の目が鼻をこえて移り、両方の目が表面の上部にのる。ついで口が片方の端に付き、よじれたような外見の頭部となる。

その重さは一三kgから一六kg前後、長さはオスで一四〇cmほどにもなる。もちろん、九〇kgくらいのものもいる（図３）。

なかでもハイダ族やトリンギット族はオヒョウを大量に捕った人たちで、広い漁場へとカヌーを漕ぎ出して捕獲した。

釣り針はV字形をし、二本の軸をV字状になるように結わき、片方の軸にはあるデザインを彫り込み、石錘《せきすい》をつけた。それは大きく、力のある大型魚を相手にうまく捕まえられるようにと補助霊を表現した。というのは、彫り物は神と結び付けてくれる魔力をもっていると、人々が信じたからではなかろうか。

V字形の軸のうち、彫り物のないほうにアグ（逆刺）を縛《しば》り付けた。この突起が魚の口を突き刺して離れなかった（図４）。魚は漁師が引き上げるまで、釣り針に引っ掛かった状態のため、アグの付いた軸は魚が逃げようと必死でもがいたのでぎざぎざになっている。

V字形の軸の片方が損傷が大きいため、新しいものが付けられた。骨製逆

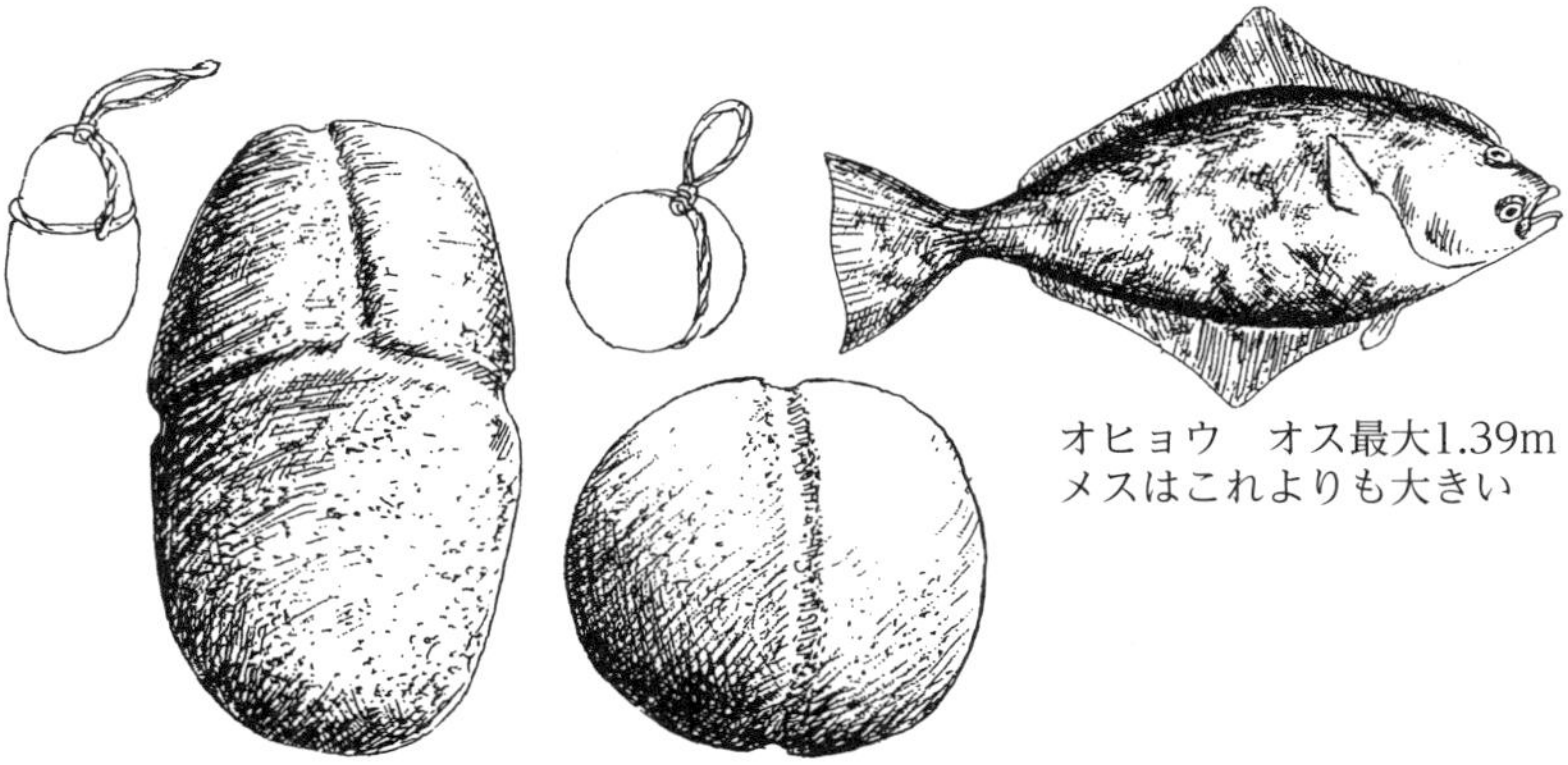

図３　オヒョウとオヒョウ用釣り糸の溝を刻んだおもり

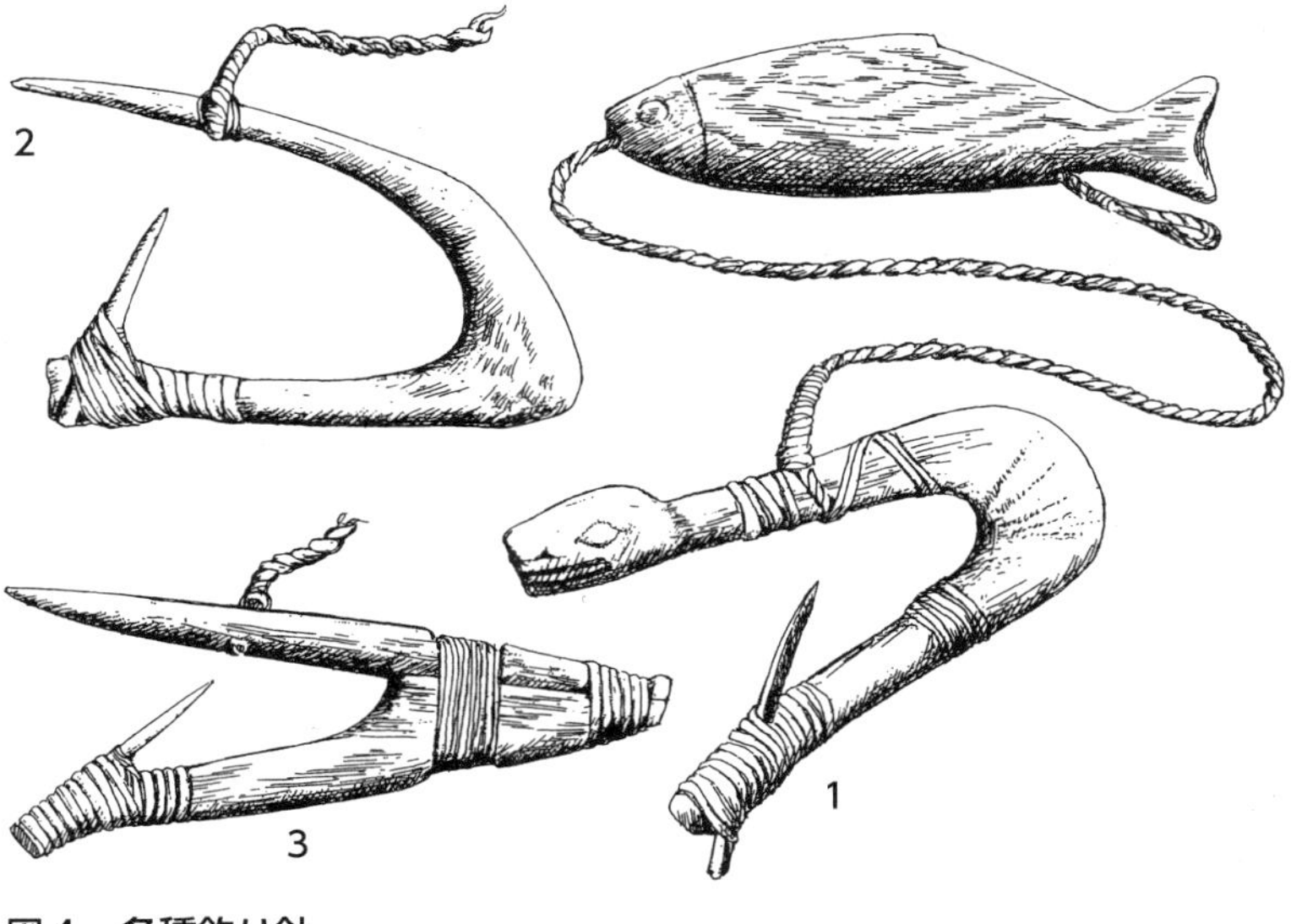

図４　各種釣り針

１はサケ形浮きをつけ、トドの頭を刻んだ鉄製アグをもつ釣り針、２は単式オヒョウ用釣り針、３は結合式Ｖ字形釣り針

刺を使ったばあい、浮んでいるエイを餌《えさ》にすると、木製釣り針は海中で適切な位置を維持した。

しかし鉄製アグに替えると、均衡《きんこう》がくずれて釣り針が沈んでしまうので、針の近くに小さな浮きを付ける必要が生じた。釣り針が鉄製になると、浮きは大きいものに変った。

餌はタコとイトマキエイ、それと女性を表わした彫り物を用いた。

ここでトリンギット族のオヒョウ漁について、一七八七年に記録したものがあるのでかかげてみる（木村　1987）。

ある種の魚やヤリイカを釣り針に付けて底に沈め、縄の端に浮き袋を結わえて浮標《ブイ》とした（図5・6）。一人の男性が五から六個の浮標を見て回る。魚が喰《く》い付いたと感じると、縄を引き上げ、魚に存分に喰いつかせ、それから海面に上げて棍棒で頭を打つ。というのは、オヒョウを傷つけないよ

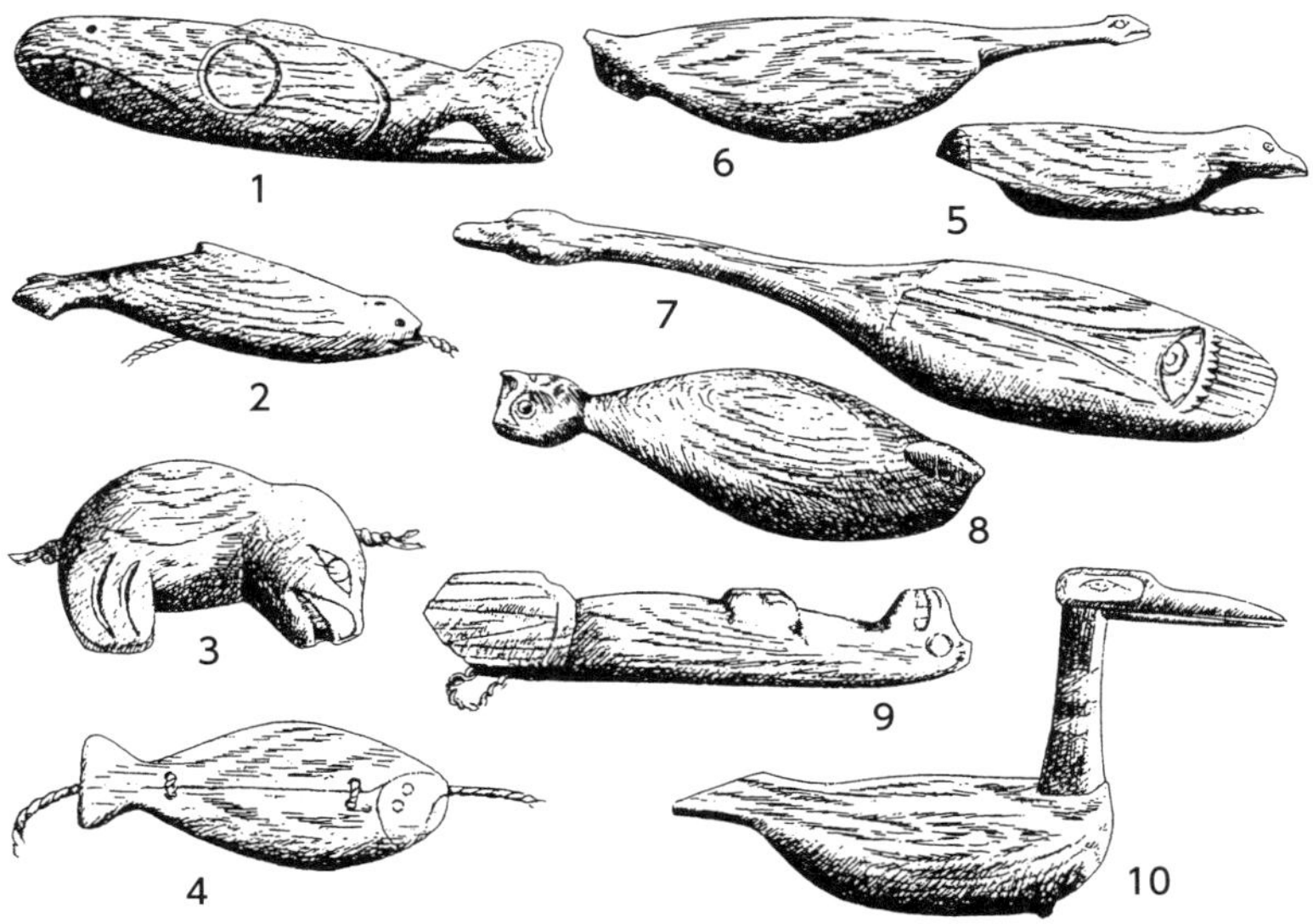

図５　オヒョウ用の釣り針用の浮きと網用の浮標

1. 2. クジラを形どったオヒョウ用釣り針の浮き 22cm　3. 幼いトド 20.4cm　4. オヒョウ用釣り糸につけたオヒョウを模した浮き 20cm　5. オヒョウ用釣り針の浮き、海鳥 20cm　6～8. ハクチョウ 11.6cm　7. 42cm　9. 網用浮きであおむけに浮かぶラッコ 49cm　10. 網用浮き 40cm

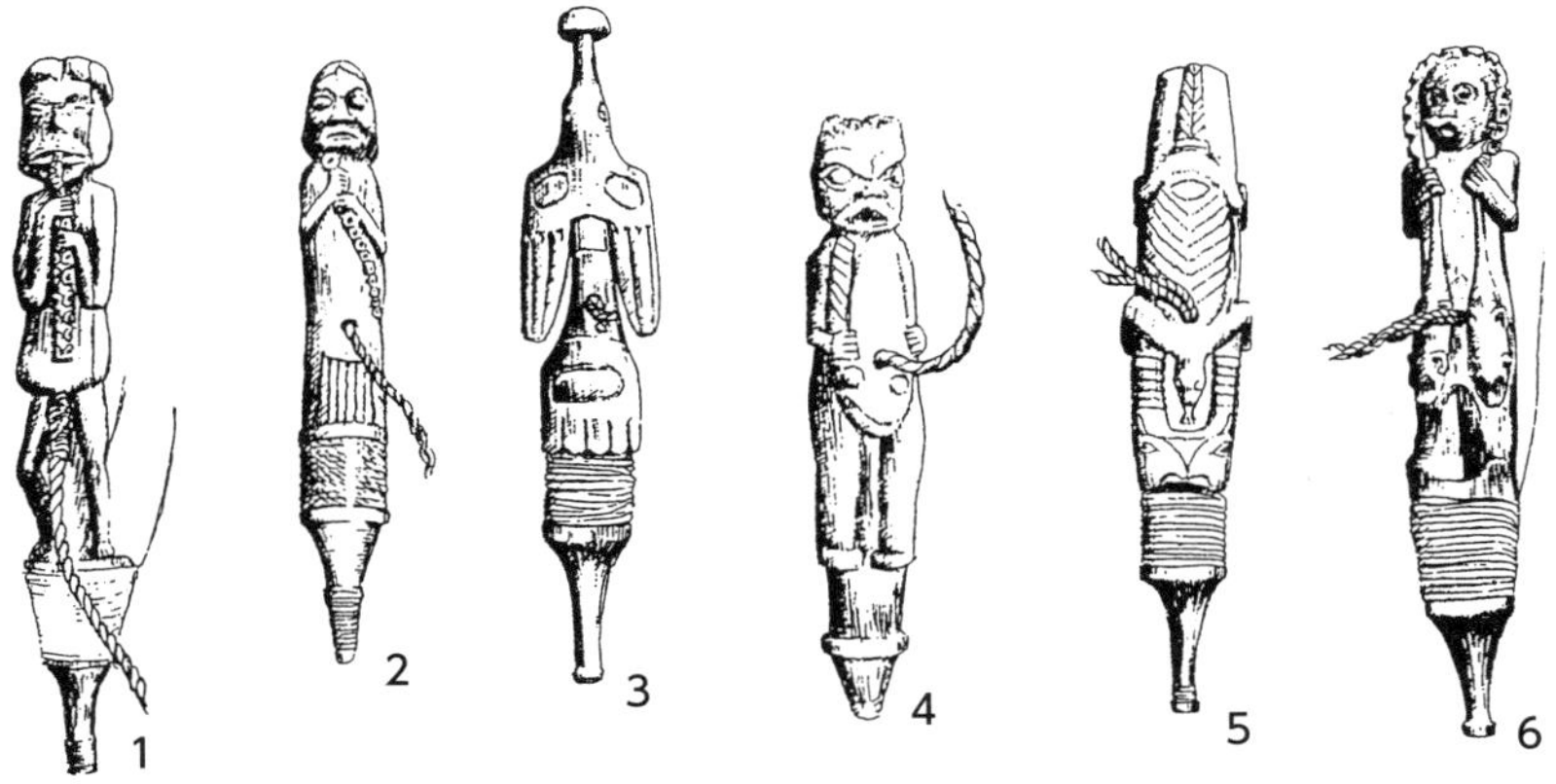

図６　彫刻した北方オヒョウ用浮標

1. タコの足を食べる人　2. 魚の尾びれをしたシャーマンがタコの足をもつ　3. くちばしに太陽をくわえるワタリガラス　4. オヒョウをもつ人　5. 魚を喰うカワウソ　6. 毛先がネズミになっているタコの髪をした人

うに、あるいは大きな魚が必死になってもがき、カヌーを転覆させないためである。

中央部および南部の人々が使うオヒョウ用の釣り針はU字形をしている。この形状の釣り針はタラ、アブラツノザメを捕るさいにも利用したし、最小のタイプのものはケルプフィッシュにも用いた。

オヒョウ捕りにたけたマカー族は、釣り針をイチイの木でつくった。ほかの種族のなかにはモミ、

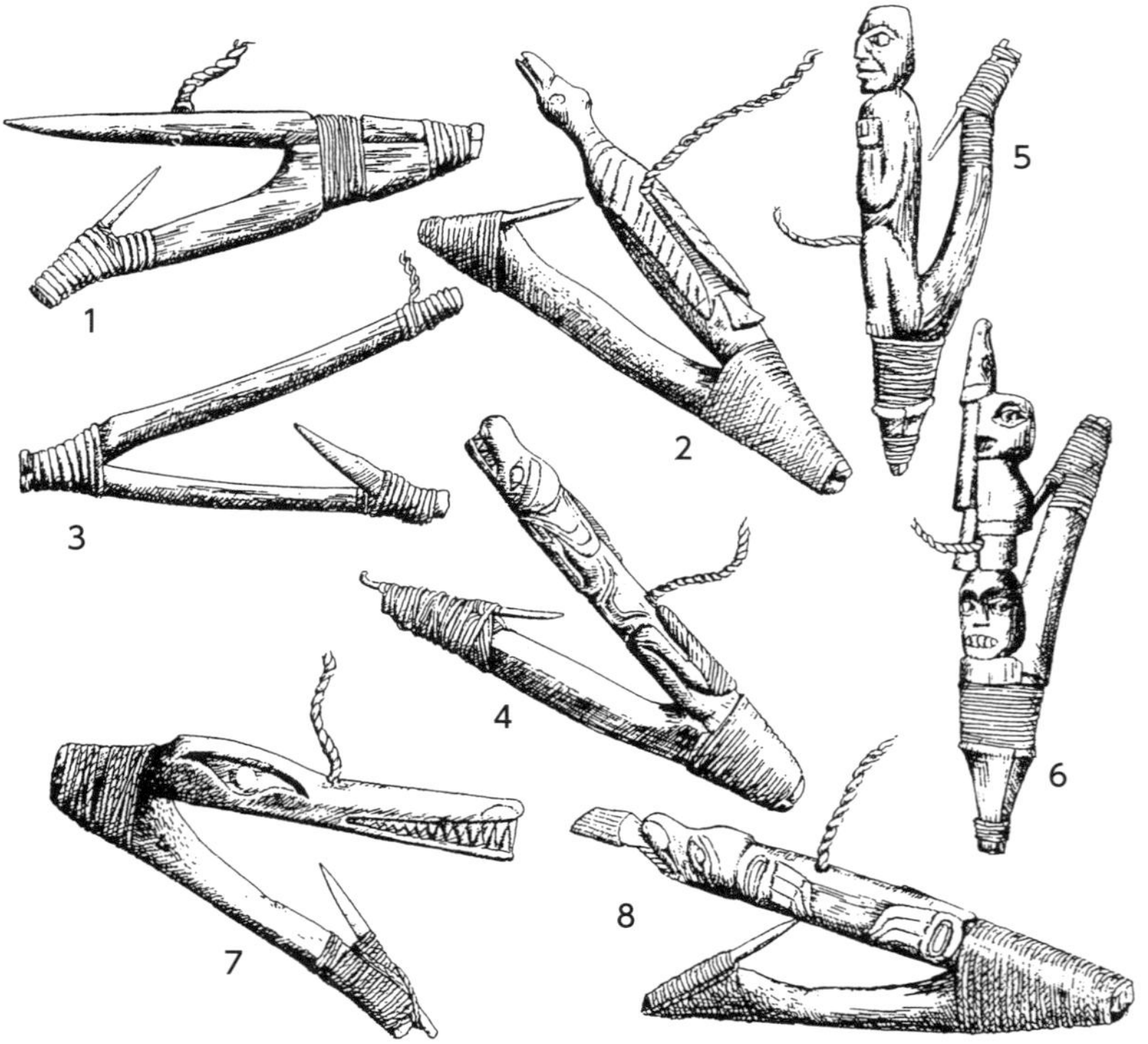

図7　結合式V字形釣り針と北方オヒョウ用釣り針
1．25cm　2．27cm　3．オヒョウ用釣り針のアグつき 15cm　4．オオカミを彫っている　5．アクに釘を使う 24cm　6．27cm　7．海の怪物を彫る 24cm　8．オヒョウを喰うアザラシを彫る 28cm

モミの一種のバルサム、トウヒ、ツガのなかまのヘムロックを材料とした（図7・8）。

釣り針の先端部が、外側に張り出すように曲がっているのは、魚が餌のついた逆刺だけに喰い付きやすくしているからである。それは、魚が釣り針の曲がった先端部を呑み込むほど口を大きくあけられないためである。

オヒョウ漁は北緯四七度前後のオリンピック半島から北方地域のトリンギット、ハイダ、ツィムシ

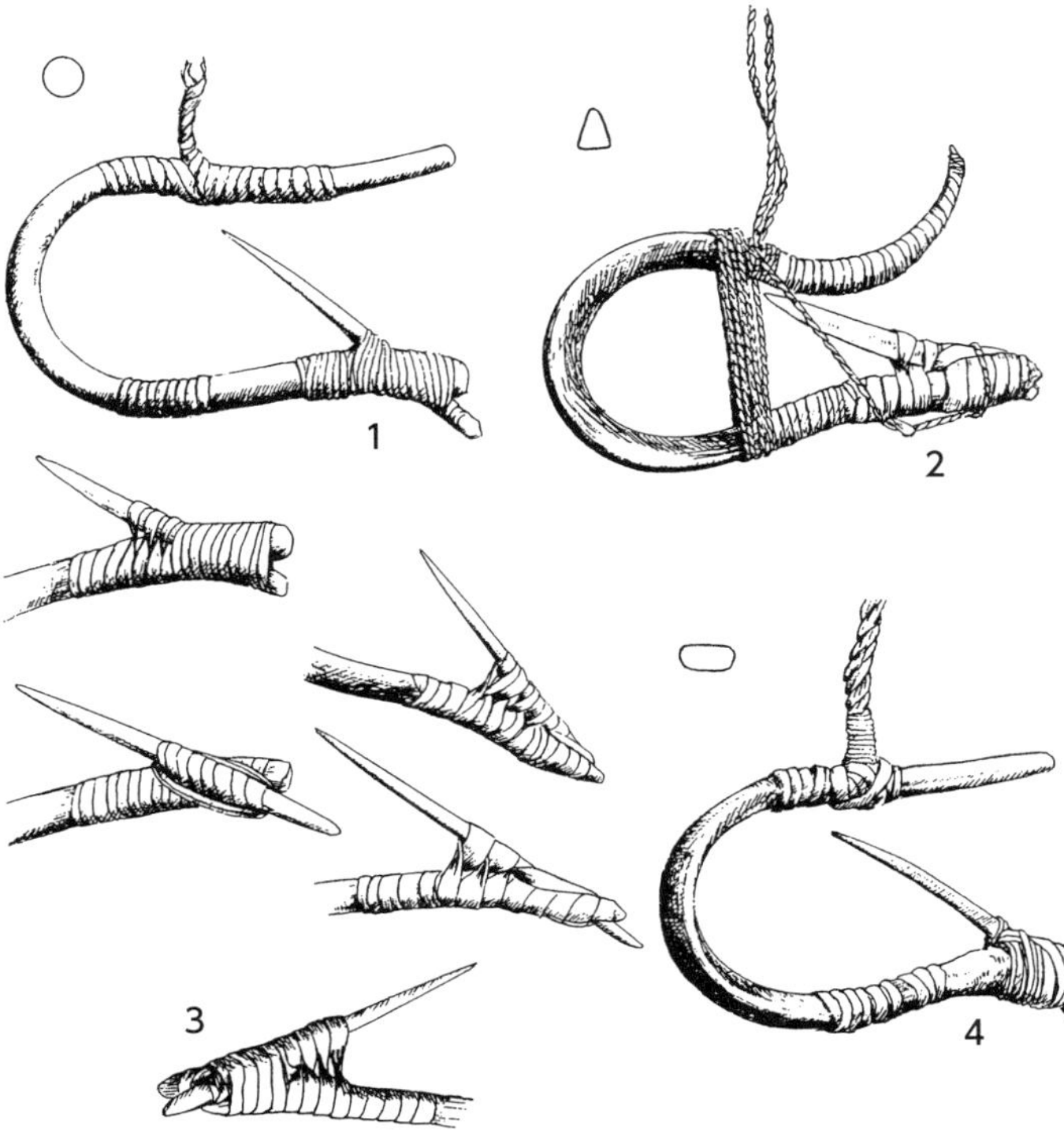

図8　U字形の釣り針

1. イチイ製。軸の断面は円形 21cm　2. 餌に結ぶ縄を使わないときは釣り針に巻きつける。軸の断面は三角形 15cm　3. アグをシダーの割り枝やトウヒの根で結わく　4. 軸をしっかりと結びつけ、断面は長方形 22cm

アン、ノーザン・クワキウトル（クワキウトゥル）、ハイスラ、キサイハイスといった諸族が、短い堅い木をV字形に組んで、片側の先端に骨製の逆刺をひとつ付けた。そして、片方には豊漁を願って人物などの彫り物をほどこした。二又《ふたまた》に交差させた棒の端に短い紐《ひも》をつけ、その中心に石の錘を結わえた。棒を交差させることにより、逆刺が付着した浮力のある軸に紐が巻き付くのを防いでいる。

なお、チヌーク族はコロンビア川で長さ六mほどの大型のチョウザメを捕るのに、これと似たような形の彫り物のない逆刺のある釣り針を使った。ジョージア海峡とピュージェット湾岸域に居住したヌートカ族、コースト・セリッシュ（セーリッシュ）族、ワシントン州北西部にいた人たちは、スプルースの小枝でオヒョウ用の釣り針をこしらえた。

クワキウトル族をはじめ、いくつかの種族は大型の曲げ木製釣り針を使用した。そこで、その製作工程を記しておく（Codere　1990）。

モミの木の流木でつくるばあい、小枝を割って長さ約四㎝に切り、棒を適度な厚さと形に薄くそぐ。つぎに棒をケルプの管《くだ》に入れ、水を注ぎ、苔《こけ》を詰《つ》めて口を防ぐ。

あらかじめ焚き火をし、熱い灰を用意しておき、ここにケルプの管を埋めて一晩そのままにしておく。翌朝にケルプを割り、蒸された棒を慎重に曲げる。釣り針の木型に曲げた棒を押し込んでから冷ます。釣り針の形になったら、先端が焦《こ》げるまで暖める。そしてシカの脂《あぶら》で磨き、再び木型に入れて冷ます。これは、木が戻るのを防ぐためである。

最後にトウヒの割り枝かシダーの根で骨製のアグを縛り付け、ジャイアントケルプで編んだ紐をつける。

小型の曲げ木製釣り針の製作法ものべておく。

長さ約一〇㎝のモミの枝を円形になるように少しずつそぎ、片端は斜めに切る。のちにアグを付けるためである。前もって小箱に水を入れておき、ここに円形になった棒を浸す。

地面に掘った長径五〇cm前後、深さ七〇cmくらいの穴の底に加熱した礫《れき》を敷く。その上に藻の一種のダルスを二〇cmほどのせ、そこに釣り針用の棒を横に並べる。その上にシダーの葉を四〇cmくらい積み重ね、上にシダーの繊維で編んだ古いマットを被《かぶ》せる。これに上から水を注ぐと蒸気が昇る。

一五分ほど蒸したままにしてから棒を取り出し、木型に釣り針状に二本一組で八組から一〇組の木釘が並んでいる所に押し込んでいく。形が整ったら、これをもう一度温め、獣脂を塗り、骨製アグを斜めに切り出した部分につけ、トウヒの根の割り枝で結わき、ジャイアントケルプの細長い茎で編んだ紐をつける。これで完成となるが、そのできばえはみごとである。

●サケの流し釣り

漁師らは、サケが川をのぼり始めると、魚を導きとらえる仕掛けの魞《えり》や堰《せき》を設置して大量に捕獲した。しかし河口や湾、入り江では遡上《そじょう》する前に釣り針、手釣り用糸で捕った。

釣り針はシンプルで、真っ直ぐか、少し曲がった木製の軸《じく》に逆刺のない骨製や角製の鋭角な針が付いたものである。

ジョージア海域やオリンピック半島などの周辺に住んでいたヌートカ族とサザン・クワキウトル族などはこうした釣り針を用いた。餌は新鮮なニシンでキングサーモンを流し釣りした（図9）。

手釣り用の糸でサケを捕るばあい、カヌーから逆刺のない釣り針を使って、スプリングあるいはチヌークと先住民が呼んでいる大物を釣り上げた。しかし大きいため、カヌーまで引き上げるには時間がかかった。なお、タラの捕獲にも同じタイプのものを用いた（Arima　1990）。

一八〇三年から一八〇九年にかけてヌートカ族がサケを捕っている様子を記録したものがあるので引用してみる（木村　1987）。

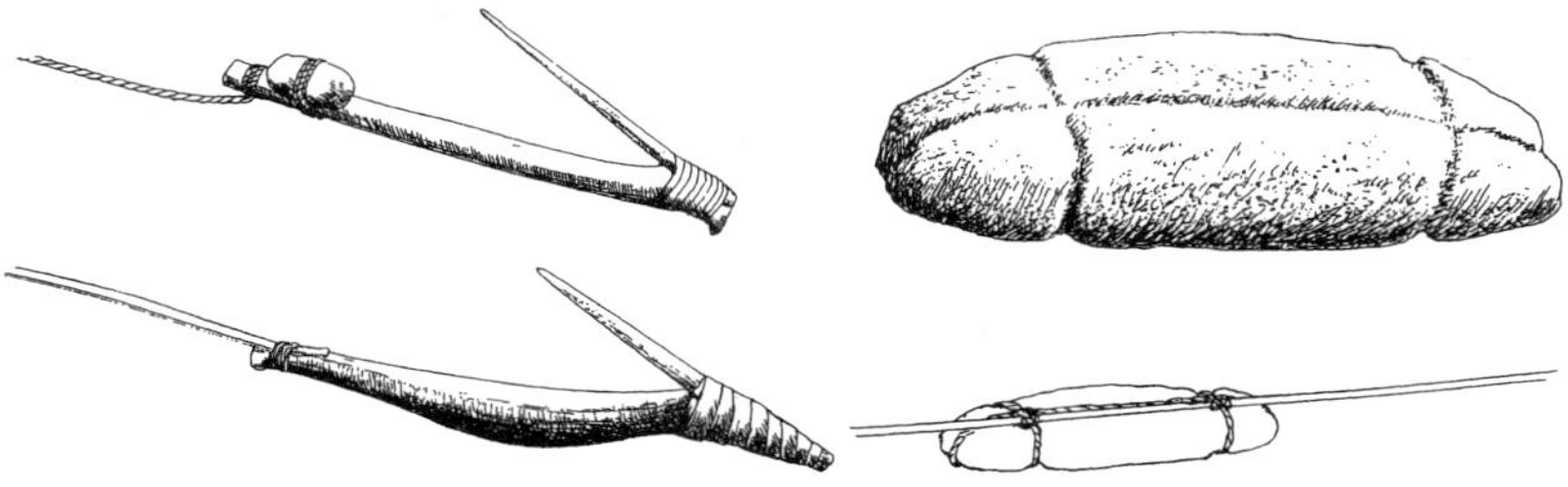

図9　サケ流し釣りに用いた釣り針とそのおもり

一人の男が小さなカヌーに座り、ニシンのなかまの小魚を釣り針に仕掛けた。いつでも新しいものを餌にした。櫂《かい》の柄にその紐を結わき、カヌーを漕《こ》ぐと、餌にした魚が水中でたえず動くため、まるで生きているように見える。

これをサケが見つけて喰いつくと、一瞬のうちに引っ掛けられ、櫂のすばやい動きで、たちまちカヌーにあげられる。先住民らは朝方漁に出、一人で八匹から一〇匹以上のサケを捕まえた。フレンドリー・コープでは、こうしたサケ漁をするカヌーが二〇から三〇艘《そう》もあった。

●サケ用のガフ釣り針（引っ掛け）

ガフ釣り針は、川の流れが渦巻いたり、急流だったりする所の足場やカヌー内に立ってサケを捕るさい、魚を引っ掛けてすばやく引き上げるのに適していた。

サケの大群がのぼってくると、漁師は川岸や自分のカヌーの上に立って川底をかきまわし、すばやい動作でガフ釣り針を使った。また、夜間や暗い水中では、サケが釣り針にふれたときが、引っ掛ける合図だった。

着脱式で魚を引っ掛けるのに使う、先の曲がった鉤《かぎ》がついたガフ釣り針は、暴れまわるサケによって柄を折られないように、あるいは魚に逃げられない構造になっている。

三　簎《やす》・銛《もり》

水中の魚を突き刺して捕らえる漁具に簎と銛がある。

簎先は柄の一端にきつくとめられ、魚に刺し込み、漁師の手に残る。銛頭《もりがしら》は魚に突き刺さると、尖った棒や矢柄《やがら》から離れた。銛頭は縄で矢柄につなぎとめている。なお、二個ないし三個の銛頭を一本の柄に付けた銛もある。

投げ銛は柄の基部の端に指支えがあり、ここから魚に向けて射《い》た。その後に回収用の紐で引き戻す。刺し込まれて暴れまわる大きな魚によっては柄や銛先がこわされたり逃げられたりする。しかし、離頭銛《りとうもり》の銛頭は漁具に直接ゆがみを加えずに、水中で魚が動きまわれるようにし、もがくあいまにアグが肉に喰いこむ工夫がみられる。この漁具は長いあいだ魚と戦った漁師の体験を参考につくられた証しでもある。

●簎

捕まえやすい小型のサケ類に適していた。川に木などの柵《さく》を設けて水の流れを一か所に集め、魚を引き寄せて捕らえる仕掛けの簗《やな》や堰の所で、川岸やカヌー内に獲物を投げ上げた。

サケやタラに効果を上げた簎には、魚をしっかりととらえるアグがついている。この漁具は下に向けて垂直に使い、川のなかの丸太の下に隠れるサケを捕らえるのに最適だった（図10）。

サケ用の簎で柄の先端部に弾力のある二つのアームが付き、それぞれのアー

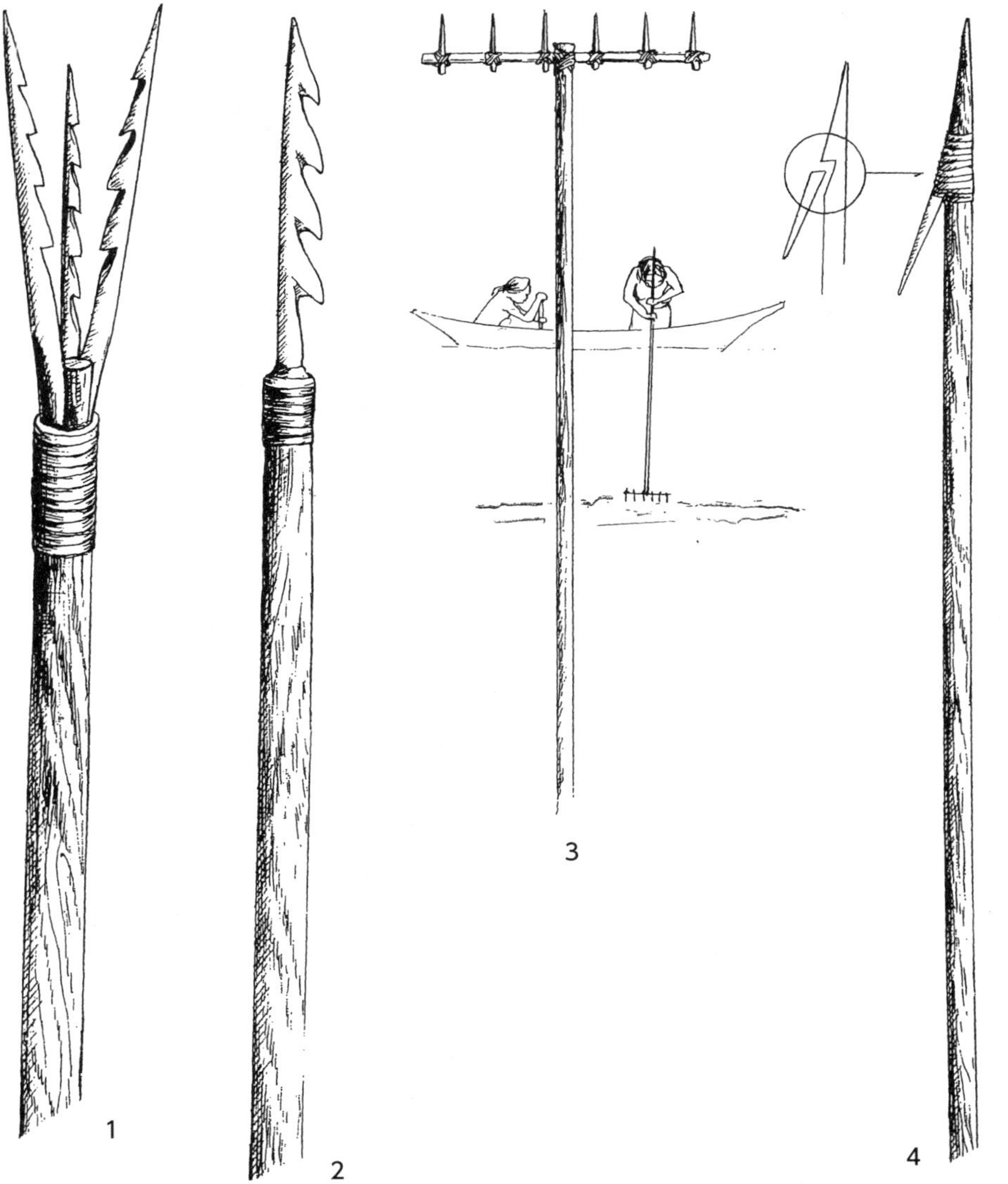

図10　アグつきの木製箍
1と2はヒラメ用箍、3は河口での熊手の使い方、4はタコ用箍

ムの内側にも反対側にも発射できる鋭い尖頭器が取り付けられたものは、ジョージア海域から北の地帯で一般に使われた。

こんにちでは、この地域でも離頭式の銛と同様、離頭式の簎がサケ漁に用いられている。これは短い締め綱で柄と結び付き、重い鋼鉄製の離頭式の鉤《かぎ》針《ばり》がついている。

ヒラメ用の簎は柄の先端が二分されており、砂に半分埋もれて横たわる平たい魚を、突き刺すのにふさわしかった。

タコ用の簎は、吸いついて離れないタコを巣穴から引きずり出すもので、長い尖頭部の先近くにアグがついている。タコの突き出た肉のかたまりに長い尖頭部を押し込むと、簎が抜け落ちないようにアグが動き、力をこめて引っ張りつづけるうちに、獲物の抵抗は弱まった。

●銛

サケの銛漁は澄んだ川の流れでおこなわれた。川に遡上する前に集まってくる湾や入り江でも捕獲された。カヌーで行けないばあい、漁に適した場所を求めて川岸を歩いた。

銛を使う漁は、さまざまなタイプの銛を異なった川の状況に応じて考えた(図11)。たとえばヌートカ族のあいだでは、小さな流れ用、深い瀬のある川用、流れの速い浅瀬用、川幅の広い川用といったようにである。

海でのサケの銛漁は川とちがい、魚の通る所に繁茂する干潟のばあいはケルプ群を切って移動路をつくる。漁師は、この道筋をまたぐようにしてカヌーをつなぎとめ、ここを通り抜けるサケを銛で射止めた(図12)。

夜に川でサケやマスを捕まえるときは、魚をおびきよせるためにカヌー上に生の丸太を五本ないし六本並べ、その上に泥を厚く平らに敷き、松脂《まつやに》の松《たい》明《まつ》を焚く。魚が見えるように浅瀬を選び、船尾に座った者が静かにカヌーを

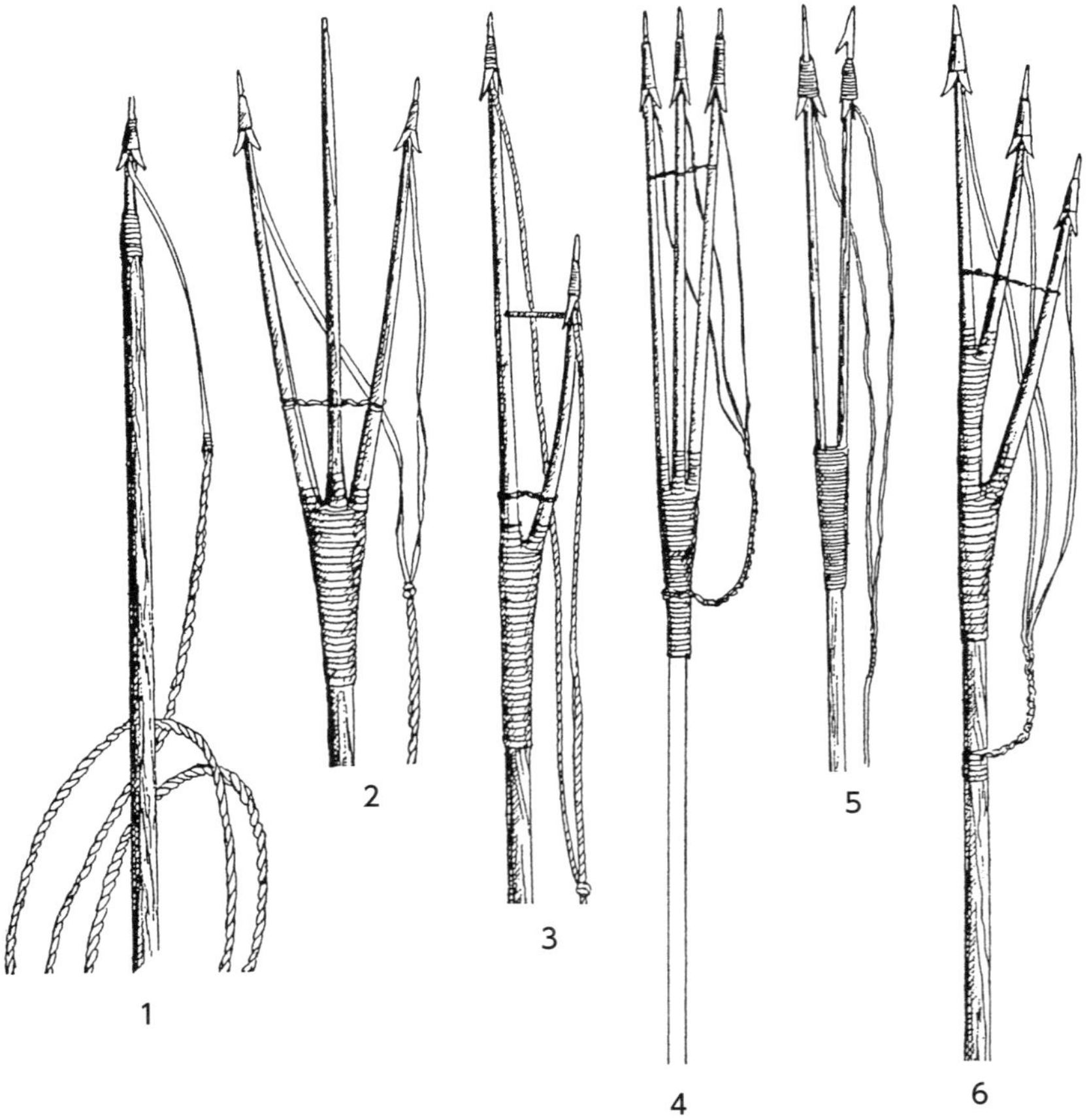

図11　各種の銛

1. 小さな流れにいるサケ用
2. 川の深い淵にいるサケ用（真ん中のポイントが銛頭を川底の岩から守る。）
3. 岩が少なく、川幅が広くて深い川のサケ用
4. マス用
5. 魚用
6. 流れの速い川にいるサケ用。銛を低くかまえて水面に突きさす

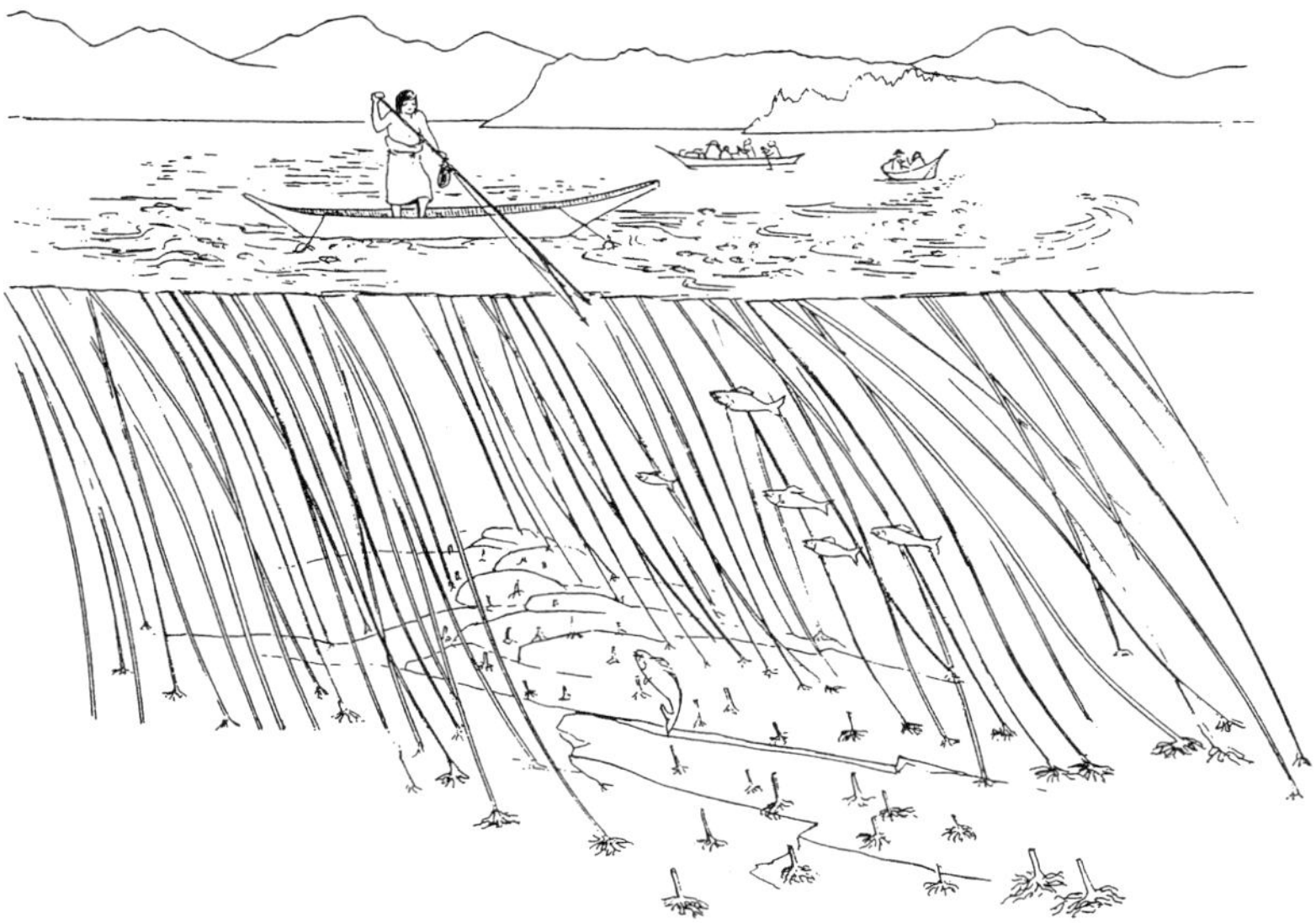

図12　海でのサケ銛漁
干潟上に育つケルプ群を切ってサケの通る所に道すじをつくる。漁師は、この道すじをまたいでカヌーをつなぎ、通りぬける魚を銛で突く

図13　松明を使って漁
サケやマスをおびき寄せるために生の丸太の上に置いた泥の上で松明を灯し、漁師に魚がみえるよう浅瀬を選び、船尾に座る男が静かにカヌーを上流に進めた。漁師は光の屈折を考えて銛を投げる。男の影が水に映らないようにマットで防いだ

ゆっくりと上流へと進める。漁師は光の具合を考えながら銛を魚にめがけて投げる。松明の灯《あか》りで、人の影が水に映り、サケを驚かせないように、カヌーの上にマットを立てて灯りを遮断した（図13）。

銛は短い綱で柄とつないだ一種の離頭式の槍で、サケ漁の主要な道具といえよう。北部の人たちが使うものには、逆刺が一つの骨製ないし角製の尖頭器が一つ付いた銛がある。

クワキウトル族は、それぞれの銛頭に複数の逆刺をもつ二又の銛を用いた。この種のものはバリエーションが多く、クワキウトル語を話す人たちやヌートカ族で広く使われた（Arima 1990）。

ことに軽くて短めの銛は、河口付近の湾内で背鰭《せびれ》を出して泳いでいるサケ用につくられた。分岐する先端部を発射させる柄は、深い水中に突き刺すために用いたが、この柄は同時に先端部を川底の岩にぶつけて傷《いた》めるのを防ぐための役割も果たした。

銛や籍の柄は軽いシダーを使い、矢柄の強度を増すために強くて丈夫なサクラの皮を巻いた。柄には弾力のあるイチイやアイアンウッドやナナカマドを用いた。

●チョウザメ用の銛頭

北西海岸域の先住民が捕獲した魚のうちで最大のものはチョウザメである。長さはおよそ六m、重さは八一二kgにもなるという。大きな川に棲息する長命な淡水魚である。

冬季は水中深く横たわっているので、長い柄の先に付けた双頭の銛でさぐり、たやすく確認できた。四月になると産卵のために浅瀬で過ごし、夏季に川や浅い沼で簗、刺し網、トロール網や銛などによって捕獲した。

銛はアザラシやイルカ用のものと同じく、尾が三叉状のもので、日中の潮流が低いときに使った。夜間は二・四m前後の水位で泳ぐ習性があるうえに光

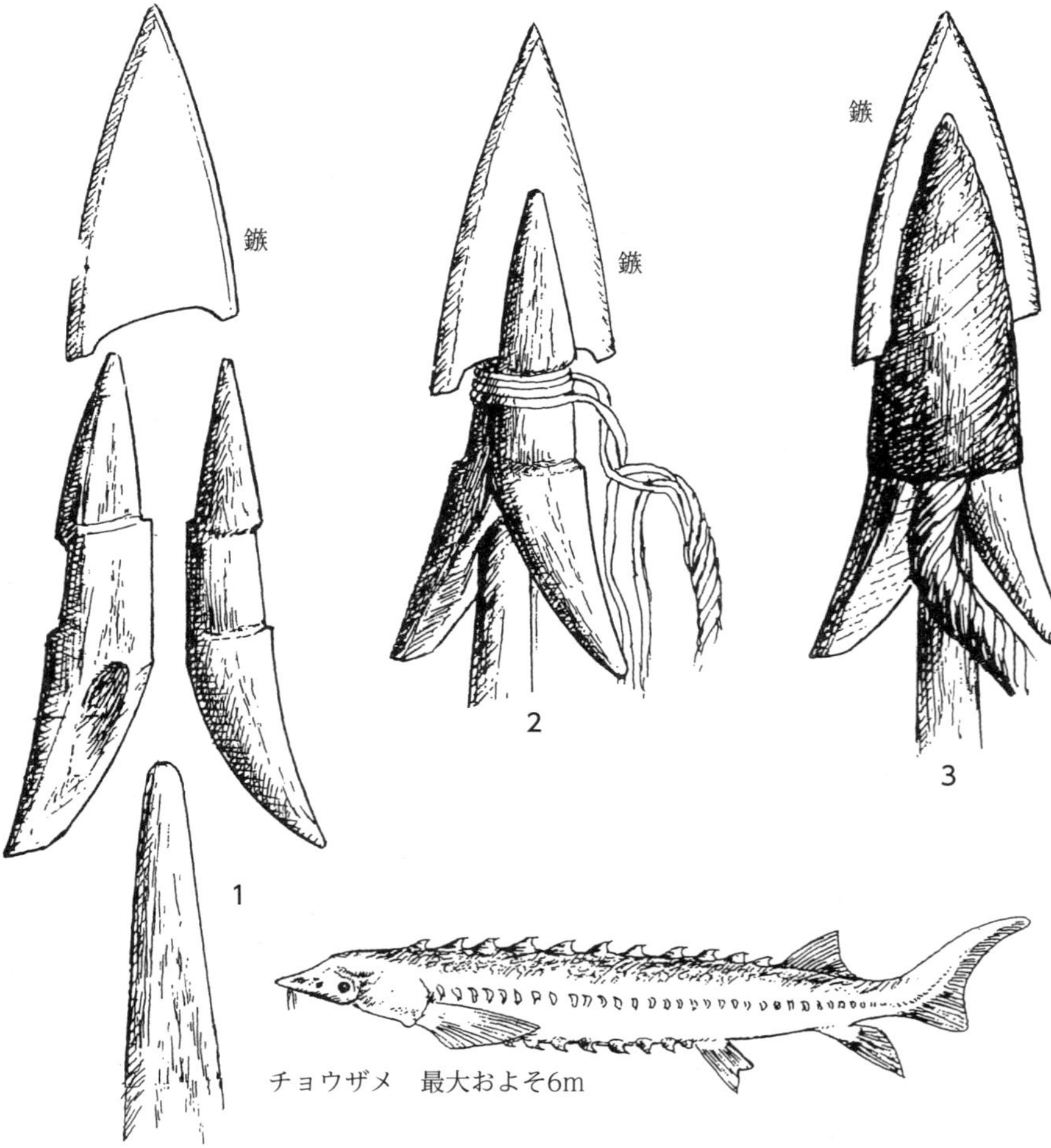

図14　チョウザメ用銛頭

1は鹿角製のバルブにスレート製の鏃をはさみこむ、2はバルブと柄に鏃をつけたもの、3はバルブ上部と縄はピッチで覆い、そこに鏃をつける

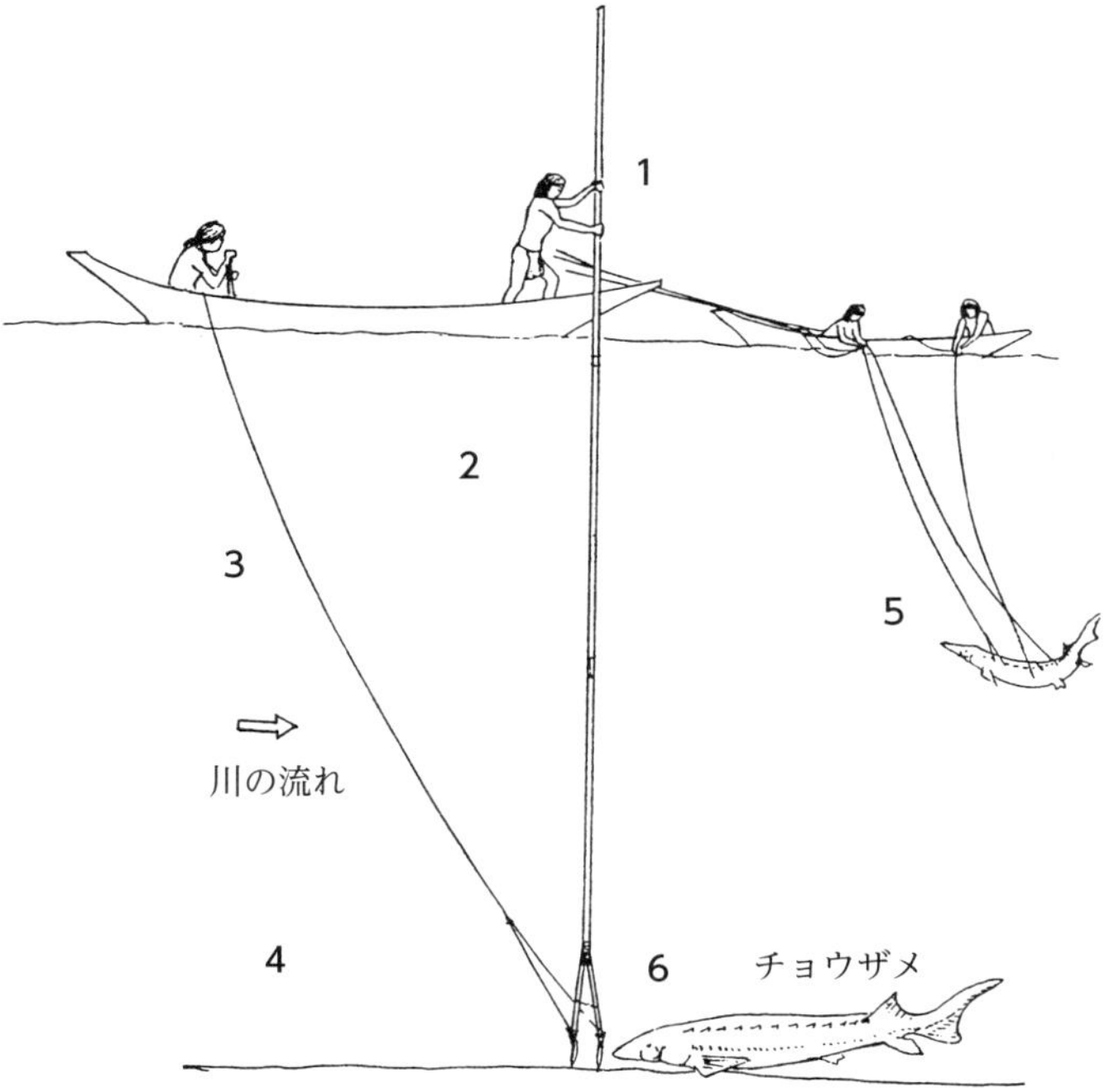

図15　チョウザメの銛漁

1. 船尾に立った漁師がゆっくりと銛を上げ下げし、20mほど下にチョウザメを求めて、川底をさぐる
2. 深いときには柄をつぎたした
3. カヌーは流れを下り、柄を真直ぐにし、縄を張っておく。漕ぎ手は船首が上流にむくようにする
4. 川底に達し、魚にあたったことを知ると、ワシの羽を柄につける。魚にふれると射手は獲物に銛を打ち込むために柄を押し込み、それから柄を引く
5. チョウザメを引き上げるために十分に縄を使う
6. チョウザメは川底にひそみ、頭を下げて上流をむいている

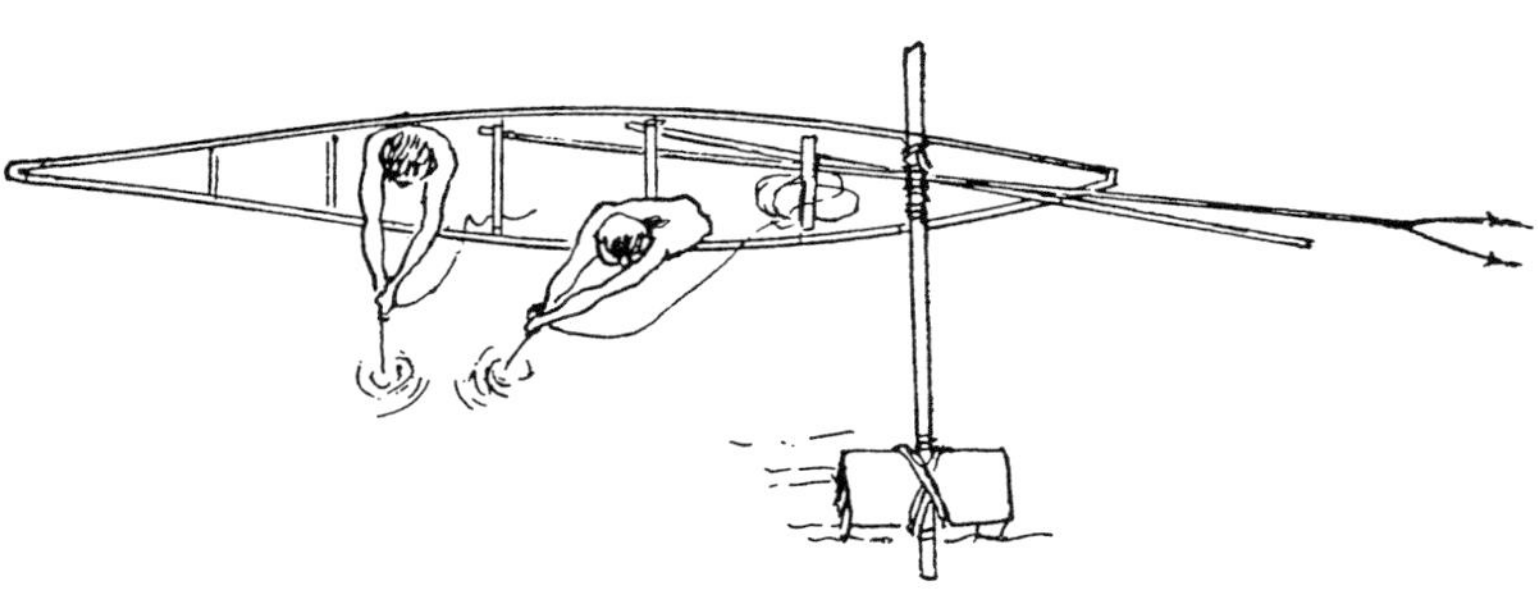

図16　チョウザメを引き上げる

大きなチョウザメを上げるあいだ、カヌーをしっかりとめるために重い木をつけた棒をカヌーの幅にわたしてアウトリーガにした

を放つので、仕留めやすかった（図14）。

銛を受けたチョウザメは、深い所へ潜るので、カヌーをすばやく魚のうしろにまわした。魚が力つきて底に沈むと、縄を垂直に張り、チョウザメの体に充分に喰い込むと引き揚げた（図15・16）。

●アザラシ・アシカ猟

漁師にとって栄誉であり、海での職業上のステータスは、海洋哺乳動物の捕獲であった。これは確実に経済価値をもたらした。そして、ある特定の漁は高位に就く首長だけのものであった。

ノーザン・ヌートカ族やクワキウトル族系のほとんどの人たちの首長らは、それぞれの海で捕ったアザラシの脂と肉に対して特別な所有権を所有していた。これは、彼らがアザラシを重視したことを意味している。

アザラシ、アシカ、イルカといったたぐいは、多くの先住民が同じような道具で捕獲した。海での漁には、一般に中央部がくびれて扇状をした特製カヌーがつくられた。水面を音を立てずに、速く、滑るように進むもので、船体の表面を焼いて、木肌の凹凸を取り、まるでガラスのように滑らかになるまでサメの皮で磨き込んだ。

北部に居住域がある三種族が使った銛は、柄の先端部に複数の逆刺のある長い骨製の尖頭器を一個付着した離頭式である。

尖頭器は短い締め綱で柄の先端部と結わき、その先端はもう一本の綱で柄と固着され、さらに柄には長い紐を取りつけていた。この長い紐の片方は銛の使い手がもつか、カヌーの漕ぎ手の座る横木にしっかりと固定された。こうしたいくつかの接合部は、銛を打ち込んだ獲物が暴れたさいに衝撃をゆるめる役目をした。

カリフォルニア、オレゴン、ワシントンの各州に住んだ人たちも、重い柄に尖頭器を差し込んだ銛でアシカを仕留めた。突いた瞬間に紐が柄全体に巻き取られる。これは、柄が浮標《ブイ》の役割を果たすため、そのままアシカが疲れるのを待てばよかった。

北西海岸の最北部と最南部で暮らした先住民は、先端が二叉に分かれた銛を使っていた。それぞれの先端部は、二つの角製逆刺のあいだに鋭い刃をもつものを縛《しば》りつけた三つの部分からなる銛を用いた。紐は柄の一か所に引っ掛けてから端を長くして巻きつけ、投げ縄用のロープを繰り出すように銛を投げた。

クワキウトル族、ヌートカ族、セイリッシュ（セーリッシュ）族は、獲物を射るさいに槍を投げるようにして銛をつかわず、柄を左手で固定するとともに、同時に巻いた紐を手にもち、柄の先に推進力をつけて突き刺した。

漁をするクワキウトル族のなかには、柄を固定するために人差指と中指を入れる穴を二個あけた台を銛の柄に取りつけた。

ヌートカ族をはじめ他の種族は、柄に固定するために骨製の小さな三叉の指を受ける台をつけた（Drucker　1955）。

こうした装置や銛を投げる術はコントロールをよくするためで、エスキモー（イヌイット）の投槍器の変形の可能性もある。

銛を射る者は獲物を突き刺すと、弄《もてあそ》んでからカヌー内で棍棒を使ってとどめを刺し、それから運んだ。

アシカ猟では紐の端にアザラシの皮でつくった浮きを固定させたり、獲物が疲れるまで泳がせたりした。

サザン・クワキウトル族は、いつでもアザラシやアシカの嚢《のう》（ふくろ）でこしらえた小さな浮きを紐にしっかりと結んだが、ヘイルック族はヌートカ族のものと似たアザラシの皮の浮きを用いた。両族のイルカ猟では常に浮きが使われていた。

これは、動物の皮が薄いために圧力がかかりすぎて、銛頭が喰い込んでしまうから浮きを使用したのではなかろうか。彼らに隣接する先住民らは、なぜか浮きを用いていない。

ラッコの毛皮は毛が密集し、光沢があるためにヨーロッパの交易業者が盛んに買いあさった。以前はアザラシと同じくラッコが大量に捕獲された。

その後、ヨーロッパ人との交易が活発になると集団でのラッコ漁がはじまった。二〇隻ないし三〇隻以上のカヌーが沿岸部を滑走し、ラッコが視界に入ると周りを囲み、死ぬまで矢を一斉に放った。この捕獲法によって、乱獲が進み、ラッコは著しく減少し、一九世紀末までに北西海岸域から絶滅した。

オットセイは、北西海岸域の先住民にとっては捕獲の対象ではなかった。というのは、オットセイの大群の移動ルートが先住民の漁撈域から遠く離れた沖合だったからである。

こうした状況のなかにあって、ハイダ族とコースト・ツィムシアン族は例外だった。彼らはディクソン海峡を通り、ハイダ・グワイ（旧名クィーン・シャーロット）諸島と大陸のあいだの、ヘカテ海峡に入ってきた大群からはみだした無数のオットセイを追い回した（Blackman　1990）。

一八九〇年代になると、アメリカとカナダのオットセイ業者らは、ヌートカ族とクワキウトル族を雇って捕獲を進めた。このころから両国の水産業者たちは、オットセイ猟に二本以上のマストをもつ帆船、スクーナー船を導入し、主要な産業の道をたどった。

●クジラ漁

クジラ漁は北西海岸全域で最も壮大なものであった（図17）。ヌートカ族をはじめとし、キリュート族、キノールト族、クラリャム族、チュマクム族といった人々が積極的にたずさわった。これらの先住民は、ヌートカ族からクジラ漁の技を学んだ。

クジラ漁の銛打ちは常に高い地位にある人物だった。

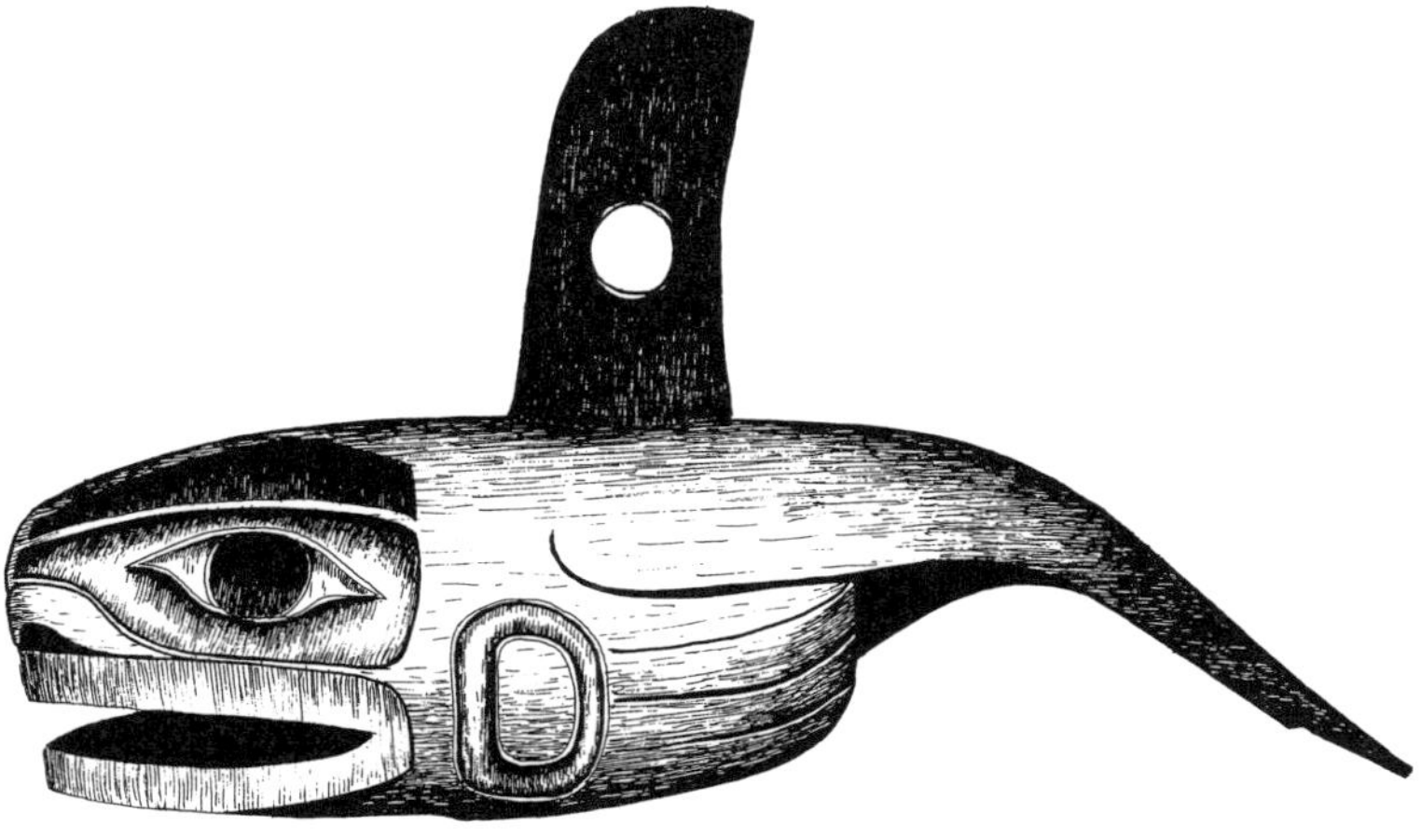

図17　トリンギット族のクジラの彫り物

つまり、クジラの捕獲を約束してくれるうえに、呪術的要素を備えている人物となれば、高い地位に就ける家系で、これは代々受け継がれた。なんといってもクジラを捕らえる術が重要で、これは秘伝となっていった。

それと、クジラ漁に使うカヌーをつくるための富と、銛打ちなどを集められるだけの力をもっているのは首長だけである。

では、クジラを捕獲するための銛とはどんなものであろうか。それは特別なもので、銛頭が三つの部分からなり、イガイでつくった鋭い刃とエルクの堅い角でこしらえた二つの逆刺のあいだに挟《はさ》んでスプルースの樹脂で固めた。

銛頭とつながっている重い締め綱は腱《けん》をロープ状に編んだもので、そこから伸びる一八〇mほどの長い紐はスギの小枝で編んでつくった。また、アザラシの皮でこしらえた四個の浮標《ふひょう》は等間隔で紐に結んだ。

二〇世紀前半になってから、コイル状に巻いた長い紐を入れる大きな籠がスギ皮を補強してつくられるようになり、これが吹き流しの役目を果たした。

おそらくヨーロッパ人の船乗りたちが使っていた吹き流しを参考にしたのではなかろうか。

クジラ漁に出かける前に、彼らは紐や浮きが絡《から》まずに繰り出されることを点検してから、二隻のカヌーを力いっぱい漕ぎ出した。

クジラを見つけたら、気づかれないように背後から近付き、かならず獲物の左側にカヌーを接近させた。それは、銛が重すぎて投げられなかったため、突き刺す必要があったからである。

銛打ちは船首にある横木に左足を掛け、右前方から見て銛を肩の高さまで上げ、斜めに構えて一回転し、クジラの左の前鰭の真後ろを狙って突き刺した。クジラは浮きや、するする繰り出される綱で打撃を受けるのを避けるために前の部分を水中に潜らせ、のた打ち回るので、カヌー左舷《さげん》に方向を変える。この瞬間が最も危険だった。

クジラがカヌーに向かって突進して粉々に砕くかもしれないし、銛打ちたちが浮きや固定された綱に強く打ちつけられて重傷を負うか、巻いた綱に絡まって引き込まれて命を落とすかもしれない。

クジラ漁にたずさわる仲間は、災難を防ぐために長い時間をかけてクジラに穴をあけ、骨の折れる浄化儀式をおこなうのは、このときだった。

浜辺では銛師の家族も一定の儀式を催し、彼らの幸運と健康を祈った。漁の前と作業中に実施されるこうした儀式は、海でのあらゆる仕事に欠かせないものと考えられたが、先住民にとり、クジラ漁は重要であるため、その儀式は他のどんな儀式よりも念入りに、そして厳格に催された。

クジラ漁のもう一隻のカヌーは、銛打ちの長《おさ》の血縁者が船長を務め、漁に同行して二本目の銛を突き刺す特権があたえられた。一頭のクジラを突き刺した証として一本目の銛の柄を村に持ち帰るため、アザラシ漁に使う小型の速いカヌーも同行した。

クジラ漁にかかわる者たちとカヌーはクジラを追い回して、この大きな生き物が失血し、浮きで打撃を受け、激しくもがきながら弱っていくまで、短い綱のついた銛と浮きをつぎつぎと刺し込んだ。そして、とどめの一撃で、クジラは水中で静かになった。

クジラを動けなくするために、幅の広い鑿《のみ》のような刃をつけた槍で、尾をコントロールする腱を切断し、その後、骨製の長く鋭い尖頭器の付いた槍を前鰭のうしろから心臓に向けて力いっぱい刺し込んだ。クジラはのた打ち回り、血を噴いて息とだえた。それから、死んだクジラが波をかぶって沈まないように、上唇と下顎に穴をあけて口を塞《ふさ》いだ。あとは獲物を運ぶきつい労働があった。

もし銛打ちに運が向いていたら、あるいは彼と船乗りらが真剣に儀式をおこなっていたら、クジラは銛を刺し込まれたあと、浜辺の近くでとどめを刺せるように、そちらに向かって泳いでいくはずだという。

けれども、クジラが真っ直ぐ外海へと向かったばあい、漁師たちは儀式を真面目《まじめ》にしなかった報《むく》いとして一日以上もカヌーを漕ぎつづけなければならなかった。

ヌートカ族のクジラ漁が多くの点でイヌイット（エスキモー）のそれと共通性をもっている。たとえば大型の特製カヌー、長い綱のついた銛、アザラシの皮製浮き、クジラ漁に関連する特権、儀式上のさまざまな要素などである。これは両者の交流によるものと思える。

ヌートカ族のクジラ漁での儀式を例にとると、クジラ儀礼をおこなう者は、海でクジラに近付きもしないで呪術的にクジラを死なせ、その後、自然に海岸に運ばれるようにしたという。

また、昔アザラシの皮を張ったカヤックのバイダルカに乗ってクジラ漁に出たアレウト族の銛打ちは、粘板岩製の刃に毒を塗った槍をクジラに射た後、死んだクジラを運ばせる儀式をおこなうために海岸へ向かった。

アレウト族は実際にクジラを殺したが、ヌートカ族のクジラ儀礼をする者は殺さなかった。しかし両者ともに人里離れた場所で、秘密裏に儀式をおこなっている。双方の儀式には人の骨ないし死体を用いているのは、クジラを呼び寄せる者、あるいはクジラの偶像に取り付けた綱をもつのを支えられる者と考えられていたからである。

つまり、この根底にあったのは、儀式や歌、祈祷《きとう》をとおして、それぞれのクジラ儀礼を司る者が、死者の魂を誘ってクジラを海岸に運ぶということである。ヌートカ族が北方の人たちのクジラ漁の方法を採用したことは、古くからヌートカ族文化と亜北極から北極圏文化のあいだに何らかの結び付きがあったといえる。

というのは、トリンギット族、ハイダ族、ツィムシアン族などの人々は、地理的にはイヌイットやアレウト族と近接していたが、彼らは北方のクジラ漁の技法を知らなかった（De Laguna 1990）。

北西海岸域の他の先住民は、同じような呪術的方法でクジラを殺し、その状態で海岸へ運ぶことはなかった。人々は、死んでいても高価な大量のクジラの脂肪と肉を欲した。しかし、トリンギット族のみは、浜辺できれいに洗った死んだクジラには見向きもしなかったのは、なぜだろうか。

●ニシン用の懸鉤《かけかぎ》

北緯四九度に位置するホンビー島は周囲二〇kmほどで、一〇〇〇余の人たちが暮らしている。冬季は雨と雪の日がつづき、水温七度前後の海中はサケやニシンの棲息にふさわしく、ことにケルプ（アラメ、カジメ、コンブ、ホンダワラの総称）の林が島を取り囲んでいる。

二月下旬から三月上旬にかけ、ニシンの大群、数千万匹が産卵のためにくる。ニシンは波がおだやかでケルプの繁茂する所に卵を産みつける。海上では、毎日冷たい雨と一〇m前後の風が吹き、先住民は漁に出られない。

ニシンは産卵の前に産みつける場所を下見にくる。ケルプが土で汚れていると、産卵しない。一週間後にニシンの大群が押し寄せ、入り江で最初の産卵がおこなわれてから四日目にケルプの森にくる。

オスが精子を放出したあとで、メスがケルプに卵を産み付ける。メス一匹で二万から四万個の卵を、いろいろの場所に産む。ニシンの大群はおよそ一〇kmにわたり、五日ないし六日間かけて産卵する。卵をケルプなどの海藻に産みつけるのは、酸素が充分にゆきわたるためである。ニシンは産卵が終わると海へ戻る。なお、ニシンは一万匹のうち一匹のみが戻ってくるにすぎない。

ホンビー島の対岸では、三月上旬から中旬にかけて約一〇〇kmの海域にニシンは産卵する。そして二月下旬には、ホンビー島周辺にトド、アシカなどが集まる。三月下旬にはコッククジラが卵を食べにカリフォルニアから北上し、ベーリング海峡まで約八〇〇〇kmを回遊する。

かつて先住民は無数に群がるニシンめがけて、カヌーで出かけ、水中で懸鉤をふりまわし、まるで刈り取るように捕獲できた。ひとつの村で一〇人から一五人が、懸鉤でニシンを掻《か》き集めた。

この道具をつくるには、骨製歯を製作するために、シカの足の骨に割れ目が入るまで軽く槌《つち》でたたいた。割れると形を整え、砂岩の砥石《といし》で両端を尖らせた。つぎに地面に立てた二本の杭のあいだに柄を横向きに置き、複数の穴をあけ、イチイ製のハンマーで歯を打ち込むか、トウヒの木の脂《やに》で埋め込んだ。

木製の歯のばあいは、アイアンウッドを尖らせ、歯としてシダーの柄に打ち込んだ。歯の長さは二・五cmから四cmほどで、間隔は一・五cmないし二・八cmぐらいである。釘を刺し込んだのと同じく反対側に突き出た。

クワキウトル族の懸鉤づくりは、歯は指三本ほどの幅の長さで、二本指の幅だけ離して打ち込んだという（図18）。

図18　ニシン懸鉤（約４ｍ）、骨製の2.5～４㎝の歯を1.5～３㎝間隔で穴に刺し込む。カヌーでの懸鉤の使用法

ヌートカ族の懸鉤は、長さ二・一mほどの棒に、幅五cm前後、厚さ一・二cmの歯を打ち込んだ堅い木でき、そのひとつの側の表面には、クジラの骨製の尖った歯が一・二cmほどの間隔で嵌《は》め込まれていた。懸鉤の強度を増すために火にかざしながら四日間燻《いぶ》し、煤《すす》を付着させ、防水のために毎朝獣脂でこすった。

ニシンの懸鉤漁にふさわしいのは、夜明けから日没まで、魚が海面に出てくる時で、漁師は妻とカヌーでニシンの漁場に着くと、舳先《へさき》に、船の後部の艫《とも》の方を向いて妻が座り、同じ向きに夫は船尾に座った。だいたい一打ちで、一〇匹ないし一二匹ほど捕獲でき、効率的だった。

ニシン漁を懸鉤でおこなうさい、カヌーの右側から、艫にいる夫が櫂で操《あやつ》るような動作で魚の上下を引っ掻いて水中をニシン用懸鉤で掃《は》くようにする。舳先に腰掛けた妻は、水をかいくぐる懸鉤の力を増すように反対方向にカヌーを操作する。懸鉤を引き上げ、カヌーに魚を入れるのに船縁《ふなべり》を強く懸鉤でたたくのが夫の一連の作業である。

なお、懸鉤はニシン漁のほかにもユーラコンを捕るときにも使った。

ニシンの卵（カズノコ）は、先住民が好んで食用とした。ニシンの卵採集は、ニシン漁とともに大切な作業である。ニシンが沿岸に近付くのは三月初めで、波のおだやかな湾や入り江に成育する海藻に卵を産みに大群で押し寄せる。

人々はニシンがくる前に、卵を産みつけると思われるアマモの茂るあいだにおもりの付いたシダー、イチイ、ヘムロック、トウヒの小枝を置

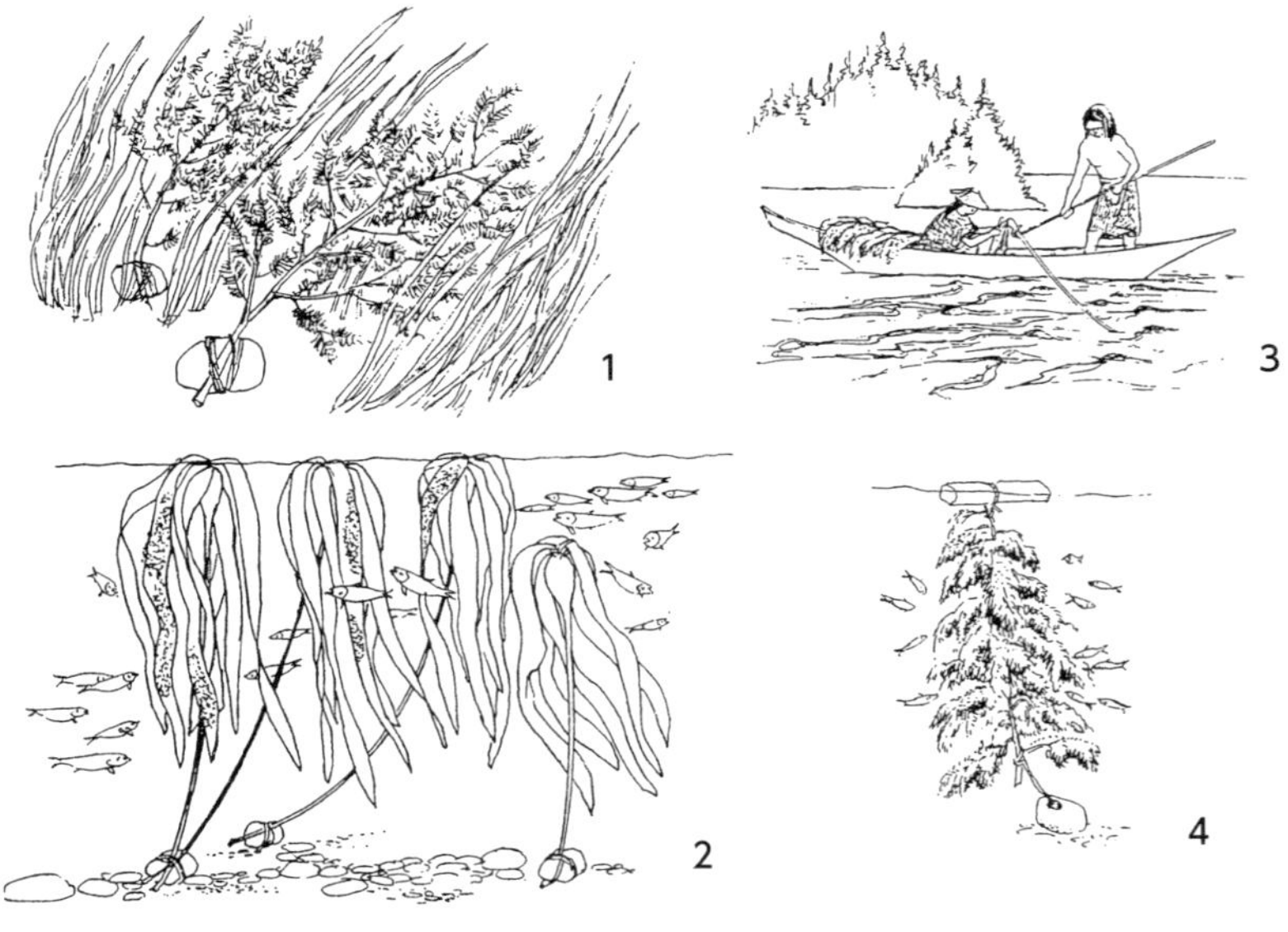

図19　ニシンの卵をとる

1. ニシンの産卵場である湾内のアマモのあいだに石のおもりをつけたイチイやトウヒやヘムロックの枝を置く。のちに卵のついた枝を引き上げ、吊るして干す
2. ケルプを湾内の産卵場にすえると、ニシンが海藻に卵を産みつける
3. 引潮によって流れるケルプをガフ釣り針で引き上げる。卵のついた葉の部分を切り落す
4. 湾の産卵場に約2mのシダーかヘムロックの木におもりを結わえ、3日間待つ。葉の両面にニシンが産卵する。これを引き上げて小枝ごと干す

いておく。産卵後に小枝を引き上げると、たくさんの卵が産みつけられている（図19）。

このほかにも、あらかじめ湾内の産卵場へ重石《おもし》をつけたケルプを運び込んでおくと、ニシンはこれに卵を産んだ。あるいは、二m前後のシダーやヘムロックの枝木をニシンが産卵する湾内におもりをつけて設置すると、三日ないし四日ぐらいで、葉の両面に卵が鈴なりについており、この枝を吊るして干した（図20）。

トリンギット族やツィムシアン族

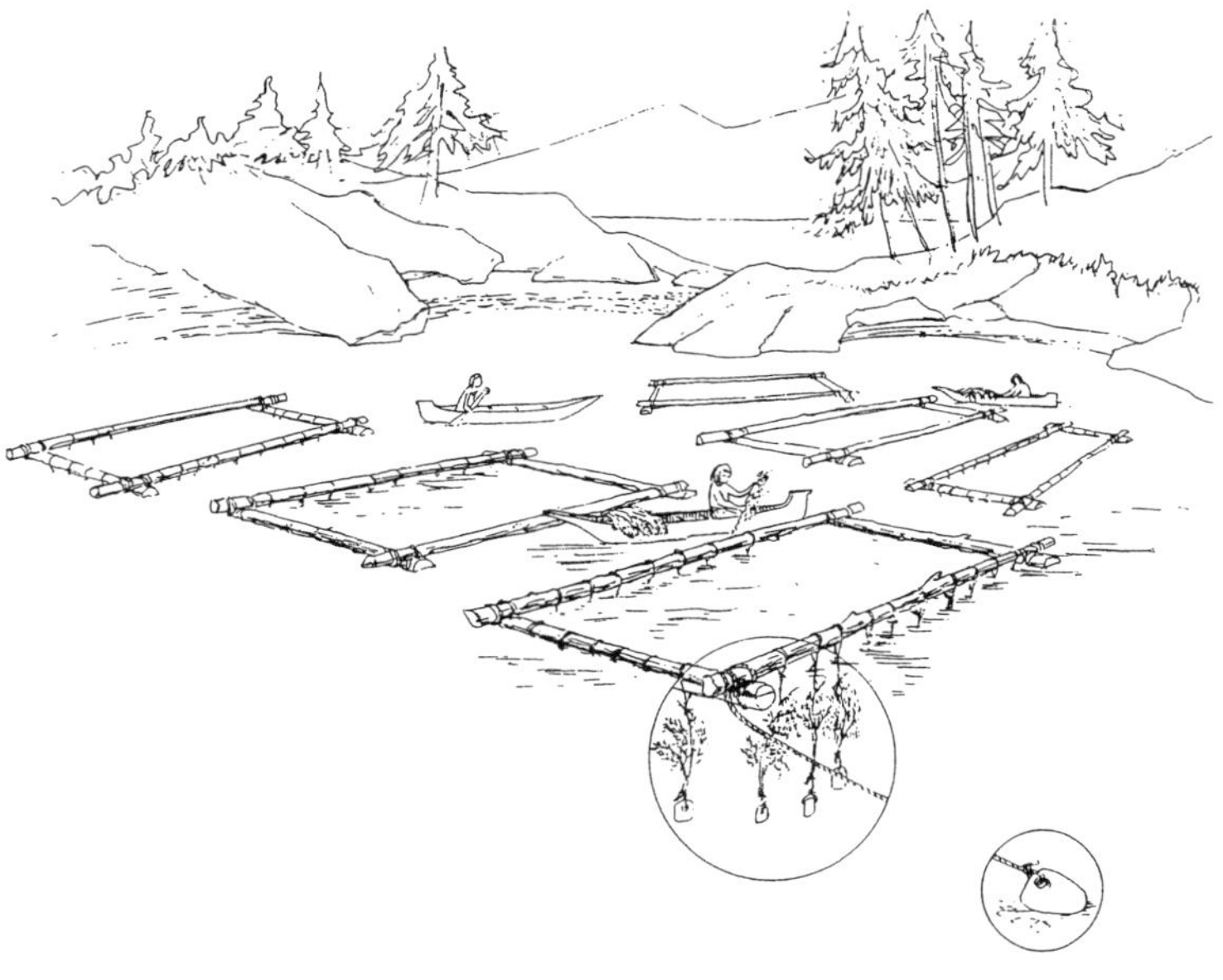

図20　ニシンの卵採り
ニシンが産卵する湾にカヌーが入れるほどの間隔で浮き枠を設置した。
トウヒやイチイの枝におもりの石をつけて垂直に下げ、ニシンが各枝に
卵を産みつけさせた。丸太の枠は所定の所に石のいかりでとめた
卵をたくさんつけた枝のロープをほどき、カヌーに積み、生で食べるか
吊して干した

などは、アマモやケルプにニシンが卵を産み付けた海藻を取り上げた。

卵が産みつけられたシダーやヘムロックの枝をはらって干し竿《ざお》に掛け、一週間ほど太陽で乾燥させた。ケルプの葉についた卵も竿に掛けて干した。よく乾かすために人々は毎日枝や葉をかえし、太陽にあてた。

ヘムロックの枝にたくさんついた卵をロープに掛け、マットの上にひろげて干した。乾ききった卵は、冬季の重要な食べ物になるため、魚脂と混ぜて蓋《ふた》付きの箱に蓄えた（De Laguna 1990, Halpin and Seguin 1990）。

四　網・網漁

●網

北西海岸域の先住民は、魚類の捕獲のためにいろいろの網を考え出した。

その材料のほとんどはイラクサで、この草は河川の土手や切り開いた肥沃《ひよく》な地で生育する。

イラクサは晩夏から初秋ごろになると、中空になった太い茎《くき》が二mほどに達する。このときに切り取り、葉を除き、天日干しする前に茎を裂いた。人々は割ったり裂いたりして繊維を取り出すのに、親指の爪やシカの尺骨製のナイフを使ったらしい。

この工程で繊維を取り出す時に手間を要する。イラクサの外皮をむいてから打ちつぶし、親指と小指で支えたクマの肋骨《ろっこつ》片に、残りの三本の指で繊維を押しつけて引っ張ってほぐした。

引き離された長く細い繊維は紡《ぼう》錘車《すいしゃ》あるいは弾《はず》み車《ぐるま》と呼ばれるものを使うか、腿《もも》の上にのせて掌《てのひら》で

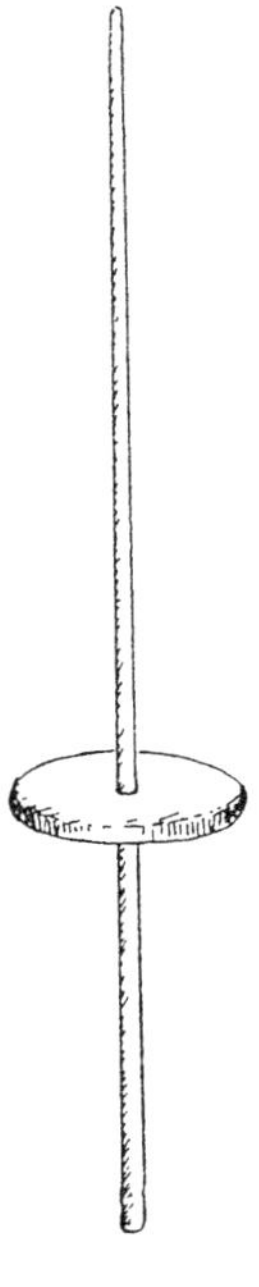

図22　紡錘車
イラクサの繊維を撚る。木や骨製のものが多い。芯《しん》棒は約30cm

図21　イラクサの繊維を紡いで網用の糸づくり
1. 手のひらを使い腿の上で撚る
2. 紡錘車を用いて腿か足の上で撚る

撚って、撚糸に紡《つむ》いだ（図21・22）。

ヤナギの樹皮も使い道があり、サザン・コースト・セリッシュ族は干潟で使う網に撚糸を用いた。

網紡ぎ、修理には網すき針と目板を用いた（図23）。

インディアンヘンプという北アメリカ産のキョウチクトウ科の多年草の繊維を利用して網にしたのは、フレーザー川上流の人々といわれている。

網は輪や枠《わく》につけられ、群《むれ》をなして回遊する魚や、魞《えり》や堰《せき》に集め閉じ込められた魚をすくいあげるのに使われた。

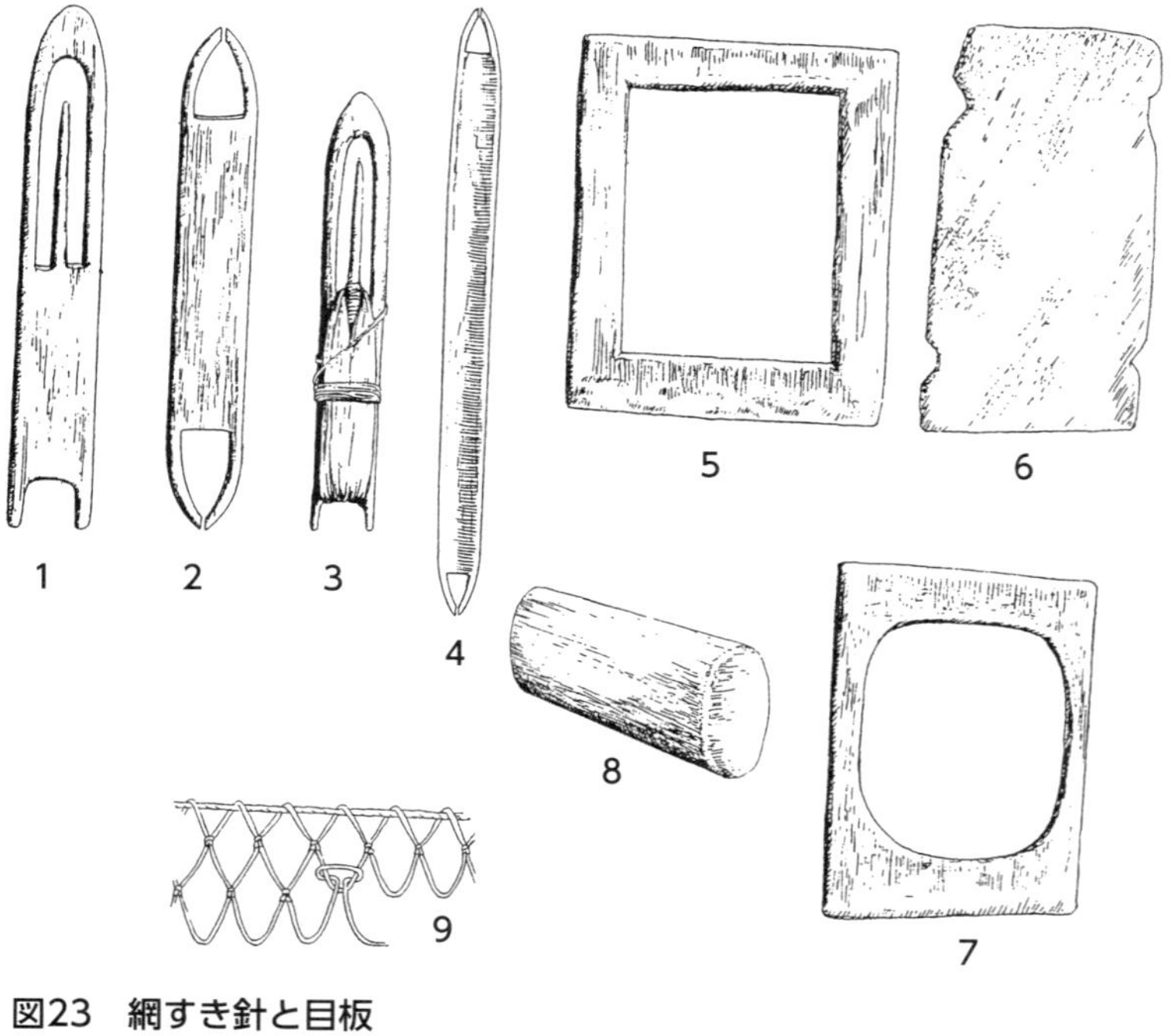

図23　網すき針と目板
1. 20.3cm　2. 19cm　3. 16.5cm　4. 24cm　網すき針
5～8. 目板。5. カエデ製のマスノスケ用網すき目板 11.4×9cm
6. 骨製 6×4cm　7. カエデ製 10.4×7.5cm
8. 木製 7.5×3.2cm　9. 網目結び

カエデの枝を曲げた輪の縁に網を取り付けた。細く生の枝は簡単に輪の形に曲げられた。

フレーザー川は、かつてサケが毎年大量にのぼるため、先住民らは夏になると河口に野営した。キャンプは各家単位で、同じ場所に数週間も留まって漁をした。では、家族の漁の様子をかいまみてみよう（木村　1987）。

毎年八月、家族全員が河口より上流の川岸に数週間キャンプを張った。その周囲には他の家族の姿はなく、静まりかえり、鳥の声と川のせせらぎの音のみであった。小屋内には一家に必要な最小限の寝具、鍋《なべ》、食べ物があるだけで、炉が真ん中にあった。

作業は分担制で、夫は川岸の岩からたも網で魚を採り、妻は冬の暮らし用の魚をおろして燻製にした。炉の上の棚から魚をつるし、いぶした。この番を祖母がした。

サケをおろしてから太陽で乾かした。このころは風もあるが、スズメバチがサケに集まるので、ハンノキの枝のあいだにサケを積み重ねて害を防いだ。夫は川下の網に遡上したサケがかかりはじめると、これを捕えては、近くに岩を積み上げた低い囲みに入れて漁をつづけた。

また、サケがのぼってくる途中で休む、流れのおだやかな淀みに刺し網を張った。網を川面に出すためにいくつもの木製浮きをつけた。おもりは、木の輪のなかにつるした石で、網はシダーの繊維製、長さがおよそ一六m、高さは一・五mほどのサケ用のものを川幅いっぱいに張った。

ヒラメの網漁は地引き網で、引き潮時に湾の浅瀬の両端に木の杭を立て、そのあいだに網を張り、たくさんの男や少年たちが網の方向へと追い込んでいく。

干潟網は干潟を覆うケルプの上、浜辺を出たすぐ近くにあるサケの移動路に設置する。網へ魚が集まるように、魚が通る所のケルプをあらかじめ切っておく。

一隻に六人から一二人の男たちを乗せたカヌーは船尾を潮流に向けて停泊

する。サケは潮の流れにのってのぼってくる。網はシダーのしなやかな細い枝にしばりつけた重い石のため、漁師らが海中に落とすとたちまち沈んでいく。船尾にいる見張り役は、海の透明度がよいので、網にサケが入るのがよくわかる。多数の魚が入ると海側のカヌーにいるリーダーは網を引き上げるように仲間に合図する。

シダーの樹皮で編んだ網は、漁師それぞれが受け持ち、網の側面が船縁の上にあげられると、カヌーが同時に揺れるように碇網《いかりあみ》をゆるめる。網は陸側のカヌーに引かれ、魚は海側のカヌー内に落ちる。

なお、網は女性にたとえられ、中央の穴は陰部をあらわすという。

ここでクワキウトル族のサケ漁とその後の過程をかかげておく。

サケは八月末から九月の初めになると、シーズン最後のシロザケの捕獲期である。漁場は河口付近で、北西海岸域の人々は川にのぼってきたサケは捕らないといわれている。

というのは、川は泥炭層の上を流れ、河口に泥が堆積するので、茶色く濁《にご》り、臭味《くさみ》があるため、サケは遡上時に川の水を体内に呑み込んでしまうからである。海からきたサケは、産卵をひかえて数日間河口にとどまる。そして雨が降り、川が増水すると上流めざして進む。そのわずかな期間が漁の時期である。

漁場は湾や入り江、河口で、海岸に近い所から順に、いくつかの区域があって、互いに人の水域で漁をしないと決められている。

フィヨルドのいちばん奥まった水域は、入り江の直径が一km余の遠浅で、深さは数mと浅い。海底には大きな岩があったり、流木が沈んでいたりして、カヌーの操作に慎重を要する。

漁場に着くとカヌーを停めて水面を見守る。サケが跳《は》ねるのを待つためで、これは豊漁の証である。サケが盛んに跳ねる水面下には、大きな群がおり、なんかいもジャンプする動きで、大群を見定め、急ぎ刺し網を入れる。

イラクサの茎からとった繊維で編んだ二〇m余の刺し網に魚の群れが入る

ように、カヌーの櫂で水面を叩き、サケを追い込んでいく。水深が一ｍぐらいに網を入れると、小枝や貝殻が付着した小石が網に絡んで、カヌーに引き上げるのに手間がかかる。

一日に三回ないし四回網を入れて七〇匹から八〇匹のサケが捕獲できればよいとのことで、一家は毎年二五〇匹から三〇〇匹をスモークサーモンとして、冬の保存食にする。

燻製づくりは彼らにとって重要な作業で、一戸にスモーク小屋はかならずあった。シダーの木を割った板で囲んだ小屋は、五ｍ×六ｍ前後の広さである。捕まえたサケは、頭と鰓《えら》を落として下拵《したごしら》えをすませると、背開きにする。ついで厚い身を柄付きのスレート製ナイフで数㎜の厚さで何枚も薄く切っていく。最後にすこし身についた皮が残るが、ここがおいしいといわれている。切り身にシダーの串を刺して開き、サケを凧《たこ》の形にする。

つぎはスモーク用の燃料であるシダーやハンノキを用意する。いぶすには生の木がよいとされている。燻製が完了するには三昼夜を要し、最後に固くしまった身から歯で小骨を抜いた。

サケの食べ方の一例を紹介すると、新鮮な切り身は熱い石の上に置いて焼いたり、火ばさみにはさんで焚き火の上で焙《あぶ》ったり、さめないように再び焚き火にかざした。切り身をシダーの割り枝の棒と調理棒を使いハンノキの焚き火で長い時間かけて焼くと、肉汁を多くふくみ、燃え木の香りがついた（木村　1987）。

●ユーラコン漁の網

ユーラコンは先住民にとって大きな存在である。干した尾に火をつけるとロウソクのように燃えるので、ロウソク魚とも呼ばれた（図24）。銀色をした魚は二七cmから三六cmほどと小さいが、河口をめざして何百万匹もの大群で移動してくる。

先住民は大量に捕獲すると、生のまま食べるか、干し物にしたり、あるい

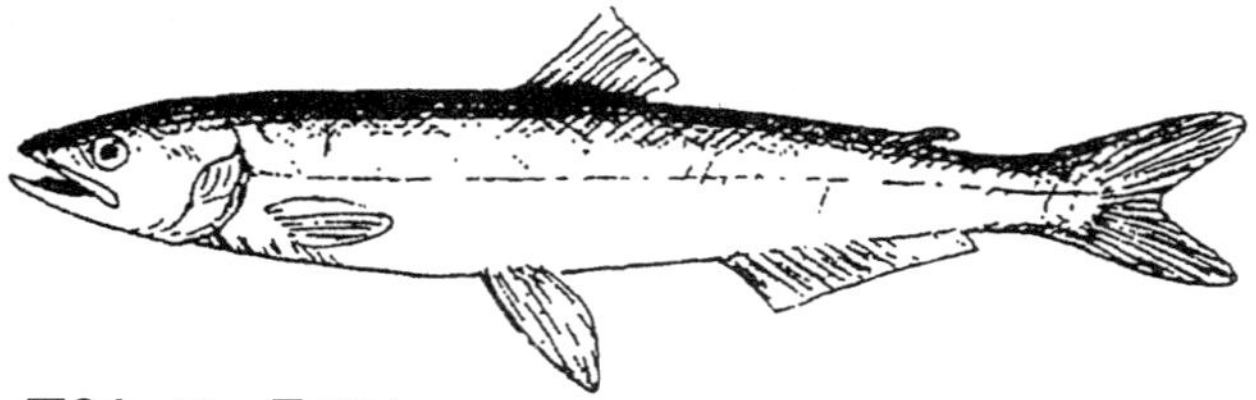

図24　ユーラコン

は脂を取ったりした。

ユーラコンは、流れの速い内陸の河川に卵を産みに、北部では二月末に、南部では四月初めに一週間ないし二週間かけてのぼってきた。

ツィムシアン族はナス川とスキーナ川を主要な漁場とし、クワキウトル族はキチマト川とナイト湾に注ぐ数河川で、ベラ・クーラ族はベラ・クーラ川とキムスクウィット川などで漁をした。

ナス川河口から二二kmほど内陸にあるフィシャリー域では、ユーラコンがくる時期には川が凍っており、漁を氷のなかでおこなった。

ツィムシアン族は、三月中旬から六週間ほどかけて、ユーラコンのメスが先陣をきってのぼってくるので、ナス川で待機している。この魚が河口に姿をあらわすと、アザラシやクジラやトドが追ってき、カモメも大群で飛来し、夜までついばんでいる。産卵を終えて死んだ魚は、カラスやワタリガラスの餌となった（Halpin　1990）。

ユーラコン漁をするさいは、たも網ないし袋状の網を使う。満潮時に魚は上流へと移動する。このときに海水が川上へ逆流するのでカヌーが流されないように川岸へ伸びた枝にロープを結わえた。

たも網で漁をするばあいカヌーに一人の漁師が乗り、上げ潮に面した船尾に座る。網を櫂のように操作し、柄の先端が川底にあたるとすばやく引き上げた（図25）。

袋状の網を用いるときは、カヌーに夫婦で乗り込み、男性は船尾を向いて舳先に立ち、右舷《うげん》に網を沈める。カヌーは下流に面し、女性は竿で流れに逆らう舟を支える。同時に竿の先に十文字に木片を付けたもので水を打ち、ユーラコンを袋状の網に追う。この漁法は浅い川に適している（図27）。

図25　ユーラコン漁用のたも網
ユーラコンは満潮にのって川上へのぼるので、漁師は上げ潮に面した船尾に座り、柄の先端が川底にあたるようにして網をすくいあげる
満潮が川に逆らって流れるときは、川面にのびた枝にカヌーをつなぐ

なお、長い袋状の網を使用するさいは、川底に二本の杭を深く打ち込んだ。網につながっている輪が杭にはめこまれ、下側のリングを竿で川底に押し沈めると、網が開くようになっている（図26）。

ユーラコンが莫大な量捕獲されたのは、その脂が高く評価されていたからである。

魚脂をつくるには、シダーの木から切り出した板で三mないし四mほどの大きさの箱をつくり、このなかにユーラコンをたっぷり入れて数日

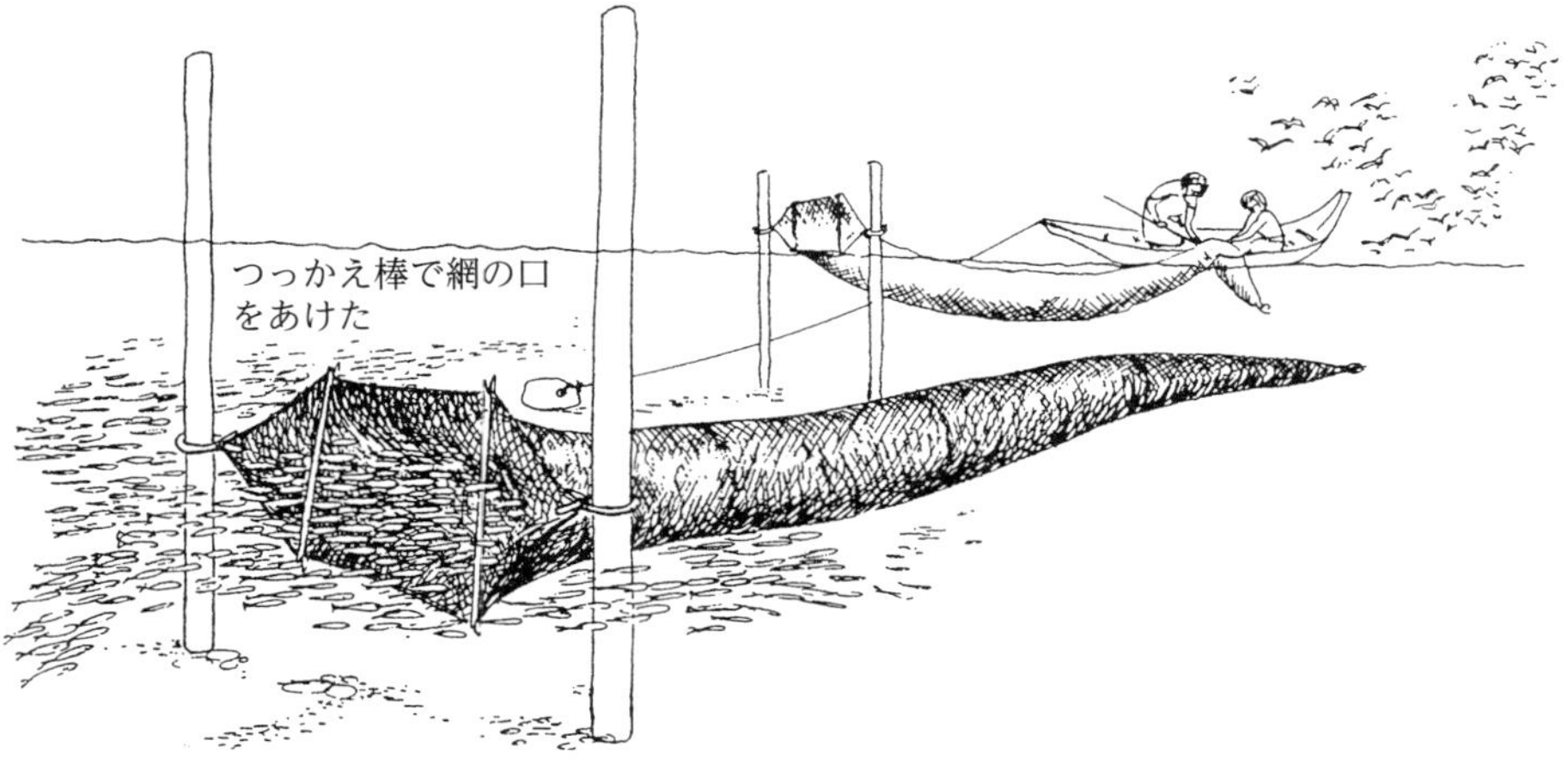

図26　ユーラコン網漁

1. ユーラコンの網は、引き潮の速い所でおこなう。網の口にある木製リングは2本の棒にはめ、海底近くに沈める。支え棒で網の口をあけた。ユーラコンの大群が網に入ってくる
2. カヌーは漁場につなぐか、石のおもりをおろして流れにまかせる。網がいっぱいになると、網についたリングを鉤状の棒であげる。この棒は網を引き上げるのにも使う
網をほどくと魚がカヌーに流入する。この網はベラ・クーラ族やツィムシアン族も用いた

間腐らせる。すると脂が分離するので、そこに焼いた石を入れ、煮沸する。

しばらく冷ました後、浮いた脂を掬《すく》い取って集めた。さらに魚を押しつぶして、残りの脂を絞《しぼ》り出した。かつては、女性たちが裸になり、熱い魚を自分の胸に押し当てて脂を抽《ちゅう》出《しゅつ》したという。

魚脂は、その季節が過ぎるまで、木製容器から出すことができなかった。

この脂にはビタミンやミネラル分が多くふくまれ、食事には欠かせない調味料として、あるいは万能の飲み薬として、先住民の必需品であった。このほかにも、脂の使い途は多く、サケやオヒョウの干物などを脂に浸しておくと、干した漿《しょう》果《か》類や燻製肉を食べるときの味付けとなった。

図27　ユーラコン漁用のたも網ないし袋状の網を使って川で捕まえる

ユーラコンの脂は北西海岸域の人々だけではなく、内陸部のアサパスカン語族の人たちにも好まれ、重要な交易品だった。《魚脂の道》といわれる長い小道が沿岸から東の内陸部に通じており、この道を利用して他の交易品が相互に運ばれた。沿岸域どうしはカヌーで運んだ。

というのは、ユーラコンが群をなして遡上する河川には伝統的な所有権をもつ村があり、自分たちの消費分だけではなく、交易品として大量に捕獲できた（図28）。川から遠く離れた村々には、漁と脂を取る一時的権利があたえられた。彼らは脂取りの作業が終わるまで川岸にキャンプを張ることができた。

しかし、ハイダ族、トリンギット族、バンクーバー島のヌートカ族は、ユーラコン漁の川も、他の地域の川の漁業権ももっていなかった。そのために交易によって脂を得るほか

図28　簗と袋状の網による川でのユーラコン漁
杭のあいだにトウヒやヘムロックの枝で編んだ2つの簗の柵が川岸からある角度をもってのびている
カヌーは4本の柱のあいだにつなぎ、潮の流れが速くなると、ユーラコンが川下へ漂って袋状の網に入る

なく、人々はナス川下流域などに買いつけに行った。

脂は一年から二年ぐらいの貯蔵が可能で、毎年ユーラコンが大群でくるとは決まっていなかった。この地域の人々にとり、脂を長期間にわたって保存できたことで経済的にも恵まれていた。

五　簗《やな》・魞《えり》

●簗

サケ漁で一般的なものは簗である。川幅いっぱいに横切るように設置するものと、川岸の一か所に設けるものとがあった。

簗には捕った魚を入れる籠や魚を簎《やす》で突き刺すための足場が取りつけられた。簗は川により大きさや深さ、流れの速さがちがうためにそれぞれの漁場にふさわしい形態の簗や仕掛けが使われた。

簗はサケの遡上の最盛期に膨大な量を捕獲するうえで効果を発揮した。浅い入り江、大河川や小川にサケがのぼってくるのを止めたり、魞《えり》に導いたり、あるいは簎で突く漁師の方へ向けさせるために設けられた。

複数の簗は、流れに耐えられるように川上側に丈夫な格子状の柵《さく》を設置した。柵にはモミ、カエデ、シダー、ヘムロック、ヤナギなどが使われ、枠は年間をつうじて川のなかに設けておき、見回りと修理をおこたらなかった。

簗や魞の所有権は、各種族によってまちまちだった。サケの群が多い川に仕掛けられた大規模な簗は、村全体のものであった。それは設置するのに村をあげて取り組んだからである。サケは村びと共有のものとして各家に配《くば》られた。

小川に取りつけられた簗は、富裕で高い地位にいる人たちの私物で、サケの遡上の最高時の夜は所有者による漁がおこなわれ、日中は他人にも漁をさせた。

簗をもつ下流の村々は、最初にサケの大群の恵みを受け、十分に捕獲すると簗の一部を遡上路として開けた。サケは上流へと移動し、つぎの村が仕掛けた簗で止められた。もし下流の村で簗を開放するのが遅いときは、上流の村びとが催促するために太い丸太を流し、仕掛けを壊した。

簗の一例を紹介してみる。

サケ用の簗は川を横断するように仕掛け、格子状の柵を各区画ごとに立てた。柵内への開口部は長く平行に横並びし、魚が向きをかえられないほど、魞へと魚を導いた。下流へ向う流れの所に柵を設置した（図29）。

●魞《えり》

魞には籠状の可動タイプと川底に設置するタイプとがあった。石積みの魞は単独ないし組み合わせて、川

図29　サケ用の簗

のなかや河口、あるいは干潟のできる湾内につくられた。これらは魞やそのくちに魚を引き入れると出られない仕掛けになっている。

魞は、どんな障害があろうとも産卵場めざしてのぼるサケの習性を利用したものと、干潟の潮流の力を活かした装置である。

たくさんの種類の魚が満潮時に岸へと向かい、引き潮のさいに再び深い所へ戻った。雪解けや小川を増水させる大雨を待つサケに魞は効果的だった。というのは、サケは満潮の潮にのって魞を越えて進み、引き潮時には魞に掛かったり、入り込ん

図30　小さな河口につくられた石積みの魞
小さな流れの河口につくられた小魚捕獲用の小型石積み。魚が満潮とともに流路によってくる。潮が変わると出口を枝でふさぐと、魚は堰のなかに閉じ込められる

で逃げられなくなったりした（図30）。

魞の多様性は、魚の種類や地形の差、手に入る材料など、その地域の環境と先住民の文化背景が基盤となって生み出された。

たとえば、潮の干満を利用した簗式魞は入り江の狭まった所や河口に、二重構造の簗式魞は川底の浅い場所に、堰と柵を組み合わせた魞は川岸に、籠型魞は川底の浅い所に設置した（図30）。

なお、魞の仕掛けに取り付けた棒に人物を刻んだ像がほどこされた。

石積みの魞は北西海岸の全域に分布し、なかでもクワキウトル族のものがみごとな構築法として知られている。彼らはあらゆる川や小さな流れにも設置し、干満を利用したものが多い。

春に解けた雪で、あるいは夏の終わりの降雨で川が増水し、サケの遡上に十分な深さになると、小川や河口へ魚が集まってきた。潮が満ちてくると、魚は流れとともに石積みの魞の上面を越えて、岸部へと近付いてくる。潮が引くと、水かさの多い所へ逃げられず、石壁のうしろに閉じ込められてしまう。

ひとつの河口につくられた複数の石積みの魞を築くためには、大きな丸石を大量に必要とし、村全体か、あるいは何人かの集団による作業であったにちがいない（図31）。きっとそれに見合う多量の漁獲が約束されたから協働したのであろう。

現在もこの遺構が、ジョンソン海峡のエルテス島の南のミテルナッチ島の入り江にあり、潮が引くとV字形の石組み遺構があらわれる。

また、バンクーバー島のディープ湾には潮が引いたあとに石積みの魞が、島の西海岸フレンドリーコーブの北、バジョー岬の入り江にも何組もの小さな石積み魞が、引潮後に姿をあらわす。ここには先住民の集落跡があり、トウヒの木で建てた家屋の残影がみられる（Stewart　1977）。

沼沢地にも石積みの魞が置かれた。沼の入り口に堰をつくり、魚は引潮時に閉じ込められる仕掛けになっている（図32）。

魚は石の壁をこえて満潮に
のって岸へむかってよってく
る。潮がひくと立ち往生する。

図31　満潮を利用した石積みの魚入

図32　沼沢地での石積み魞

沼の入り口に堰《せき》を設け、魚を引き潮時に閉じ込める。背景に集落があり、トーテムポールが立っている

六　貝の採取

貝類は副次的海産物だった。なかでもホームスクラムは二四㎝から三〇㎝ほどの大きさで、食用として好まれた。この貝はすばやく砂のなかに潜り込むため、採取が困難だった。貝は蒸したのち、焙《あぶ》って調理した。

このほかにカクル（ザルガイ）、イガイ、カニなどが豊富に棲息し、女性や子供たちが掘り棒と大きな貝殻を使って掘り出した。短時間のうちに多くの貝が採取でき、それを背負って運ぶときには、シダーの樹皮からつくったマットを当て、塩水が体に染み込むのを防いだ。

貝を食べるには、火で焙るか、木製の容器に焼けた石を入れて蒸し焼きにした。保存にさいしては、海草や編んだマットで貝に被せて蒸し焼きにした。この処理のばあい、剥《む》き身にして木の棒や樹皮の紐にとおした。その後、火で焙り、さらに燻製にした。

先住民はハマグリ、イガイ、アワビ、カキ、カサガイ、タマキビなどを食べていただけではなく、カニやウニも大量に採取している。人々は食したあとの貝殻を道具や食器をつくる材料に使った。大きなイガイの貝殻は鋭く磨き込んで女性用のナイフとして用い、深みのあるハマグリの貝殻はスープをのむために利用された。

貝の採取および貝殻集めは、一般に女性の仕事といわれているが、男性も折をみて手伝った。貝の身を取るには堅い木の枝を用いた。

北西海岸のヤクタット湾からトリニダート湾にかけての地域では、およそ四〇〇〇年前の貝塚や古い集落跡から、ハマグリをはじめとして二枚貝の仲間が多く出土している（Fladmark and Sutherland 1990，関 2006）。

一八世紀および一九世紀の先住民もハマグリが好物で、貝殻が各地に集積され、ハマグリの漁場を地位の高い人物たちが所有していた。干満の差が著しいうえに、シダー、ツガ、トウヒ、モミなどの針葉落葉樹が川の流域、海岸近くまで茂り、多くの河川が海に注いでいるため、貝類の棲息条件に恵まれていた。

七　魚の調理と保存

北西海岸域の先住民は、食べ物を茹でる、煮る、蒸す、焼く、焙るかして食した。木箱や籠に水を入れ、そこに焼石を投じるか、地面の穴に熱灰を入れるなどして調理した（図33〜36）。

調理は女性の役割で、いろいろな魚の骨や身、部位について小さいころから学んでいた。

ことに首長が催す大きなポトラッチは数十日に及ぶものもあった。彼女らは招いた客のために大量の食事を用意した。茹でたり、煮たりするのには木箱を使い、焼石を火ばさみで取り、小さな箱の水に浸して灰をのぞき、石を

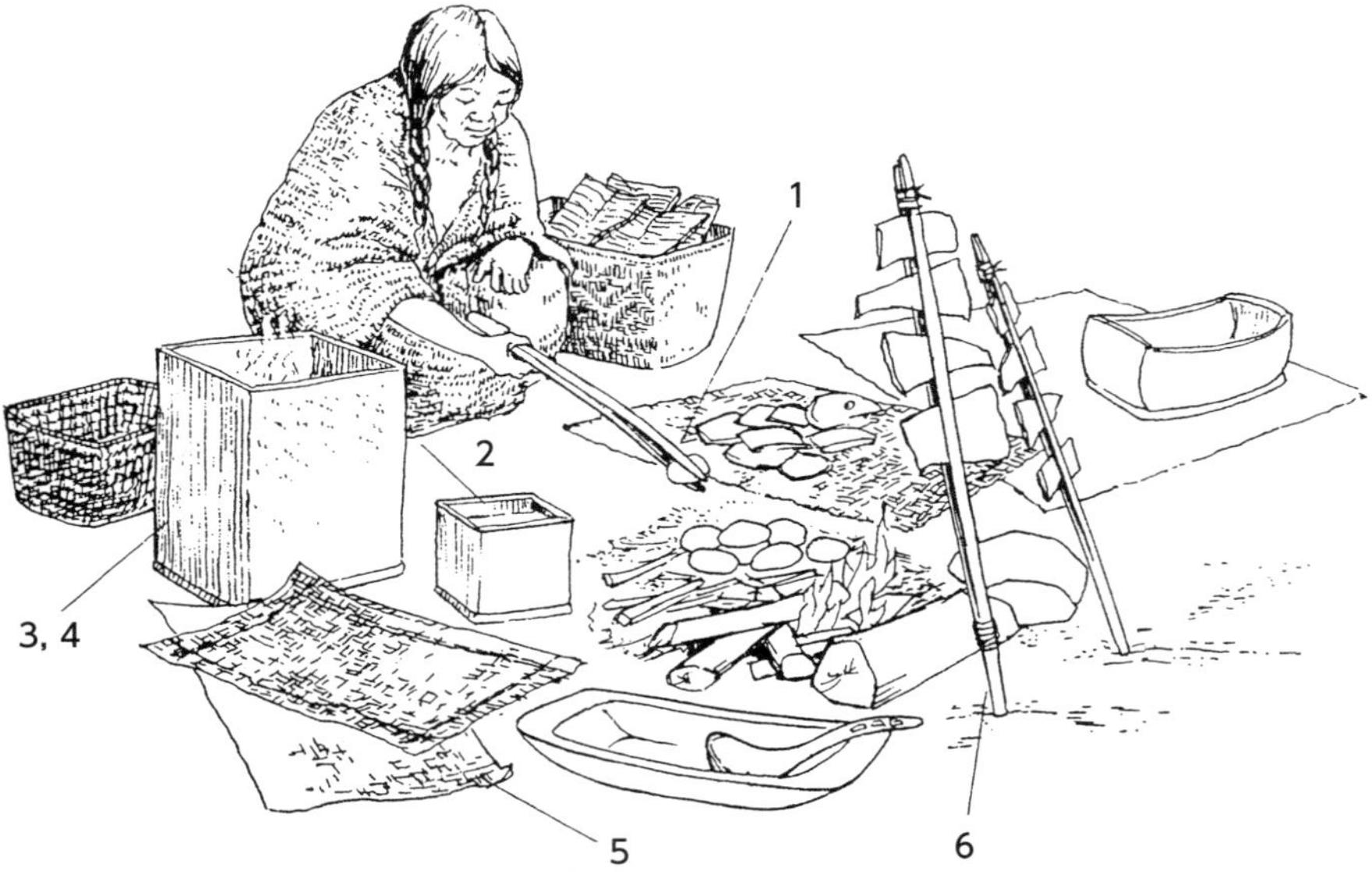

図33　木箱による調理

1. 蒸すのに使う焼石をつまみ上げる
2. 水の入った小さい木箱で焼石の灰を取る
3. 水の入った大箱に石を入れる
4. 水が沸《わ》くと魚の切身を入れる。ざるに入れたまま箱内に置く
5. 箱内の温度と蒸気を保つためにマットで覆う
6. 焼石づくりの焚き火で魚の切身を焙る

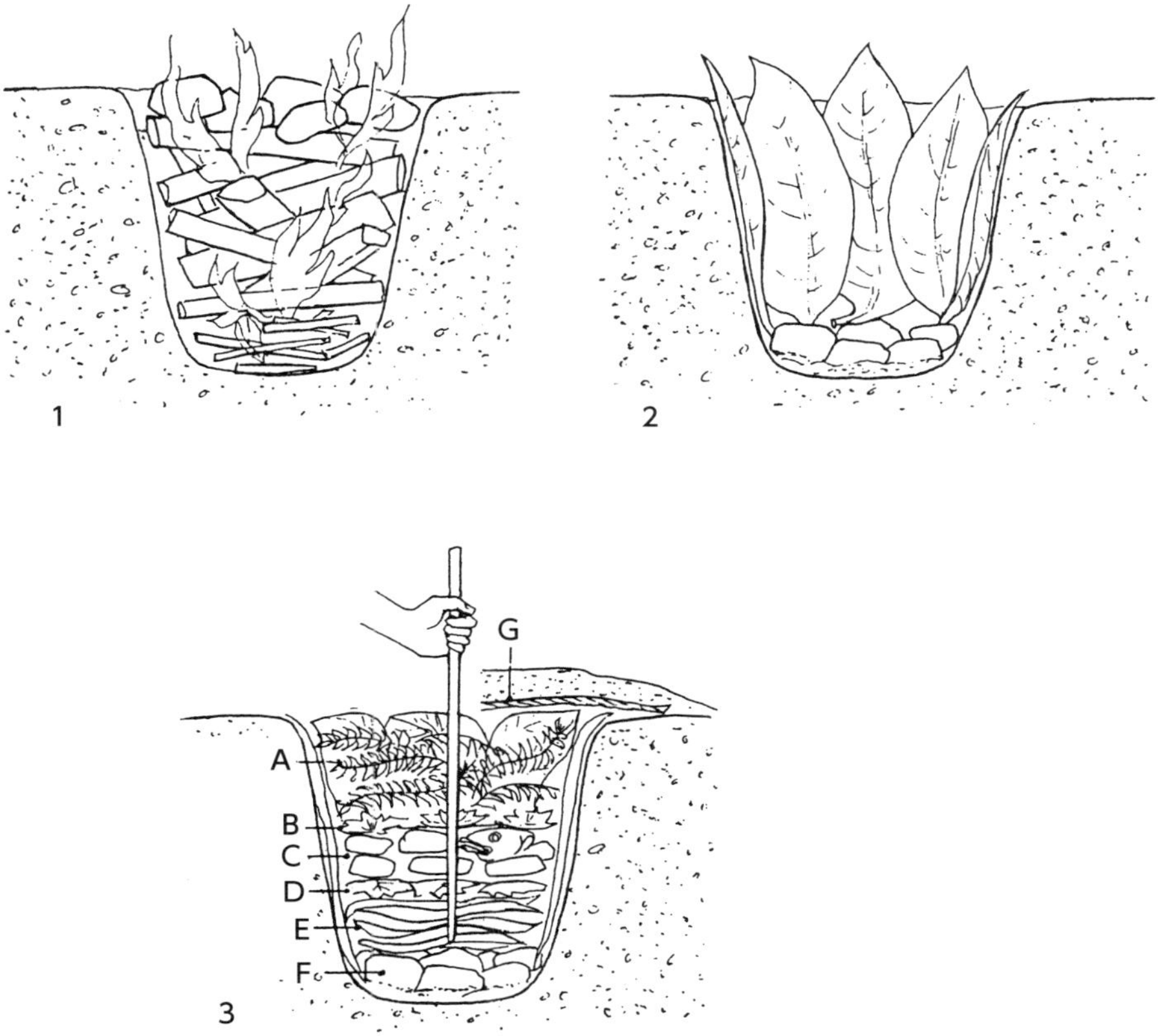

図34　蒸し穴での調理

1. 地面に穴を掘り、焚き木を入れ、火をつけたら石をのせる
2. 火が燃えつきると、穴の内側にザセンソウの葉を並べる
3. 穴につめると棒をつきさし、抜くと穴があく。この穴ぞいに水を石の上に注ぐ。穴をふさぐと蒸気が立ち昇り、食べ物はできあがる。この方法は貝や根、球根に適している

A シダーの葉　B クロミキイチゴの葉　C 魚の切身　D クロミキイチゴの葉　E ケルプ、海藻　F 焼石　G 古いマットと泥で穴をふさぐ

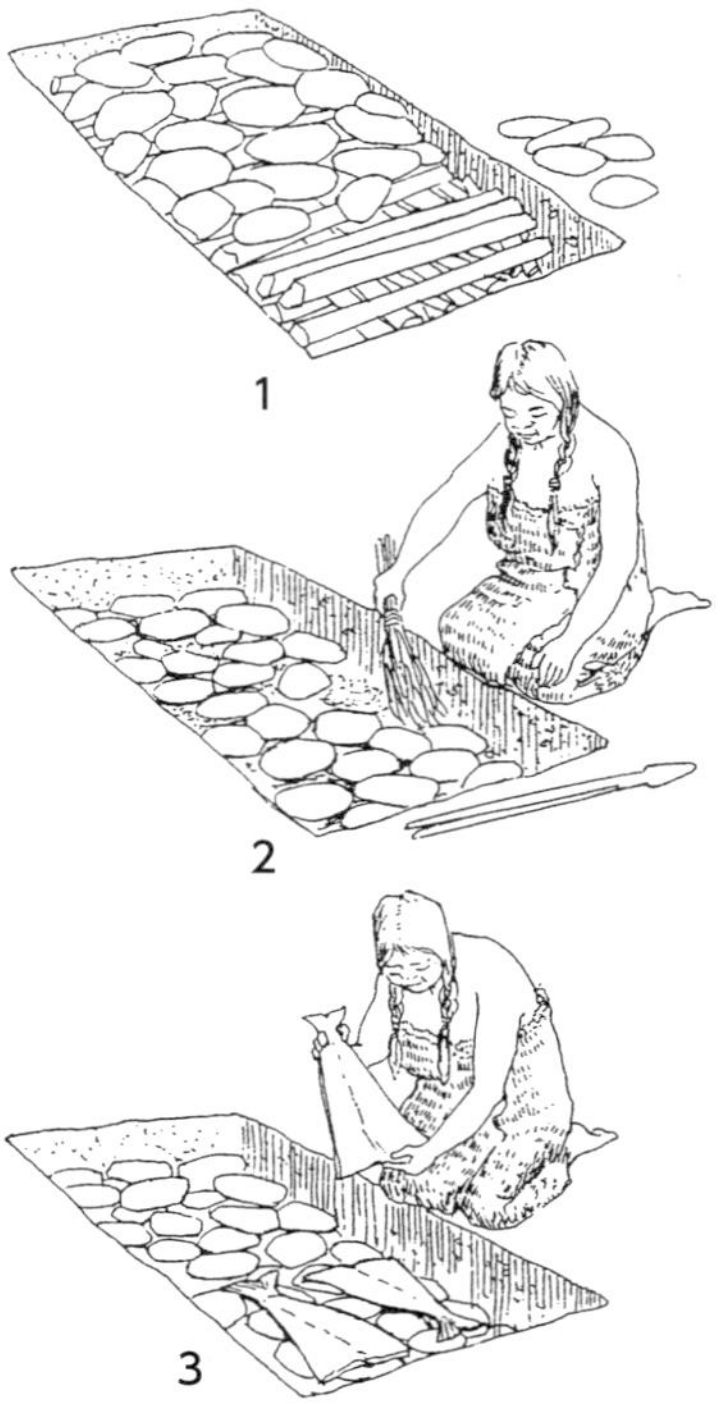

図35　石によるオーブン

1. 住居内の床面に穴を掘り、そこに薪や枝を並べ、その上に平石を置き、火をつける
2. 火が燃え終ると、燃えかすを取り、石の上の灰をのぞく
3. 骨のない切身を焼石の上にのせて焼く

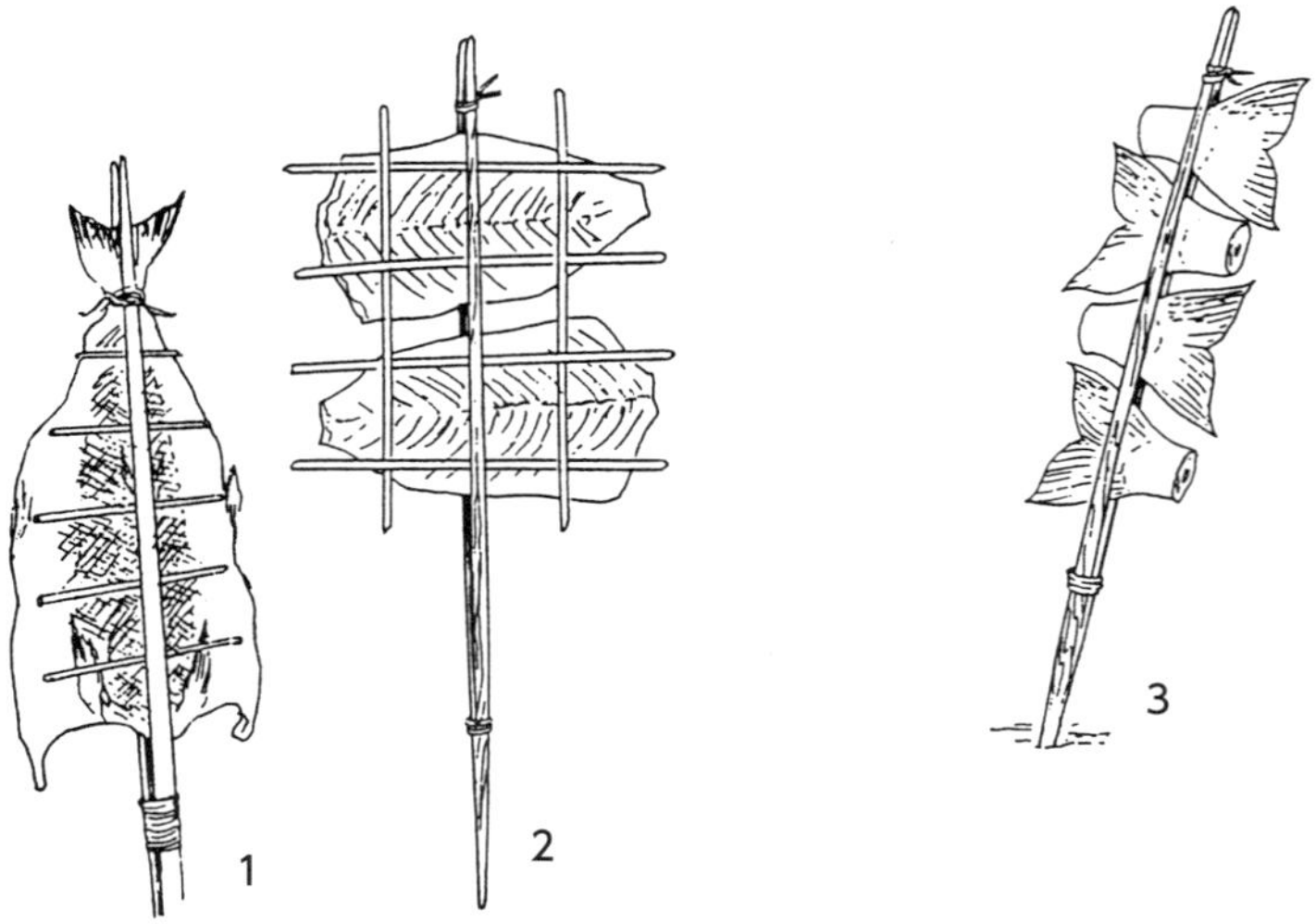

図36　サケを焼く

1. 両面を水平に棒をわたし、尾はつけたまま
2. 焼き串にさしたシロザケ
3. ギンザケの尾が黒くなるまで焼き、さめないようにする

一枚板で曲げた箱に入れた。

水が煮たつと、食材を入れ、蓋《ふた》をした。長時間の調理では、何度も焼石を取り替えた。スープなどは、できあがると大型の柄杓《ひしゃく》でよそった。

サケは、すべてに火をあてるために火ばさみで挟《はさ》み、焚《た》き火で焙り、焼けるとさめないように焚き火にあてておいた。腹の空いた者は、いつでもこれを食べた（図37）。

石製オーブンは魚焼用で、一九七一年にホープの下流フレーザー川岸にあったカツ遺跡で発掘された。そばからは磨き

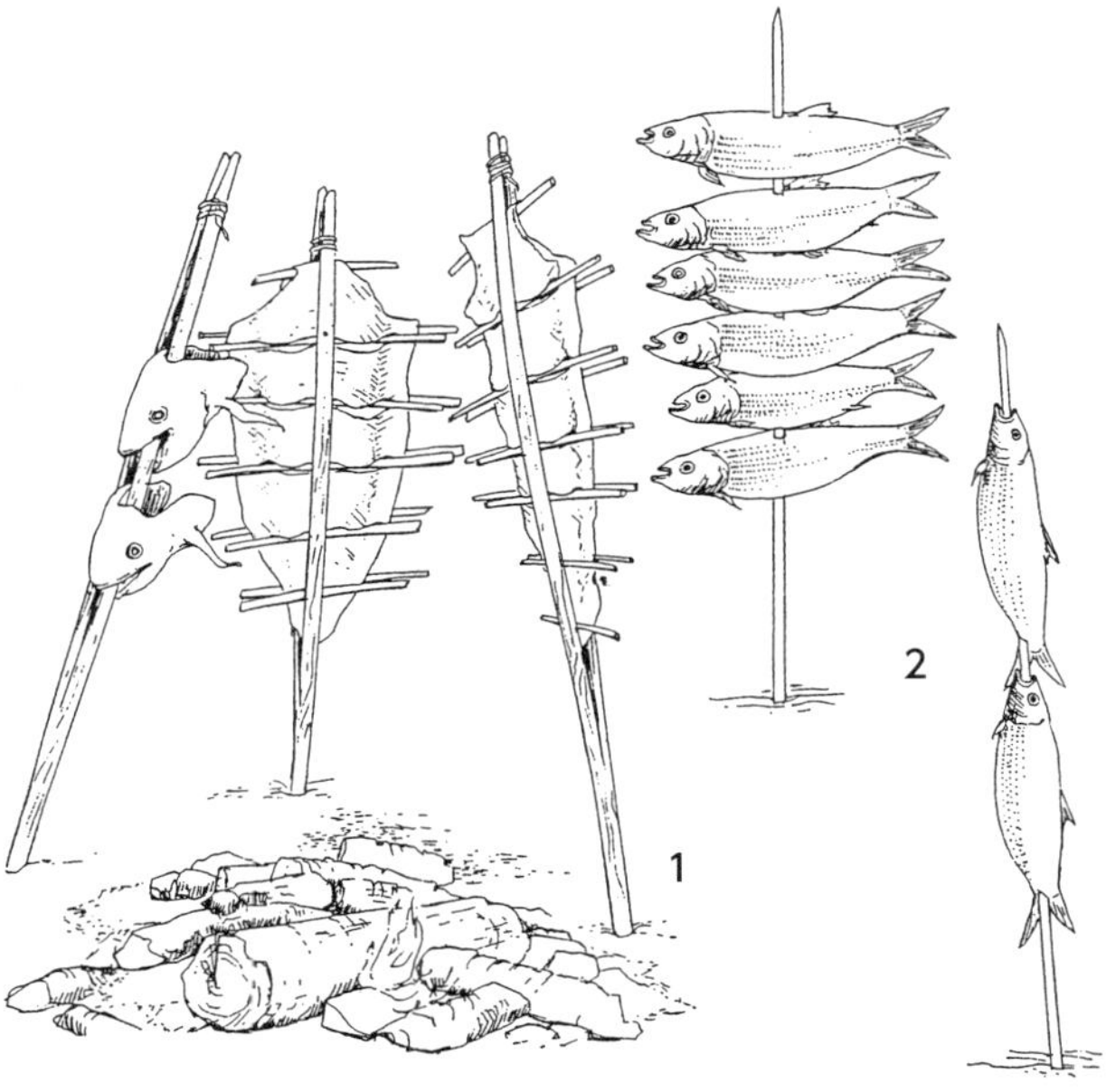

図37　サケと小魚を焼く
1. 魚を焼き串しでおさえ、尖った先を地面にさし、焚き火にあてる。片側が焼けるとうらがえす
2. ニシンなどの小魚は二つの方法で焼く

込んだスレート製ナイフ片が多く出土し、周囲には焼石がたくさん散っていた（Fladmark and Sutherland 1990）。

魚の保存法は、魚の種類、季節、気候、部族によって異なっている。なによりも魚の保存で重要なのは脱水で、よく乾燥させた（図38・39）。魚の長期保存が多くの人々に生活の繁栄をもたらした。

もしサケの群が少なかったばあい、集落を飢死に追い込んだ。大量のサケを捕獲しても、悪天候がつづくと、魚を開いたり、干したりするのも家のなかでおこなうので、作業がはかどらず、冬期の食べ物が不足した。

魚の保存法は干すことと燻製、天日と風による乾燥が基本である。

バンクーバーに注ぐフレーザー川岸では、太陽や雨から魚を守るために板や屋根で覆ったり、屋外に魚干竿《ざお》を設けたりした。

魚はイガイやスレートのナイフで身を切り開き（図40）、よく乾燥するような工夫が古くからおこなわれていた。シーズンの終わりに捕えた長さ一・五m

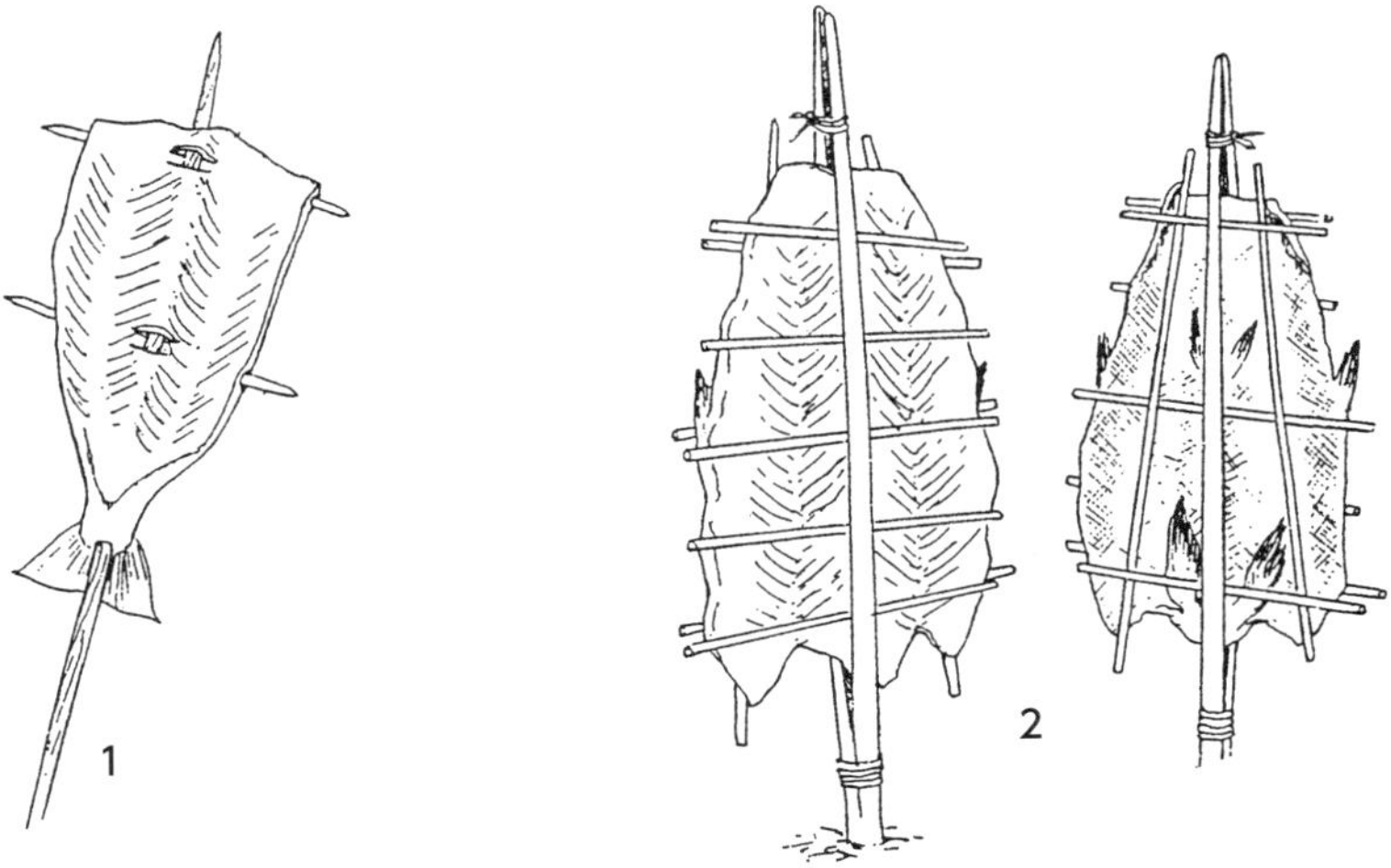

図38　魚を干す

1. 魚の開きに切れ目を入れ、棒を皮と身のあいだにとおす
2. サケの開きの両面を整え、割り枝棒をわたす

図39　オヒョウを開き、切身を干す

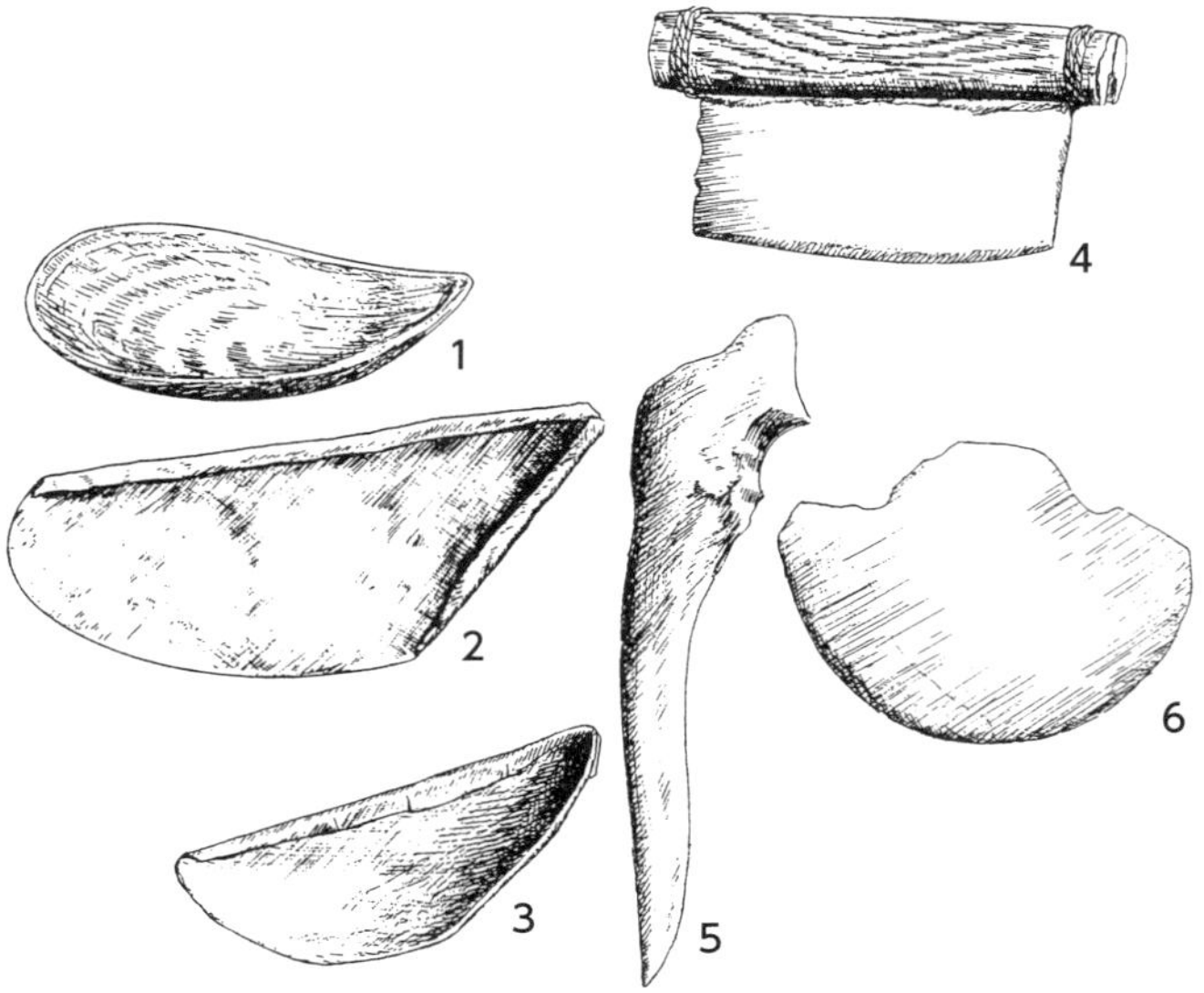

図40　魚用の各種ナイフ

1. イガイ製　2. イガイ製ナイフをまねた銅製 12cm　3. 銅製 8cm　4. スレート製　5. シカの尺骨製でニシン割り裂き用、刃は砥石で磨く 14.5cm　6. スレート製。上部の突出部は着柄のため 14.5cm

図41　大型の燻製小屋

1. サケを開いたまま干すための棒。2か所を支えになる棒のあいだに上側の棒を掛ける　2. サケの切身　3. サケの背骨　4. ユーラコン　5. 燻製のための焚き火　6. 開いたサケの切身を干す　7. サケの卵　8. 生乾きのサケほどのマスノスケは、天候が不安定なので身を薄く切り、乾燥を早めた。

ここでは八月に熱風が川の崖沿いに吹き抜けるので、岩壁の上に魚干竿をすえつけた。柱に吊したサケは熱風により数日で乾いた。開き乾燥させた幾重《いくえ》もの魚が集落に運ばれるまで、スズメバチから防ぐために緑のハンノキの枝のあいだに挟んだ。

先住民が好んだ魚は燻製で、その小屋は丈夫な柱と梁《はり》で組み、シダーの板で覆った（図41）。建物は二階建てで、ある時期は貯蔵用として使った。屋根穴や板のあいだから煙が出た。

また、魚干竿をそなえた小さな燻製小屋も何軒かあった。ここでは干したサケを貯蔵した。

大きな家では炉のそばや、煙穴の出る屋根の柱に魚を吊し、干すこともあった。

なお、バンクーバー島のマカー族は、サケが多くのぼってこないので、ハイダ族の一部、トリンギット族は冬期の食べ物をオヒョウに頼っていた。

サケが群来すると捕獲、運び、切り開き、切り分け、干し、燻製、貯蔵と長期間にわたって男性も女性も働きづくめとなる。

魞は何百匹ものサケが捕獲され、一匹ずつ切り開き、整え、切り分け、それを吊し、魚干竿をみまわり、燻製小屋の焚き火をみ、魚をひっくりかえすのは女性の仕事だった。

サケやタラなどを貯えるための施設をもつ集落が多かった（図42）。

冬、北風が吹くと各集落でポトラッチと祭りが始まる。燻製のサケやオヒョウの皿の脇にユーラコンの脂の入った木椀が置かれた。

有力者の家では大型の祭礼容器が魚のスープで満たされ、何種もの食べ物で多くの客をもてなした。こうした催しは人々の何十日にもわたる重労働をいやしてくれた。

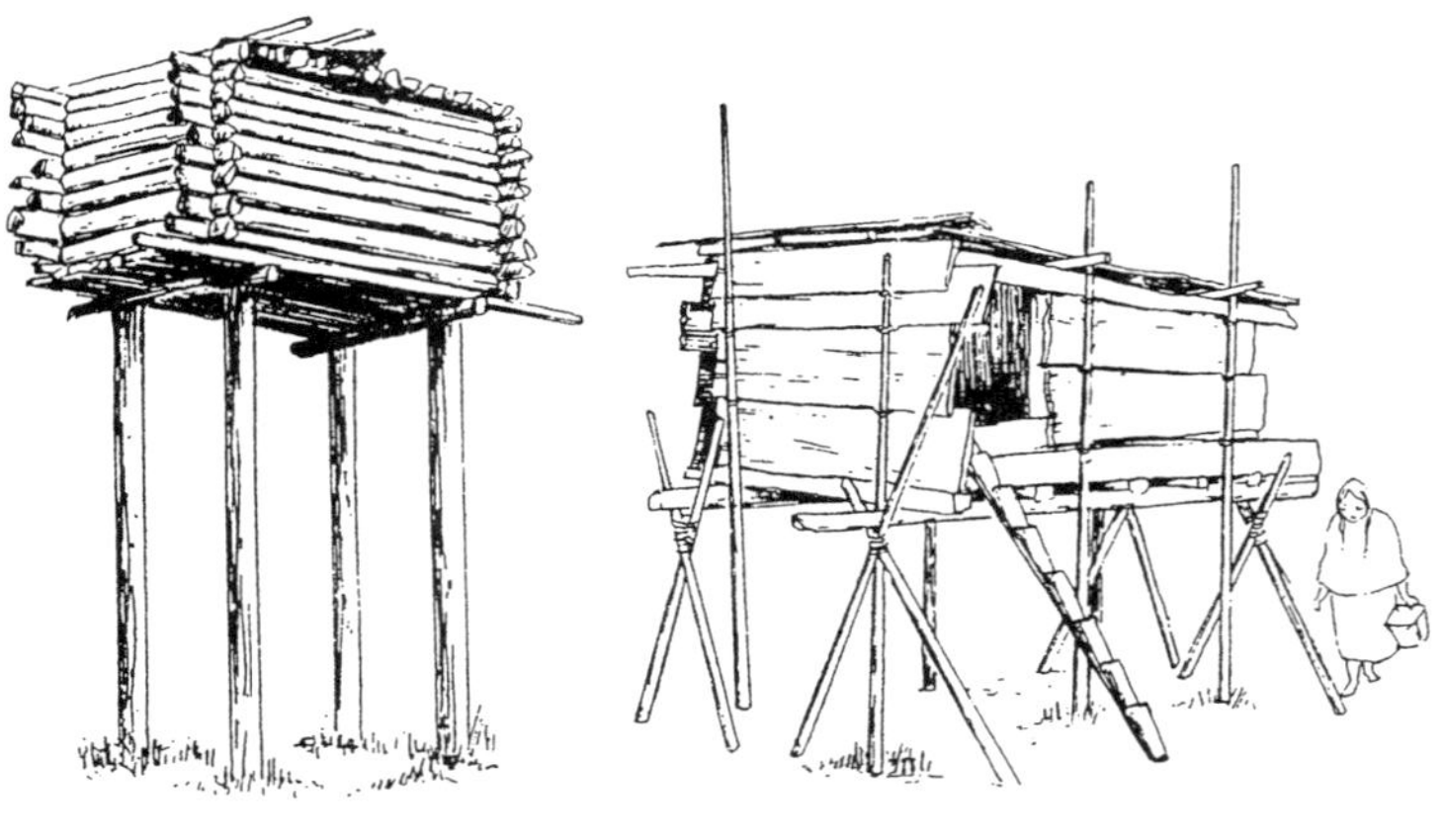

図42　ナス川岸につくられたサケ用の貯蔵庫

干したニシンの卵は、ケルプについたまま太陽の下で魚干竿に吊したり、マットの上にひろげたりし、堅くなるまで乾かした（図43）。これを蓋のついた箱に納めて冬用に貯えた。

ユーラコン脂は、先住民の調理には欠かせなかった。この魚は春先に大群で川をのぼった。その漁獲権をもつ集落は漁の期間、川岸にキャンプをはり、大量に捕獲し、脂をとった。

ハイダ族、トリンギット族、ヌートカ族は、ユーラコン漁業権も漁の川も所有しておらず、脂を得る交易で手にした。

内陸部の先住民は黒曜石の交易路を使ってユーラコン脂を入手し、このルートを《脂の

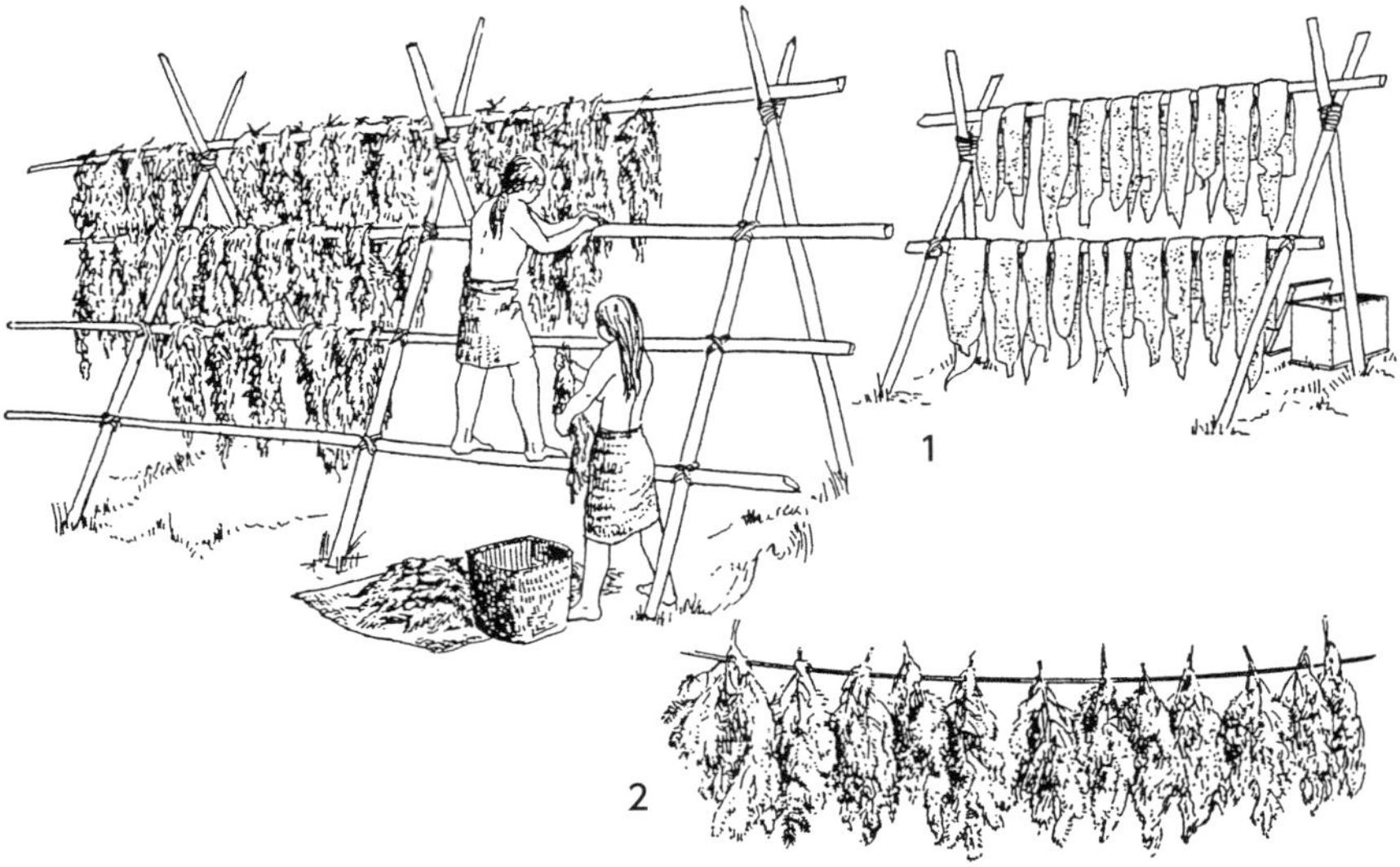

1

2

図43　ニシンの卵を干す

1．シダーやヘムロックの丸太を干し竿にして、毎日返しながら乾かし、天気がよければ1週間で乾く。そのあとシダー皮で編んだ籠に貯蔵　2．卵のついたケルプの葉を竿に掛け、毎日ひっくりかえすと1週間で乾燥する

道》と呼んだ。

脂取りは家族総出でおこなった。地面に大きな穴を掘り、ユーラコンを入れ、穴を丸太で覆い、二週間ないし三週間かけて腐《くさ》らせた。身が解け離れると、大きな木箱に水を入れ、焼石で沸騰《ふっとう》させ、魚を煮つづけた。魚屑《くず》をゆすぎ落とし、再びあたためるために焼石を入れるのをくりかえした。

数時間経つと不要な物と液体が沈み、精製脂が上がってくるので、これを蓋つきの小箱に移した。上澄みの脂を取り出したあとで、しぼりかすをトウヒで編んだ籠ですくい、さらに熱すると最後の脂が得られた。

ユーラコンの脂にはビタミンが多くふくまれ、栄養食でもあったが、鼻をつく猛烈な臭いがあり、先住民のみが調味料として使用した。

八　おわりに

一万数千年前、シベリアからアラスカに移動する大型動物を追って、先史モンゴロイドの狩猟民が東へ旅立った。この一帯は氷原であったが、しだいに氷河が後退し、植物が芽吹き、動物が棲息し始めた。

およそ一万年前になると、ホッキョクグマ、ジャコウウシ、ムース、バイソン、カリブー、アザラシ、ホッキョククジラといった陸棲海棲の哺乳類の世界が展開した。厚い氷がどこまでもつづく厳しい自然環境の下で人々は生きぬいた。

やがて、北西海岸一帯は、氷河が造り出した大地にシダー、トウヒ、ツガ、モミといった針葉樹が茂り、落葉樹の森へと変化した。そして季節になると、果実、球根、植物の根が、人間と動物の営みを育んだ。

北緯五一度の地といえ、北太平洋海流、つまり日本海流が沿岸を南下するため、夏涼しく、冬暖かい気候風土は、年間一五〇〇㎜から四〇〇〇㎜の降雨をもたらす多雨地域である。秋から冬の季節は雪や霙《みぞれ》混じりの雨となる。そして長い冬に入る。

高い山々を覆う氷河から流れ出す栄養分を豊富にふくんだ水が、降雨とともに動植物の生育の大きな要因となっている。

その恩恵でクマ、ヘラジカ、シカ、オオカミといった陸の哺乳類、アザラシ、アシカ、ラッコ、イルカ、クジラなどの海洋哺乳類、サケ、ニジマス、ニシン、ユーラコン、オヒョウの魚類、ハマグリ、ザルガイ、イガイ、カサガイ、アワビ、ウニ、カニの貝類と甲殻類、アヒル、ガン、ハクチョウという鳥類が多く棲息できる。

地形に眼を転じると、すさまじい地盤沈下と氷河の浸蝕に伴い、谷は海水に満たされ、海中から忽然《こつぜん》と山々が露出し、聳《そび》え立っている。数知れない入り江が陸地に深く喰い込み、そこへ山間部から流れ出した河川が急流をなして注いでいる。これを助長するのが、降雨量の多さで、険《けわ》しい山嶺は森林や雪で覆われている。

そのため、人々は往来や輸送の手段にカヌーへの依存度が高い。食べ物のほとんどを海の幸に頼り、文化も海もなくして発展しなかった。先住民らの居住地は、大半が海辺かカヌーの航行可能な川岸に沿って存在する。

こうした環境下で、先史モンゴロイドの子孫たち、トリンギット、ツィムシアン、ハイダ、ベラ・クーラ、クワキウトル、ヌートカ、マカー、沿岸セイリッシュといった諸族が営みをつづけてきた。

彼らは種族ごとに異なる言語を話し、社会的習慣もいくらかちがっていた。その背景には、新大陸へ来た集団の時期の差や、人々の交流を妨げた地形などが考えられる（関　1993）。

各種族の村は、いくつかの血統集団で構成され、各集団は社会的にランクづけされていた。それぞれが、ハマグリの漁場、サケの漁場、狩りの森、果実の採集地といったものを所有していた。そして、季節の訪れとともに自分たちの生活域をことごとく活用した。

人々は自然の季節の推移にそって生きた。村の生活は、潮、天候、季節に左右され、緯度の高い地に暮らすため、一年じゅう太陽の恵みが得られる場所を選んで住まいをつくり、日々を送った。彼らの生活は、太古の時代から土地と海で強く結ばれていた。それは考古遺跡の発掘で実証されている。

北西海岸域は、ほかのどの地域にもみられないほど、五種類のサケとその仲間が豊富に棲息する。これらの魚は、毎年母なる川へと戻ってくる。この魚を捕り、食することで生きていけた。人々は主食となったサケに導かれ、この地に定住したといえる。

彼らは、サケに格別な思いを寄せていた。

海のなかにあるサケ人の国から出て、サケの姿に身を変えて、自分たちの前に現れ、網や釣り針に掛かって捕らえられ、食料になった。のち海へ返された骨や鰓《えら》は再びサケ人の国までたどりつくと、サケ人となって再生することができるという。そのため、サケを料理したり、保存したりするときは、かならず鰭や骨を取り、すぐ海に戻すのが慣習となっている。さもないと、サケは翌年帰ってこないと信じられていた。

北西海岸域の先住民のサケに対する信仰から、彼らがいかにサケに依存していたかがわかる。人々にとってサケは最重要食料で、これなくして生活は成り立たなかった。海の幸の豊かさが、北アメリカのどの地域よりもまさっていた北西海岸域の人たちは、一八世紀から一九世紀末、いや数千年前から精巧な道具や容器、編み物、織物、トーテムポールをはじめとする彫刻に傑作を多く生み出した。さらに社会や政治組織、信仰や礼儀に多様性をもたらしたといえる。

本文をまとめるにあたりStewart（1977）、木村（1987）らの論考を主体とし、多くを引用し、図も使わせてもらったことに謝意をのべるしだいである。

図1は菊池・益子（1990）、2～16、18～43はStewart（1977）、木村（1987）、17はMcConkey（1973）による。ただし、原図を基に著者が作図した。

引用・参考文献

Arima, Eugene and Dewhist John.

1990　Nootkans of Vancouver Island. *Handbook of North American Indians—Northwest Coast*—Vol.7. p391~411. Smithsonian Institution, Washington, D.C.

Blackman, Margaret B.

1990　Haida. *Handbook of North American Indians—Northwest Coast*—Vol.7. p240~260. Smithsonian Institution, Washington, D.C.

Codere, Helen.

1990　kwakiut: Traditional Culture. *Handbook of North American Indians—Northwest Coast*—Vol.7. p359~377. Smithsonian Institution, Washington, D.C.

Drucker, Philip.

1955　*Indians of the Northwest Coast*. The American Museum of Natural History. The Natural History Press. Gaden City, New York.

De Laguna, Frerica.

1990　Tlingit. *Handbook of North American Indians—Northwest Coast*—Vol.7. p203~228. Smithsonian Institution, Washington, D.C.

Fladmark, knut R.Ames, Kenneth M. and Sutherland Patrica D.

1990　Prehistory of the Northern Coast of British Columbia. *Handbook of North American Indians—Northwest Coast*—Vol.7. p229~239. Smithsonian Institution, Washington, D.C.

Halpin, Marjorie M. and Seguin, Margaret.

1990　Tsimshian Peoples: Southern Tsimshian, Coast Tsimshian, Nishga, and Gitksan. *Handbook of North American Indians—Northwest Coast*—Vol.7. p267~284. Smithsonian Institution, Washington, D.C.

Stewart, Hilaly.

1977　*Indian Fishing—Early Methods on the Northwest Coast*—The University of Washington Press. Seattle and London.

菊池徹夫、益子待也訳

1990　『北西海岸インディアンの美術と文化』六興出版

木村英明、木村アヤ子訳

1987　『海と川のインディアン－自然とわざとくらし－』雄山閣

関　俊彦

1993　「北米・北西海岸地域の先住民の生活」『考古学の世界』第９号：44 ~ 76 頁　学習院考古会

2006　「カナダ北西海岸域の先史文化」『考古学の諸相』Ⅱ：1 ～ 23頁　坂詰秀一先生古稀記念会

◎2009「カナダ北西海岸域の先住民の漁撈」『青山考古』25・26号、613 ～ 640頁、青山考古会

第三章　先住民の造形

一　はじめに

北アメリカ太平洋岸の北緯六〇度から四二度あたりの範囲に紀元前数千年より人々が居住し始めた。

この地域は、現在のアメリカ合衆国アラスカ州の南端からオレゴン州の北西岸にかけてである。北アメリカ大陸には、ヨーロッパ人が到来するはるか以前より、アジア北東部から移住して来た先史モンゴロイドと呼ばれる日本人と先祖を同じくする人々が暮らしていた。

北アメリカに住みついた先史モンゴロイドは、長い歳月のなかで食料を求めて各地に拡散し、やがて生活文化圏と後世に称されるものを形成した。北西海岸部では先史モンゴロイドの末裔《まつえい》らが、海の幸を糧に高い生活文化を築いてきた（関　1993）。かつて、あるいはこんにちでも、この地方に住む人たちを北西海岸先住民と呼んでいる。

ここでは、彼らの生きた一八世紀以降についてあつかう。

北西海岸部に生活した先住民は、言語・文化・生活領域などからいくつかの種族に分けられるが、ここでは北部・中央部・南部の三地域に区分し、その主要な人たちを取り上げてみる。

北緯六〇度から五七度くらいの北部の海岸域と島には、トリンギット族がアレクサンダー諸島をはじめ、対岸の平地に集落をかまえていた。彼らと接するように住んでいたのがハイダ族で、プリンス・オブ・ウエールズ島ではトリンギット族と土地を二分するようにして暮らしていた。ハイダ族の拠点はハイダ・グワイ諸島で、ここで海洋民として漁にいそしんだ。

これら二つの種族と生活領域を境にしたのがツィムシアン族で、内陸部を生活の舞台とし、ナス川やプリンス・ルパート川、そしてスキーナ川の流域と海岸部に村を構成していた。中央部地域のベラ・ベラ族とベラ・クーラ族は、北緯五三度から五二度の土地に住み、現在も両族名とゆかりの都市がある。

クワキウトル族は、バンクーバー島の北東部と対岸の内陸海岸域を生活の場としていた。この島の西南部に生きづいていたのがヌートカ族である。彼らの南の地と海峡の対岸に中央海岸セイリッシュ（セーリッシュ）族がおり、現在のビクトリア市やバンクーバー市などが、当時人々の活動域だった。北緯四九度から四七度くらいの地に南海岸セイリッシュ族がシアトル湾をとりかこむようにして住んでいた。

さらに北緯四八度から四二度の太平洋岸に沿ってマカー族をはじめ、いろいろな種族が居住し、彼らは南部地域に属する。

およそ一万五〇〇〇年前の北西海岸地帯は氷原であったが、氷河がじょじょに後退し、植物が生えて動物が棲《す》みはじめた。

人間が、初めて緑豊かに変化した自然環境をみたのは約一万年前のことである。

一七七八年三月から五月にかけ、イギリスのキャプテン・クックは第三回の航海の折に北アメリカのサンフランシスコからアラスカへ向けて北上した。このとき、バンクーバー島でヌートカ族と接しているので、その貴重な見聞の一部を紹介しておこう（赤木　1943）。

彼らは、一隻の丸木舟に七、八人が乗ってクマ、オオカミ、キツネ、ラッコの毛皮を売りに来た。人々は木の皮や大麻（シダーと思われる）のような植物でつくった衣服をまとい、弓、矢、槍をもち、釣り針、木製の面、毛織物、毛布、木彫容器を運んで来た。

上着は男女とも同じで、男はクマ、オオカミ、ラッコの毛皮をつけ、身体には赫土《しゃくど》質の赤い顔料と脂を混ぜたものを塗り、その上から服をつけていたので、脂がしみて臭いがあり、不快感をあたえた。

耳朶《みみたぶ》に孔をあけ、骨片や革紐につけた羽茎、小さな貝殻、ヤギの毛の房束、薄い銅の切れ端といったものを下げていた。

木製の面を顔の上や頭や額のところにあてがい、それは人の顔を似せたものので、髪、髭《ひげ》、眉《まゆ》がついていた。このほかにワシなどの鳥の頭、オオカミ、シカ、イルカの頭をまねたものがある。人々は仮面を特殊な宗教上の目的か、慰《なぐさ》みか、戦《たたか》いのときに敵を威嚇《いかく》するためにつけたのかわからない。

家は三軒ずつか、または一列に並び、互いにうしろの方がだんだんと高くなり、前にあるものが一番大きく、ほかのものは小さい。

この配置には一種の規則性があるが、家にはそれがない。家の側面と末端の高さは七mないし八mで、後部は前部より高く、そのために屋根をつくりあげている板は前方に傾斜し、板は煙を出したり空気や光を入れたりするために動き、家の側面には窓があり、雨を防ぐのに樹皮や草で編んだ蓆《むしろ》を垂《た》らしていた。

家具は櫃《ひつ》と箱が室内の片端に積み重ねられ、そこに着物、毛皮、仮面をしまっていた。水やそのほかのものを入れる方形や長方形の桶《おけ》、円形の木椀《わん》、鉢、小枝で編んだ籠《かご》、蓆《むしろ》の袋、釣り具が置いてあった（Holm　1990）。

家のなかには高さ約一・五mの大きな木像が一本ないし二本立っていた。前面に人の顔を彫り、腕と手を両側に刻み込み、いろいろな色で塗り、奇怪な姿をし、人々は木像を《クレムナ》と呼んだ。

また、ある家では木像を約一・二m離して並べ、これを《ナチュオア》ないし《マツィータ》と称し、この前に一枚の蓆がカーテン風に垂れており、どんなばあいでも蓆をとるのを嫌った。もし覆《おお》いをはずすときは、神秘的なやりかたで像に語りかけた。

北西海岸域に暮らした一八世紀後半ころの先住民のことを記録したものは少ない。クックらの見聞したものは、いまとなっては重要な民族誌で、当時の生活相を復元するには欠かせない。そこで、もう少し人々の生活を紹介することにより、彼らの姿がみえてくるので、補足しておこう。

北西海岸地帯は南北に長く、そこにはたくさんの人たちが暮らしており、ふつうは北部・中部・南部の三つに分ける（Holm 1990）。

北部地域は人々に社会と信仰とが大きく作用し、階級社会がはっきりとしており、信仰儀礼と紋章が重んじられた（図1）。彼らはユーラコン、サケ、タラなどをおもに捕獲し、これらの魚群を追って居住地を変えた（Kew and Goddard 1974）。

中央部地域の先住民たちは自分らの世襲の特権を強く主張し、自己顕示が強く、その地位や立場を示すために仮面や木製立像であらわした。血族集団を形成し、漁場や狩場をもち、《ポトラッチ》と呼ぶ贈与交換を重視した。

南部地域に住む人たちは、天然資源が豊かで、世襲の特権や階級制をさほど重んじなかった。この地では籠細工が発達し、その大部分が儀礼に用いられ、一部は日常の生活容器ともなった。

三地域の先住民は海の幸に一年の食料を依存したため、生活は天候、潮、季節に左右され、一年じゅう太陽の恵みが得られる場所に集落をかまえた。彼ら

図１　タカ（左）とサンダーバード（右）の紋章

図２　クワキウトル族の踊り

は小集団（バンド）に分かれ、ある特定の地域内のある集落に住み、同じ言語や方言を話し、社会、政治、信仰を共有した。

来客があると集落で歓迎の踊りが、そして人の死、結婚、成人の祝いのときにも伝説にあわせて踊った（図2）。踊るさい、人々はシダーの木を彫った仮面、その多くはオヒョウ、レッドスナッパー、サケなどの海の生き物を形どったものである。この仮面を被《かぶ》って踊ることで魚に対する感謝の念をあらわし、さらなる豊漁を願った（菊池・益子　1990）。

トーテムポールは村の入り口や墓標としても立てられた。それぞれの村の成り立ちや故人の生涯のできごとに従って彫られた。ここに刻まれた動物は、彼らの神話や伝説に登場する重大な役割を担《にな》った生き物で、ワタリガラス、ワシ、オオカミ、シャチなどがモチーフとなった（図3）。

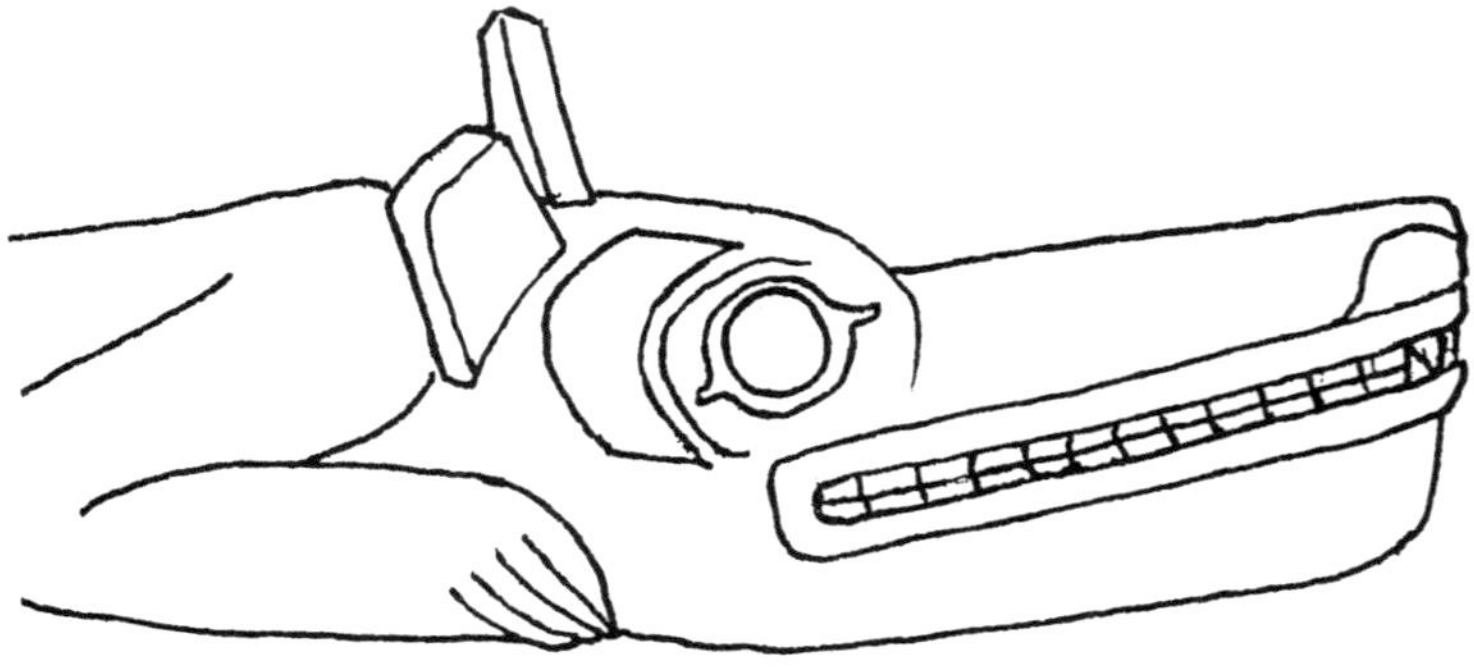

図３　伝説に登場するオオカミ

北西海岸地帯に住んだ先住民の多くが、人間は最初大きなハマグリの殻に閉じ込められており、通りかかったワタリガラスが貝殻を開けて外の世界に導き出した。そこから人の世界が始まったと信じていた。

では、こうした生活背景のなかで海に生きた人たちは、どんな造形表現をおこなったのであろうか。

二　平面手法

北部地域に暮らした諸先住民が基本としたのは、いわゆる平面手法と呼ぶもので、平面的な方法で描いている。そこには個人の資質や表現力などで多少ちがうが、同一の風土で創作されたために共通性が多い。なかでも自然の事物を素朴に正しくとらえる手法が主流である。

彼ら海岸部に生活した人たちはT字形や三日月形を単独に、あるいは組み合わせるデザインを古くより用いており、この描写法は早くから普及していたのではなかろうか（Carlson 1983a, 1983b, MacDonald 1983a)。こまかくT字形や三日月形を彫ることで、そのまわりの線や形を浮き立たせて被写体を表現するもので、これがのちに描線法として発展、確立していった。この描線法は諸種族が取り入れたもので、平面手法は各種族により、いくらかのちがいをもちつつ、共通性がある。

北部地域にあっては、一八世紀の後半から一九世紀の前半にかけて描線法が主体であった。

この方法は全体や部分を描くさい、描写面に広がった碁盤《ごばん》の目のような線をなぞるようにして線で形をあらわすものである。

基本的にはあまり角度の鋭くない線、左右対称、そして軸や中心点を同じくしない線で描くことが多い。大きさはいくぶん変化があるものの、全体的な形としては楕円形やU字形のものもある。

それほど類例はないが、絵と絵がつながるように描いたものには、つなぎめをすっきりさせるために描線が交わっているところがある。

こうした描線法でデザインした絵は、ほとんどといってよいほど色彩をもっている。とくに黒と赤が使われ、たまに青と緑が用いられた。

中心部をかなりこまかく描いたのち、まわりを編み模様で埋めるように線を引き、線で囲んだ部分を黒く塗り、線を彫ったあとで赤色をほどこした。ときどき黒と赤との関係が逆転したものもある。まれにU字形や楕円形をいくつも彫っていき、それで形をつくり、青い色を塗るばあいもあった。

浮き彫りにするときは溝や周辺部など、あまり重要ではない部分は彩色しなかったらしい。角、牙、木、土、銀などに描いた絵には色を塗らず、そのほかの描線法には変化がみられない。

被写体に自然に近い形で陰影《いんえい》をつけ、構造的にも本物のように表現した。原則的には同じ描写法を用いたが、内容が抽象的に描かれた絵もあった。それらの絵は抽象的ではあったが、一般的にわかる具体的なものをベースとしている。

人々はビーバー、カラス、ワシ、シャチといったものをよく描いた。これらの生き物たちの体の構造がデザイン化しやすかったことが、好んで表現した理由といわれている（図4）（Feder and Malin 1962, Holm 1967, Inverarity 1950）。

そのほかに動物、植物、自然現象、地形など、さまざまなものが描く対象となったが、現代人にはそれらが何を表現しているのか読み取れない。それは現代人が、先住民と文化、思想、感

図４　シャチを表現
背鰭は背中から切り取り、頭頂部に移し、頭は後頭部から2つに切開している。胴は切開せず、胸鰭は腕のように左右に配し、尾鰭は切開されて足のように配している

性といった面に大きな隔たりがあるからであろうか。

先住民は、こまやかな描線で鳥の羽や関節をあらわし、嘴《くちばし》や鼻を突き出すようにして描くことで、平面的な絵に立体感をもたせた。

北部地域の先住民の描く絵には、二次元と三次元的な要素が混在したものが多く、双方を分けることはむずかしい。こうした描線画法は、彫刻にも大きな影響を及ぼし、眼窩《がんか》、手足、羽をきちんと表現したものが多く、ことにハイダ族の彫刻には、これらの特徴がはっきりと出ている。

では、代表的な種族のものをかかげよう。

●トリンギット族

人々は、血族の集まる家の後部のベランダの部分に立てかける仕切りの役割を果たす大きな板に絵を描いた。この仕切りは儀礼的に族長の部屋と分けるために使われ、この種のうち、一九世紀初めのものが残っている。

作品をみるかぎり、トリンギット族の誰かが彫ったもので、太くて角張った線、彫りは浅くて線と線とのあいだが細く、無駄な部分の少ない手法は初期の作風の特徴である（図5）。

彼らの作品はできばえがよかったのか、交易品として周辺の地に運ばれたため、それが各地にあっても、どこで製作されたかはつかみにくい。よほど種族特有の形式を踏襲しているか、有力な証拠がないかぎりわからない。

トリンギット族は木彫だけではなく、金属加工も盛んにおこなった。彼らは一九世紀以前、ヨーロッパ人が来る前から周辺種族との交易により銅を入手し、青銅製品を製作していた。

一九世紀になってヨーロッパ系の人たちが移住すると、金属の加工技術を

図5　トリンギット族が赤と黒色で描いたクマ

学び、作品にも変化があらわれはじめた（Inverarity 1950）。たとえば、一九世紀に使っていたナイフをみると、自分たちの土地で得た銅や隕鉄《いんてつ》石でこしらえたものと、ヨーロッパなどの難破船から漂着した鉄でつくったものとがある（Holm 1983）。

トリンギット族の創り出すナイフは美しく、高度な技術と工具などで精巧に仕上げている。その洗練された職人芸とデザインには、当時の人々の技術の高さとセンスがしのばれる。

北太平洋沿岸に暮らした先住民のなかには階級をきわめて重要視する種族がいた。トリンギット族もそうで、復讐《ふくしゅう》と奴隷の調達で戦《いくさ》をした。

戦争のさい、人々は防具を身につけて戦った（図6）。そのなかで胸当防具は手

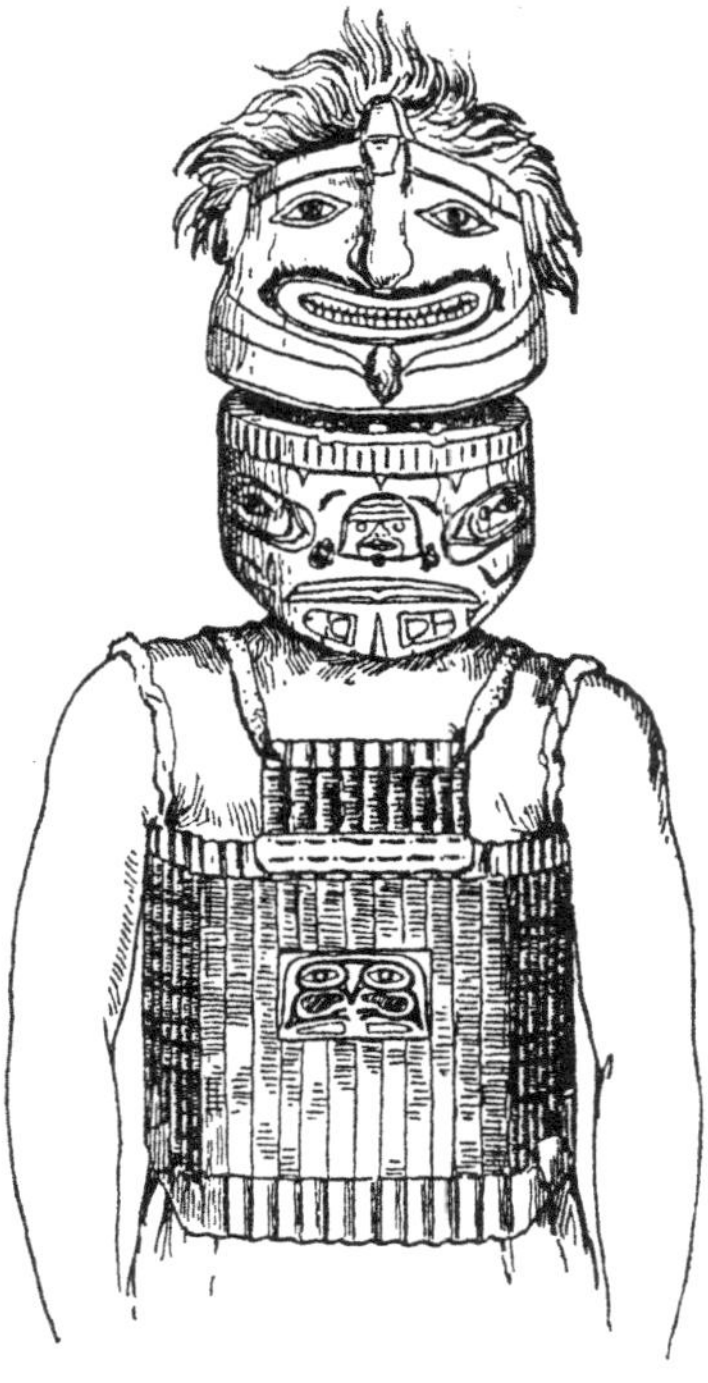

図6　トリンギット族の戦争用防具

の込んだもので、硬質の獣の皮と堅い木と枝を素材とし、これらを組み合わせて動物の腱《けん》や人の髪の毛でこまかく編み込んでつくった。木の部分には描線を、皮の部分には彩色をほどこすなど、ここにも人々のこまやかなデザイン感覚がうかがえる。

北西海岸域は、気候が比較的温暖なために夏は裸に近い男性も、儀式の場や冬期は毛皮や植物繊維でできた長方形の衣服を着た。毛皮はカリブーやムースの皮のなめしたものを上着や儀礼用の前掛けに用い、皮の表面に絵を描いた。

これらは、ほとんどが信仰儀礼のさいにシャーマンが着用するもので、描かれた絵は現実世界に実在しないものが多く、超自然的な力と人間、一人一人の精神世界との出会いをモチーフとしている。

シャーマンが身につけたものには、デザインや表現力が富み、注目するものが多い。それらにみる絵も彫刻も、すべては肉に支配される人間の生活に精神力を注ぎ込んだものである。

カミによる奇跡的で超自然的な力をあらわしたものもあった。また、カミは製作者たちに自分のためによいものをつくれと命じることもあったという(Emmons 1945)。

たとえば、人々の身体を守るとされた護符はクマやオットセイの犬歯、牙、シカの角、骨、マッコウクジラの歯などでつくった。

これらには丹念に彫刻をほどこしているのが特徴で、ことにシャーマンが所有した護符には細工のよいものが多く、それぞれの表面に彫刻があり、なかには手をのばした形もある。

こういった深彫りで、しっかりとした線が走り、謎めいた内容のものを好んでデザインし、それは製作者の心に生じた個人的な霊的体験をあらわしたと考えられる。

事例をあげるならば、動物と何か変わったものとを組み合わせたり、さまざまな動物の一部分をつなげたりするものが多い。よくモチーフに使われるものはカワウソ、タコ、オオカミ、シャチなどである。

シャーマンが謎めいた護符をもつのは、人間と自然との神秘性や超自然界との複雑なかかわりを示すためか、超自然的存在と良好な関係を保ちたいとする人々の願望によるものなのか、いずれとも決めがたい。

●ハイダ族

彼らも数々の作品を製作したのであろうが、現在まで原型をとどめているものは少ない。まれに一八世紀後半のものがあり、それは同じころのトリンギット族の作品にみられる力強く、短めの線を多用する描線法と似ている。

しかし一九世紀前半になると、丸味をおびた線で間隔をとり、広めの空間に浮き彫りをするものが増えてくる。この傾向が製作者自身の作風の変化からくるものなのか、それとも製作様式に変化が生じたのかは、いまだにわからない。

一九世紀終わりから二〇世紀の初めにかけ、製作者たちのあいだでさまざまな形式のものがつくられ、さらに同じ作者でも年齢を重ねると、作風に変化が起こるなど、新しい動きが出てくる（Holm 1981）。

一八二〇年ころからハイダ族の住むハイダ・グワイ諸島に来る漁師たちに凍石でつくったタバコ用パイプなどを売るようになった（Wright 1985）。やがて、凍石でつくった小品に人気が集まるにつれ、鉢、箱といった容器類から人物像、トーテムポールの模型までつくられた（図7）。

石に彫り込むことで二次元的なデザインが表現され、こまかい部分の描写に製作者一人一人の作風のちがいが出ている（Macnair and Hoover 1984, Wright 1985）。

図7　トーテムポールの模型
巧みな表現力。高さ53.5cm

ハイダ族の地域にヨーロッパ人が到来すると、しだいに彼らの文化要素が入り込み、ことに金属製品に大きな影響をあたえた。一九世紀の後半に人々は銀製品に興味をもちはじめ、ヨーロッパ人のもたらす銀貨をつぶしてブレスレットなどの装身具をつくるようになった。

銀を加工する技術は、ヨーロッパ人から学んだものであるが、ハイダ族の職人は鋼鉄の工具、鏨《たがね》を外側へ押すだけではなく、自分のほうに引いて使うという手法で彫金した。

銀製品の初期の装身具には、ヨーロッパ調のデザインをまねたものもあるが、すぐに伝統的

図８　ハイダ族の銅製盾形品

な紋章のワシ、シャチ、クマといった意匠をほどこした。不思議なことに、一つ優秀なものが創作されると、それに触発されてか、つぎつぎとみごとなものができ、各製作者の作風にも影響を及ぼしていった。

その後、銀細工に代わるかのように、銅製の装身具をはじめ、富や名声を博する象徴としての銅板がつくられ、これらには銀加工の技術が応用された（図8）（Holm 1990）。

●ツィムシアン族

北部地域の先住民たちに共通する描線法が、ツィムシアン族や方言を異にするナス川流域に住むニシュガ族やスキーナ川上流域に暮らすギトゥクサン族でもみられる。彼らは家の玄関に描いた絵や間仕切りに用いた衝立《ついたて》に描線をほどこしたほかに、食べ物を貯蔵する箱（図9）や焼け石を入れて調理する容器、衣料箱などにこの地方の人たちの意匠があらわれている。

彫りは浅く、ゆるやかな曲線で表現し、いったいツィムシアン族なのか、ニシュガ族かギトゥクサン族かに分けられないほど、それぞれが共通している。いずれも繊細なデザインのものが多く、すばらしい技術と感性をもった職人らによってつくられた。モチーフとしてはクマが圧倒的に多い。

●ベラ・ベラ族

人々は北部海岸域に普及した伝統的なデザイン構成や作品の形態を受け継ぎながら、描線画や彫刻をつくりつづけた唯一の種族といってよい。

図9　ツィムシアン族が食料を貯蔵した箱のデザイン

ことに彩色した箱を好んだとみえ、できばえのよいものが多い。箱の角を少し丸味をつけ、左右対称の図形を配し、赤と黒で彩色したクマは鮮やかである（図10）。

作品は全体的に線が細く、中心点の異なる楕円形をいくえにも重ね、同じ方向にU字形を並べ、一定の意匠や組み合わせを多用するのが特色である。

さらに隣接して住んだベラ・クーラ族かクワキウトル族かのどちらかが製作したものか区別ができないほど似ており、両族間に交易による文化交流があったことがわかる。

図10　ベラ・ベラ族が衣服を納めた箱
クマがデザインされている。高さ54.5cm

●ベラ・クーラ族

人々は大陸の中央部から北部にかけての地域に住んでいた。古い作品をみることはできないが、一九世紀後半からのものには彼らの特色が出ている。

それはデザインの性格や細部の仕上げに北部のツィムシアン族の作風と相通じるものがあること。作風にはのびのびとした気持のおもむくままに表現したのではないかと思われるものがある。

一見華やかそうにみえる表現はベラ・ベラ族やクワキウトル族との交流によって生まれたのではなかろうか。

さらに家の玄関を飾る絵は、緻密《ちみつ》で粘り強さが感じられ、あきらかに北部地域の人たちの作風である。しかし、冬の儀

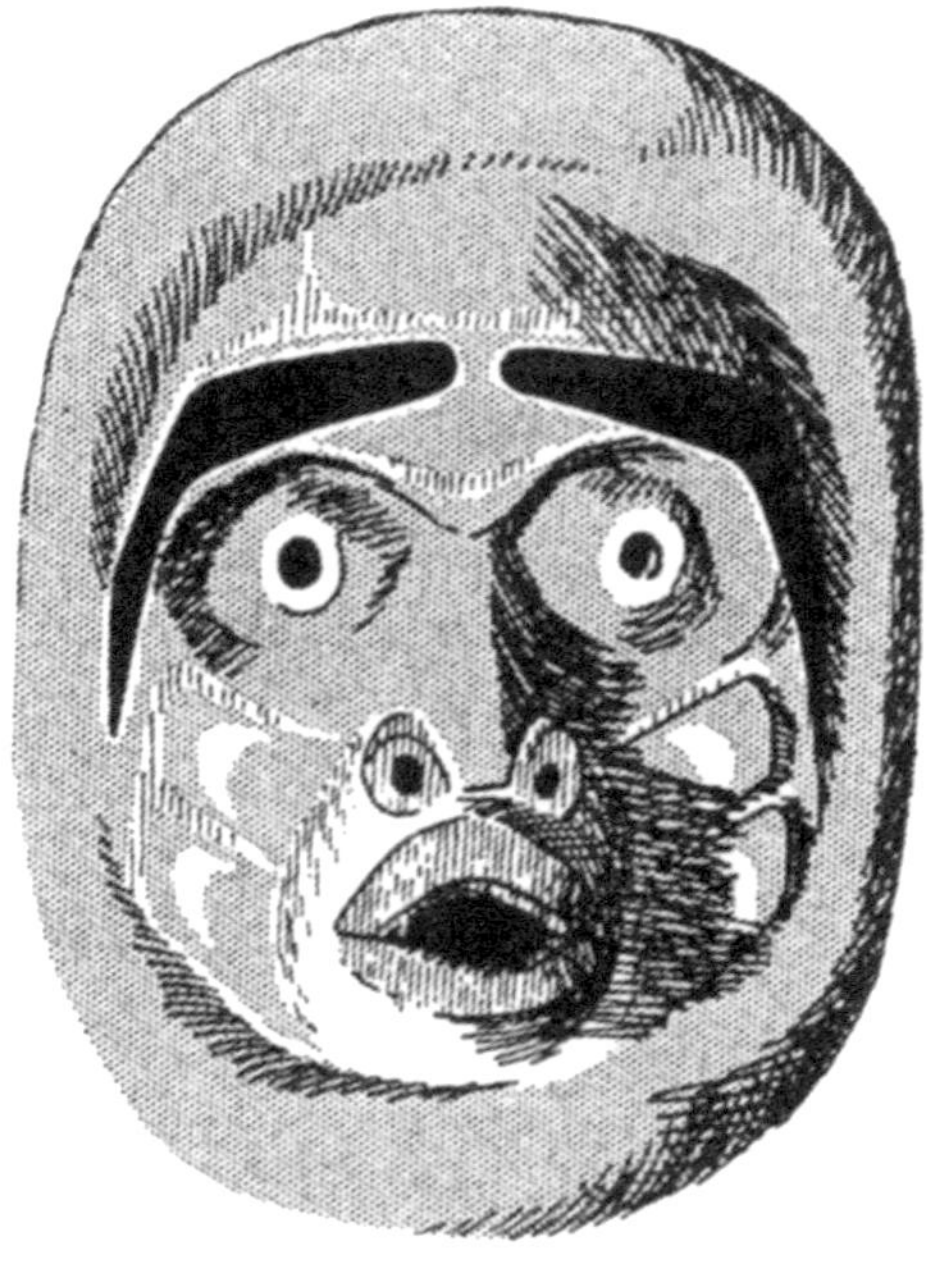

図11　ベラ・クーラ族の超自然的存在を示す仮面

式のときにつける仮面（図11）や家の柱に彫った装飾は、大らかで自由な線で模様を描き、彩色の鮮やかさは彼らの表現法といえる。

なかでも仮面に特徴が出ているのではなかろうか。仮面には青色によるU字形や円形の模様が、はっきりとした線で彫られた顔の表面を埋めつくし、基部は無彩色か朱色に塗られている。これこそベラ・クーラ族の特色ある作品である。

●クワキウトル族

バンクーバー島北部から対岸の内陸に住んだクワキウトル族の古い作品は少ない。というのは、この地方にヨーロッパ人が入ったのは一八四九年にハドソン湾会社がフォート・ルパートに交易所を開いてからのことである。

一九世紀以前のクワキウトル族は、大胆で自由闊達《かったつ》な表現をした具象的な作風であったという。それは南のヌートカ族の作品からの影響と思われる。

一九世紀に入って北部のハイダ族やベラ・クーラ族との交易により、北部の作風を受け入れたらしく、共通する絵が描かれた（図12）。

人々は自分たちの高貴さや地位を主張するため、家の玄関に神秘的な絵を描いた。よく知られているものは、クマに襲われたカラスの絵である。ただし、この作品はベラ・ベラ族の職人がつくり、意図的にフォート・ルパートに運ばれたという（Barbeau 1950）。

作品には北部の伝統的なデザインがみられるが、クワキウトル族の者がその影響を受けながらも製作したのではなかろうか。

それは北部の伝統的な描線法にこだわら

図12　クワキウトル族の家に描かれた絵

ず、自分たちがよいと思ったものをどんどん取り入れ、自由自在に描いたからである。

彼らが描き出すものには、一見北部の伝統的な絵を思わせるものもあるが、その形態や構成などが自由で、ひとつひとつ異なっており、ほかの地域のものと分けられるものが多い。

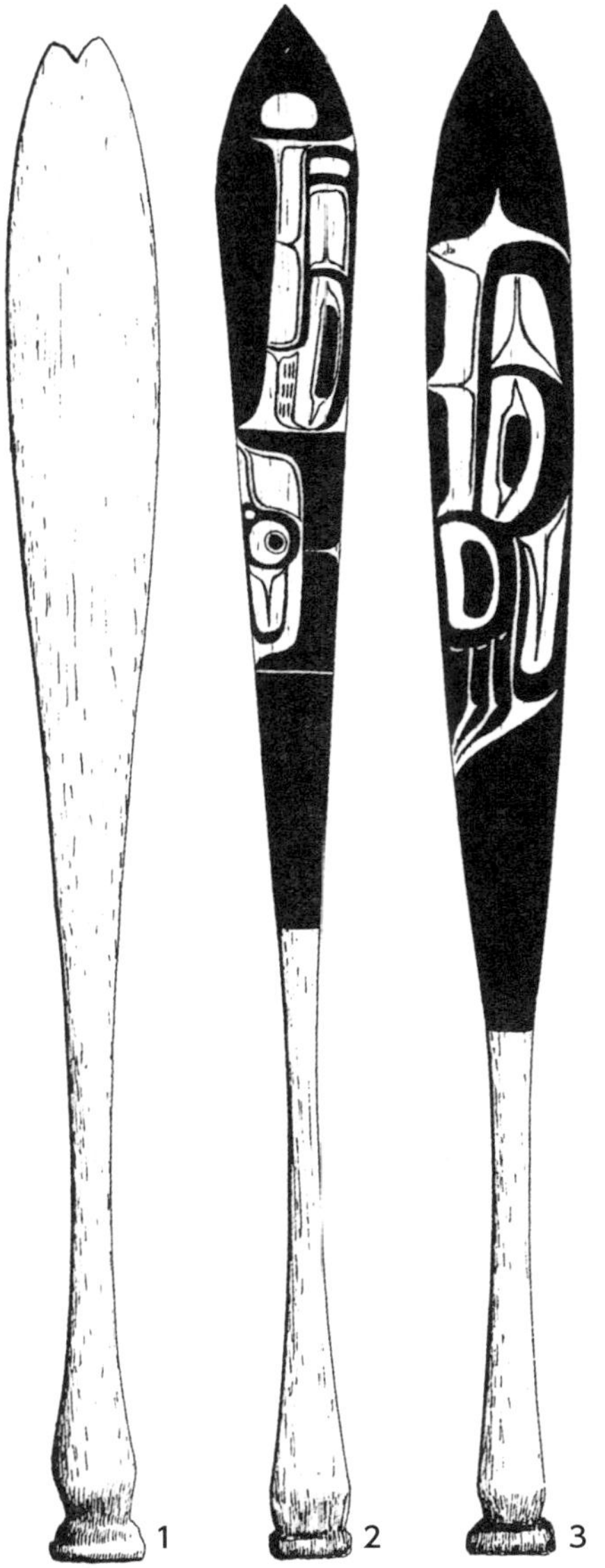

図13　櫂
1は川用。2、3は儀礼用

クワキウトル族の人たちは、いくらかでも絵が描けそうな部分があると、どんなところにも表現している。たとえば、箱、椅子、丸木舟、櫂《かい》、衝立、玄関といったものにさまざまな絵をのこしている（図13）。

色調は、北部の絵と同じ赤と黒が基本であるが、ときどき青や緑を使っている。一九世紀の終わりには白地に絵を描くのが流行するが、同時に黒地に白で描いたものもある。そして二〇世紀の初めには黄、橙色が用いられるが、黒、赤、緑の色は平面画にも彫刻にも盛んに使われた。

● ヌートカ族

バンクーバー島の中央部から南部にかけた太平洋岸に居住したヌートカ族の地を流れるホカ川の岸辺近くから、紀元前五〇〇年ころのナイフの柄が石器とともに出土した。木の柄には絵と浮き彫りがほどこされていた（Carlson 1983b）。

また、オゼット地方の湿地帯から木製品や骨製品が出土するが、そのなかのあるものには絵や浮き彫りがみられ、これらは平面的なカテゴリーに入るものが多い。

広い意味で平面手法は、紀元前五〇〇年ころから紀元後一六世紀を経て一九世紀まで断続的にあったといえよう。

ヌートカ族の絵には二つのタイプがある。一つは素朴で写実的な手法で神秘的な事象を表現したものと、もう一つは抽象的な形や曲線で何かを象徴したようなものとである。

このうち、抽象的な絵のほとんどが丸木舟や櫂に描かれることが多かったが、また写実的な絵の模様にも使われた。このほかに渦巻き文、羽文、円形、楕円形、三角形、点線文、U字形、T字形などを用いて被写体を浮き彫りにしたり、逆に被写体を彫り込んだりした絵が多い。

祭宴や儀式に使われた衝立は、初期のころは木の表面に絵を描いていたが、ヨーロッパ人が布を持ち込むと、これが仕切りや衝立の役をし、ここにライチョウ、クジラ、オオカミ、光を放つヘビなどが写実的に表現されることもあった。また、ヌートカ族特有の権利や儀式の由来を説明するような神秘的な絵も描いた（Arima and Dewhirst 1990）。

形式的には素朴で自然な感じをあらわしたものがほとんどで、画面いっぱいにのびのびとした線で描写したものが多い。ヌートカ族の製作者は、発想が豊かで自分なりに創意工夫をこらして作品をつくりあげている。

一九世紀の終わりごろになり、北部の描線画様式がバンクーバー島に伝わり、ヌートカ族の職人らが新しい様式をつくるきっかけとなった。しかし、彼らは固有のスタイルを変えることはしなかったが、絵の構成を整然と仕上げるなど、作品製作への取り組みに変化が出てきた。

また、当時よくつくられた踊りのときに被った頭飾りの意匠のこまかい部分は、北部の作風の影響によるものが多かった。モチーフとなったものは、オオカミ、光を放つヘビ、ライチョウのたぐいで、これらは彼らの冬期の儀式にしばしば登場する生物である。

ヌートカ族の彫刻は、中央海岸部のセイリッシュ族とのかかわりが強く、ことにクジラの骨のこぶを使った戦闘用の棍棒《こんぼう》にあらわれている。

棍棒は長さが一五〇cmほどで、太さが約一〇cmあり、かなりの重さがある。柄部は円形で、刃部と思われる部分は扁平で楕円形を示す。柄頭の部分にライチョウや嘴《くちばし》が曲がった鳥、そのまわりに頭飾りのようなものを散りばめた模様がほどこされている（図14）。これが戦闘用の棍棒の特徴である（King 1981, Arima and Dewhirst 1990, Holm and Reid 1975）。

ヌートカ族が木に彫ったものは、こまかく

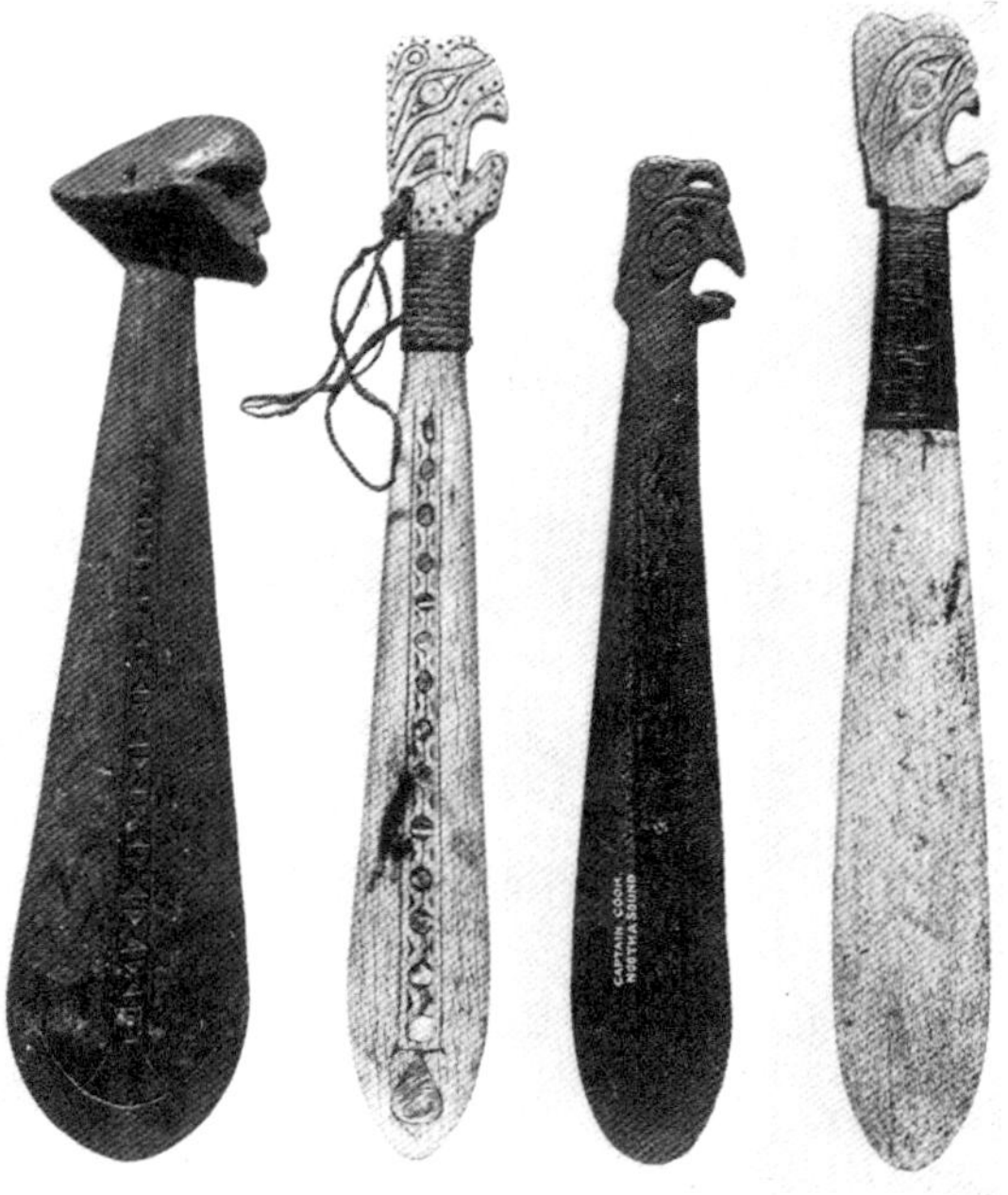

図14　ヌートカ族の棍棒にほどこされた彫刻

T字形や三日月形をデザインしたもので、セイリッシュ族が紡錘車に施文したものと似ている（Suttles and Lane 1990）。それは紡錘車の円錐部のまわりを彫り込むことで、表現したい形を浮き上がらせる手法である。

●中央海岸セイリッシュ族

セイリッシュ族の平面彫刻の古い例には、一七七八年につくられたものがある。この年はイギリスの探検家クック船長がヌートカ族の領土を訪れたときである。

遠征に加わっていた隊員の一人が、ヌートカ族の地で儀式に用いるガラガラと鳴る楽器やヤギの角に彫刻をほどこした椀などを採集していた（赤木1943）。これらはセイリッシュ族のものと似ており、両者に交流があって互いに影響しあったことも考えられる。

セイリッシュ族固有のこまかな描写法は、紀元後一〇〇〇年ころにみられるという説もある（Carlson 1983）。

彼らの製作の特徴は、被写体を浅い浮き彫りで表現していることである。そのためには被写体を浮き上がらせようと、まわりに三日月形やT字形や楔《くさび》文といった模様を彫り込んでいる。

これが発展すると被写体のあいだの隙間《すきま》を利用し、それに一定の間隔をもたせ、碁盤の目や網の目のようにいくつかの被写体をつなぎ、全体で何らかの形をあらわすようになる。また楔文をU字形の溝の部分に彫ることで、羽や鰭《ひれ》をあらわすこともあった。

あるいは、ちょうど瞼《まぶた》のように両端がすぼめられたように円形や楕円形を入れることもあった。人々の創り出す木製の紡錘車《ぼうすいしゃ》（図15）、ヤギの角製の楽器ガラガラ、魚形の棒などは神秘的な形を思わせ、こうしたものの表面にさまざまな彫り込みをおこなっている（Feder 1983, Suttles 1983）。

製作者のなかには装飾部分を視角に訴えるかのように大胆な表現をした。

図15　セイリッシュ族の彫刻のある紡錘車

作品の大半は写実的な要素をもっていたが、ヤギの角のように先端が細くなった形の装飾品のなかには、何かをあらわすというのではなく、単に模様を彫って飾りをつけたものもあった（Kew 1980, Feder 1983）。

中央部の人たちの描線法は、北部の伝統的な描線法から発展したとみる研究者もいる。実際に類似性はみられるが、それぞれの地で古くから偶然に生まれ、それが発達した可能性も考えられないであろうか。彼らの作風をすべて北部地域の伝統文化の影響と決めるには、まだ資料不足の感がする。

●南海岸セイリッシュ族

南部の海岸地方に暮らしていたセイリッシュ族の人々にとり、絵や彫刻のたぐいは信仰儀礼と結びついたものが多い。そのほとんどが写実的なものであるが、なかには抽象的なものもあった。

彼らは人間の内面にあるものを石、粘土、骨、角、木、皮などに彫ったり彩色したりした。対象としたものは超自然界の存在やその付属物、儀式のさいに登場する精霊界の救世主、所有者の権力を誇示するにふさわしい門柱のようなものであった。

人々が催す精神修養の儀式に使う彩色をした板には、魚、ワシ、ワタリガラスなど、シャーマンにパワーをあたえる超自然的なものを描いた。こうした生物を描写することで、儀式が無事終了すると信じていた。

これは超自然的な力の作用で、心の奥深くに眠っていた力を呼び覚まそうという儀式である。

板には凹凸があって、それだけでも何かの存在を映し出しているが、さらにその上に鳥や動物や古代の生き物など、力の象徴と信じられていたものを描いた（Suttles and Lane　1990）。

これに描かれた絵の意味は所有者しかわからないが、いくつかの表現には共通するものがあった。たとえば、被写体の口から出ている点々は歌っていると解釈した。色としては、白地に赤と黒がいちばん多く使われ、ときどき青色を用いた。

全体的に素朴で、そのまま描いたものが多く、被写体のもつ力を大事にしていたようである。このほかにも仮面に絵付をし、冬期におこなう人生の通過儀礼の宴のときにはこれをつけて踊った（図16）。

日常生活で使うスプーン、櫂、箱、ゲームの札、道具の柄に彩色と幾何学的な彫刻模様で飾った。人々は模様のなかに超自然的な力をもつ動物を配するなど、手の込んだ作品を製作した（Holm 1990）。

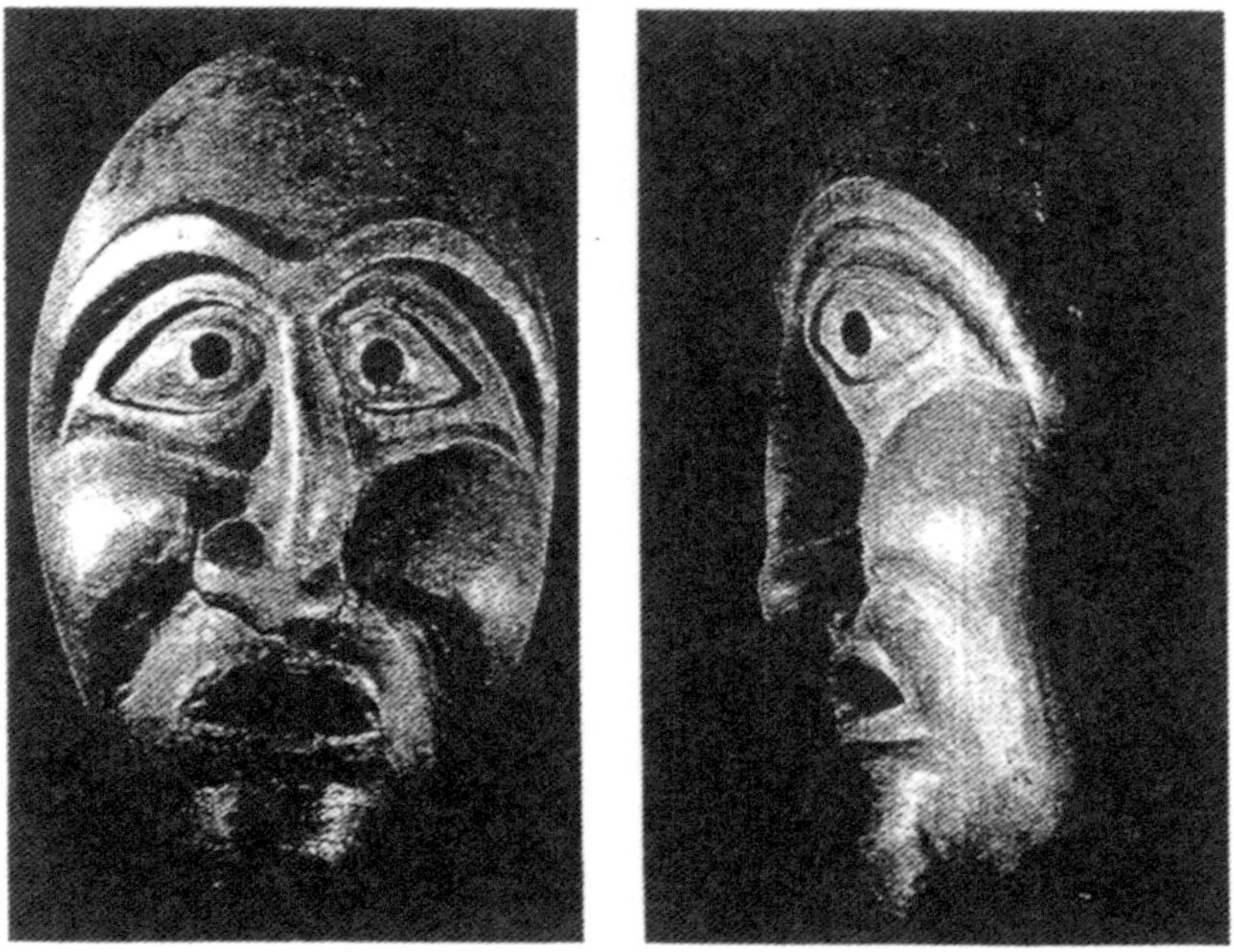

図16　セイリッシュ族が人生の通過儀礼に用いた仮面

●コロンビア川下流域

この地域でつくられた、石、木、角製品にほどこされた模様は、一見しただけでは平面的なのか彫刻なのかは分けにくい。たとえば、動物や人間を形どったらしいものを幾何学的な模様を浅めに彫って仕上げており、円文、三日月形、ジグザグ文、山形を組み合わせ、立体的な物体を平面的に描き出している。

コロンビア川中流のダルズ地方で製作されたヤギの角や木製の皿・椀などの容器には、幾何学的な典型的模様を彫り込んでいる。さらに三角形を配し、それにジグザグ文、円形、四角形を点々と彫ったり、人間を幾何学的にデフォルメしたりした（Silverstein 1990）。

これと似たものがダルズ地方よりも下流のポートランドの地で、木や角に彫られていることから河川を介して往来があったとも考えられる。

三　彫刻

平面的な作品とくらべると、彫刻は地域や種族によって特徴がはっきりと出ている。しかし、そうといっても自然環境に大きな差がないために形や構図などでは似たところがある。ここでは、そのちがいや地域色をさぐるために北から代表的な種族の作品を取り上げてみる。

● トリンギット族

人々は自然体をそのまま彫ったものを好み、まるで解剖の知識をもっていたのではないかと思われるほど正しく細部を表現している。

その事例としてはシャーマンの用

図17　トリンギット族の仮面

いた仮面や頭飾りがある。あたかも人物をそのまま写生したようにリアルに描いて、人の魂をあらわしたようにみえる（図17）。

人の顔に似せた仮面の特徴は、顔全体がまるく、眼は大きく開き、唇が厚めで長く帯のようにのびている。また、頬《ほほ》のなだらかな線は眼から唇までつづいている。これこそトリンギット族のつくりである。

シャーマンのつけた仮面には、精霊を表現したものが多いが、その意味は所有者でなければわからなかった。

仮面の素材としては榛《はん》の木がよく使われ、唇や眉毛に銅粉を塗り、歯や巻貝の蓋《ふた》を口につけ、額あたりに髪の毛が植え付けられ、唇や顎《あご》に髭《ひげ》として髪の毛をはやすこともあった。

戦闘用のヘルメットには獰猛《どうもう》な生き物の顔や怖《こわ》そうな人の顔を彫り込んだ。シャーマン用の仮面と似たところは、髪の毛や歯を埋め込んだ点である（Holm　1990）。

武器や胸当てなどは、超能力者が使う道具と似せてつくることが多い。これは戦いのとき、自分たちのカミが超自然的な力に対し、同じものを使うことで援護してくれると思ったからではなかろうか。

女性用の装飾品のうち、踊り用の頭飾り、鶏冠《けいかん》形の帽子にはできばえのよいものがある。

このほかに儀式に用いる楽器のガラガラ、スプーン、器《うつわ》、タバコ用パイプ、先祖や一族の紋章を彫った柱といったものにも木彫のよさが出ており、これらは大小にかかわらず、仮面と共通した技法がみられる。

トリンギット族のあいだでは、屋内を飾る柱に先祖を顕彰《けんしょう》するための紋章を彫ったが、この種族をふくめ、北方に暮らした人々が外に記念の柱を立てることはまれだった。もし記念の柱を立てたばあいは四本が多く、それぞれに種族にまつわる神話を刻み込む例がほとんどである。

クルクワン族が《クジラの家》と呼ぶ建物の柱にはサケを彫刻し、《優秀な捕鯨者の家》にはハイイログマを形どったものを彫り、彼らは表面だけを加工した。しかし、他の種族はトリンギット族と同じで、平面加工の様式をとらずに木を全部彫った。

なお、クルクワン族のカエルの標柱は、この二つの様式を取り入れたものである (Jonaitis 1986)。

これらの装飾用の柱には貝殻を表面に嵌《は》め込んだ。それは引越しや家を壊すときに取り外しができた。雨の多い地のため、地面へ埋める部分に腐食止めをほどこした。

シャーマンのもつ護符は、トリンギット族特有の平面的なものと立体的な彫りとを組み合わせたもので、円形の板に彫刻した例が多い。

●ハイダ族

この種族の彫刻の代表的なものは、一九世紀初めにハイダ・グワイ島の海岸部の村でつくられた巨大なトーテムポールで（MacDonald 1983）、この種のものは二〇世紀になってからも製作された（図18）。

いわゆる北西海岸描線法という、ここ特有の手法で種族の記念碑を彫り上げている。みごとな巨大な造形物の彫刻は迫力にみち、威圧感がある（Blackman 1990）。

トーテムポールは、その持ち主と配偶者の社会的な地位や富の象徴であり、先祖を讃《たた》えるためにつくった。なかには紋章を形どったり、先祖の神秘体験を表現したりした。

これを立てることは高貴な身分にある者の責任であり、地位の高さを証明する

図18　家の正面に立つハイダ族のトーテムポール

ものでもあった。製作費は高く、ほかにつくるための人件費と立ち合う人たちへの謝礼など、ふつうの人では払うことができなかったという（Duff 1964a, 1964b, 1967）。

一九世紀初めのハイダ族の人々は鉄製の道具をもっていなかったので、トーテムポールを製作するのに時間と労力がかなりかかった。

一九世紀の中ごろになると手の込んだものがつくられ、高さも一五m、幅が一mから一・五mもある巨大なものが立てられた。トーテムポールの特徴は、被写体のまとまりがよく、記念碑的要素が強く、大きさが一定していた。それに対してクワキウトル族のものは、感情を表面に出して攻撃的な要素が強かった。

細部をみると、どの顔もポールの太さの範囲内で彫られ、大形のもので嘴などが突出しているばあい、これを他方の穴に差し込む枘《ほぞ》を彫ってその部分をつけた（図19）。また、枝などがあるような材料をポールの表面につけることもあった。しかし、一般的には鼻も嘴も下に垂れるか、低めに抑えられ、ポール（柱）の表面からあまり出ていない。

基本的な形は、目鼻立ちがしっかりし、一つ一つが顔としてまとまりがあり、彫刻がポールにおさまり（家の玄関の柱を利用するばあい、ポールを半分に切ってつくることもある）、かならず浮き彫りで仕上げられていた（Holm 1967）。

顔は眼をくっきりと楕円形に切り、瞼は平らで、描線法からすると三重の線をもち、ポールの幅にそろえるために顔と肩の広さが同じで、頭の位置が高めである。屈《かが》み込んだ姿勢が多いために手足は身体に埋もれてしまうことが多く、顔の長さだけでポーズを示すものが多い。

それぞれの身体はつながり、上の者を噛《か》んでいたり、鰭をつかんでいたり、下の者の両耳に上の人

図19　ハイダ族の祖先を称えるトーテムポール

が足をかけて座ったりするなど、ほかの種族のポールのようにつながりをもたずに積み重ねているものとはちがう。羽や鰭など細部は、線を引くようにして彫った。

ハイダ族の彫刻は、トーテムポールに自由な作風で発揮され、伝統的な形を守ったといえよう。

つぎに、ほかのものについてふれておこう。頭飾り、飾り紐、楽器のラトル、器、武器、杓子《しゃくし》といったものは、巨大なトーテムポールのつくりとつうじるところがある（Blackman 1990）（図20・21）。

とくに描線法は大きな影響を受けており、

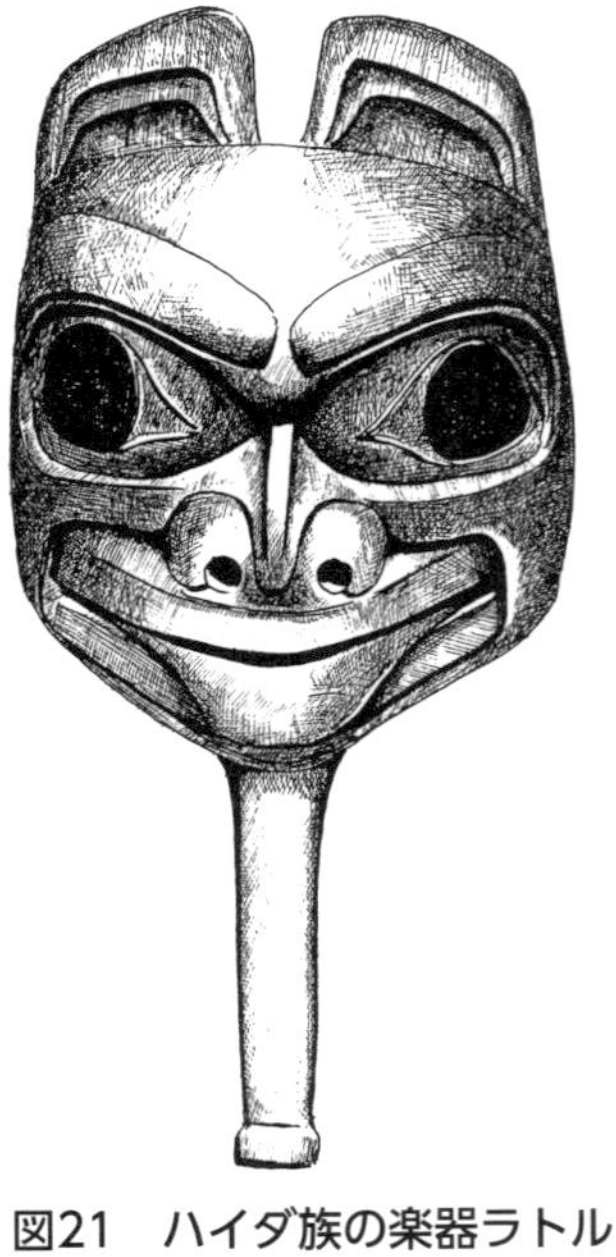

図21　ハイダ族の楽器ラトル

図20　ハイダ族がスレートに彫刻したトンボ
長さ42cm

一つ一つの作品がまとまっていることや、線の彫り方が変形自在な点からうらづけられる。

製作者の個性が発揮され、一つの定形的なパターンを導き出すことはむずかしいが、どことなく形が似ており、ハイダ族の作品とわかる。

ハイダ族の仮面は、一九世紀前半にここを訪れたヨーロッパ人の漁師らが土産にしたので、先住民は盛んにこしらえた。

このころの仮面は髪をつけ、眼や唇が動き、ハイダ族の容貌をしたものや、風変わりなデフォルメしたもの、銅製の歯や眉毛をあしらったものなど、いろいろな工夫をこらしたものがある。この現象は一九世紀の終わりまでつづいた。

●ツィムシアン族

この人々のトーテムポールは紋章をあらわすために立てられ、形もいろいろで、変化に富み、儀式のときにつける晴れ着など文化とかかわりのあるものや、植物や自然に存在する物体を表現した。

ポールに彫った人物像は屈んだものよりも立っている姿が多く、顔は骨格の上に皮膚《ひふ》を張ったような繊細さをきわめ、眼は大きく開き、眼の玉は丸く、瞼ははっきりと切れ込み、目鼻立ちは整っている。

ツィムシアン族のトーテムポールは、トリンギット族やハイダ族のものにくらべて細く、表面が滑らかで、より自然に近い形をし、大きなものでも胴体から飛び出す部分は丸くつくり、胴と一体になる工夫がある。

頭部の飾りは、踊る儀式のさいに首長らがその特権と責任を象徴

図22　ツィムシアン族の人物とクマを彫ったもの

するのに使うもので、造形のよいものが多い。人物のみだが、肌がつやつやしてまるで生きているようにみえる（図22）。

頭飾りづくりには専門の職人がいたのではなかろうか。というのは、この種のものが周辺の種族のなかからも見出せ、手法も同じことから同一グループの人々によって彫られた可能性が強い。

このほかにカラスを形どった楽器のガラガラもすばらしい作品といえる。作品が優れているのは、平面手法と立体彫刻とのバランスがよく融合しているからである。

ツィムシアン族の人たちは、仮面をはじめとする儀式のときに用いるものを製作することで、創造性と製作技術をはぐくむことができた。

そのなかでも周辺種族まで知られていたのは《ナクノクス》と呼ばれた精霊を物語のように表現した仮面である。この仮面には人や動物の顔が描かれ、ときには異邦人の顔や形の変わった顔など、さまざまな性格をもつ人の表情が彫り込まれている（Halpin 1984）。

職人らは作品のなかで自由に思ったとおりの顔を表現し、あるときは劇的な物語を話すようなものをつくったのではなかろうか。そのために自分たちの作風も変化したらしい。たとえば、神聖で力のこもったものを製作するグループにいた者が、超自然現象をあらわした人形劇の人や舞台をつくったと思える（Shane 1984）。

●ハイスラ族、ベラ・ベラ族

ハイスラ族は海岸地方に住むツィムシアン族やハイダ・グワイ諸島のハイダ族の作品とよく似たものをつくった。

この地方は、海岸域に暮らしたツィムシアン族と交易をつうじて密接な関係にあった。人々のつくる仮面は、こまかな部分までモデルを忠実に表現しているが、彩色をほどこすと変わった表情になった。

わずかな例からではハイスラ族の仮面とは決めがたいほど、周辺種族のものと似かよっている。たとえば、ベラ・ベラ族の作品のように粗いつくりの表面や、切れ味のよい作風があったり、まったく異なる仕上げをしたものがあったりといったように強い個性がない。こうした要素をもつのがハイスラ族の特徴だと指摘する研究者もいる（Sawyer 1983）。

ベラ・ベラ族のトーテムポールはクワキウトル族のものと共通性があり、たぶん両者が交易をはじめとするもので互いに往来があったからであろう。しかし、ベラ・ベラ族のものは自然に近い形をし、表現も抑え気味である。ほかのものでもツィムシアン族など北方の文化様式を受け入れており、それはトーテムポールにも大きな影響を及ぼした。

そして一九世紀の後半に入ると、空想の世界のなかの人物や動物を描いたものが出現する。それは眼が平たく、頬《ほほ》の上部と眉の下は狭くて切り込みが鋭く、唇は閉じてベラ・クーラ族特有の菱形をし、頬骨のあたりがふくらま

図23　ベラ・ベラ族の写実的な仮面

図24　ベラ・クーラ族の超自然力をもつ仮面

ないため、ベラ・ベラ族のものと異なる。しかし、形態と色合いをみるかぎり、ベラ・クーラ族のスタイルを多く採用している。

●ベラ・クーラ族

彼らが彫ったトーテムポールの人の顔に特徴が出ている。大胆な彫り方と、はっきりとした凹凸の連続で、目鼻立ちが自然体に近く、各部分も自然に仕上げているが、形がベラ・クーラ族特有のものである。

たとえば、鼻が飛び出し、そのほかの部分が下がり気味で、顎と額をうしろに引いており、眼球がはっきりとし、どことなく輪切りにしたトウモロコシを思わせる。瞼の下が垂れて眼と接し、頬は湾曲した骨格にあわせるようにふくらみ、唇は突出して開き気味で自然体に彫っている。

仮面は神秘的な感じを秘めている。雷をあらわしたものは墨で塗り、鉤《かぎ》鼻《ばな》、唇のない口、前方に突き出た額と顎、眼の形と余白の部分を強調したところはベラ・クーラ族の伝統的な形を踏んでいる（Kennedy and Bouchard 1990）。顔立ちがはっきりし、豊かな想像力が出ており、たえずクワキウトル族の仮面を意識したことが、よいものを創り出したのではなかろうか。

動物や鳥が彫刻のモデルとなってよく登場し、顔の彫りや形は人物に似せてつくり、それにはいくつかのパターンがある。左右が大きく下がった顔、丸くふくらんだ鼻孔、眼の形は人の顔と似せるといったぐあいである。

鳥の彫刻はていねいで、頭に貝殻をモザイク状に埋め込み、嘴は前に突き出て攻撃的で、力や動きを感じさせるものが多い。

ベラ・クーラ族も家の入り口の柱に記念碑的な彫り込みをした。突き出た庇《ひさし》を守るように柱から腕がのびたものもある。しかし全身像や背丈の高いものはつくらなかった（Barbeau 1950）。

ベラ・クーラ族の人面彫刻の特徴は、顔の凹凸が著しく、鋭い輪郭線にある。彼らは顔を自然体に彫って、鼻を頂点に全方向に傾斜をとり、それに額と顎先をつけた感じである。少し円錐形の先端を切ったような形で眼球を強くあらわし、くっきりと彫った眉毛が下の面に垂《た》れている。眼の外側に傾いている眉毛の下の面は目尻のところで頬の上の面と交差している。頬自体は独特のふくらみをもち、頬骨のアーチと重ねている。

こうした眼と眼窩《がんか》にみられるユニークな表現は、顔のほかの面と相互作用し、強く突出した唇は開き、自然体をとっている（Boas 1898）。

彫刻にみる神話上の生き物には、顔の基本形をいろいろと変形させることが求められたが、ベラ・クーラ族の特徴を出している。いくつかの特殊なもの、たとえば、大きな鉤鼻や唇のない口、かなり突き出した額と顎先を黒鉛で描いたサンダーバード（雷神鳥）の仮面などには、ベラ・クーラ族の特徴はほとんどみられない。それでも眼の形や、強烈で平坦なつくりは彼らの伝統様式をふまえている（Dorthy and Bouchard 1990）。

ベラ・クーラ族の彫り師たちは動物と鳥をよく題材にしたが、基本的な形のちがいはあるものの、顔の面や形は人物像と同じようにあらわしている。たとえば、精巧に彫り、貝殻を象嵌《ぞうがん》した頭飾りの装飾や攻撃的に上に突き出た嘴など、多くの鳥の表情からは力強さと躍動感が伝わってくる。

創造力に富んだベラクーラ族の彫り師たちは、儀式の場で家族神話を劇的にみせるために連結式の仮面と像の製作に才能を注いだ。この点で、彼らはクワキウトル族の彫刻師らに匹敵した。

また、開いた口を通って家のなかに入るハウス・フロンタルポールや、屋根の梁《はり》を支えるかのように大きく広げた腕を取り付けたハウス・ポストのような記念碑的な彫刻もつくった(Dorthy and Bouchard 1990)。しかし、完全に彫り上げた高いポールを、なぜか一本も立てなかった(Holm 1990)。

●クワキウトル族

この種族の彫り師たちは多くの作品を残した。なぜ、たくさんの彫刻を産み出したのであろうか。彼らは盛んに儀式をおこない、題材となる神話が豊富だったことが要因かもしれない。

歴史的に重要な初期のものには、一九世紀後半から二〇世紀のものより派手さにいくぶん欠けるが、自由で奔放である。彫り師たちは、所有者の先祖や彼らと交流する生き物をあらわす機能的な大きなハウス・ポストや、家から独立した記念碑としての像を彫った。これらのモニュメントは、銅の購入に使う大量のブランケットの多さを記念したり、地位や特権を誇示するためにつくられたりした。

北西海岸の北部と中部に居住した彫り師たちは、地位や家紋の概念をよく理解しており、専門職としての訓練を受け、製作にたずさわっていた。つまり、首長の命令によって相続の特権や地位を表明する作品を創作したのである。それらはわかりやすく、説明的なものだった。人物像はハウス・ポストによくみられるような誇張された大きな頭部をのぞき、自然体であらわした。

屋根の大きな梁を支えるために柱の太さを細くせず、堂々とした建物であることを示したのは、精神的にも強いことを示したかったからであろう。
彫った人物は、セイリッシュ族の家の多くの柱にみられるような厚みのある浮き彫りではなく、立体的に彫った。人間の腕、動物や鳥の翼、鰭、嘴、鼻は多くのばあい、別に彫って身体に取り付け、それらを広げて動きや力強さを表現した。

記録に残る最古のものは、クワキウトル族の独立したトーテムポールで、高い柱の上に自然体の人間か鳥の像が一つついている。

また、一八七三年にナイト湾の奥のツァワディ村で撮った写真には、立体的に彫ったクワキウトル族の独立した大きなトーテムポールが写し出され、最古の映像記録となっている（Holm 1990）。これは、あきらかにクワキウトル族が一九世紀に北部地域のアートの影響を受けた例といえよう。

一九〇〇年ごろには、多くの村が大きな柱を家に取り付けたり、家の前に立てたりするようになった。よく知られているのはワキアシュ首長の《レーバン・ポール》と呼ばれる、アラート湾沿岸で最古の巨大な柱である。このポールはクワキウトル族の華麗なトーテムポールの典型で、像を深く彫り込み、広げた翼や嘴、鼻を取り付けたものである。

ポールの付け根に置いた大きなワタリガラスの翼、尾、足は、クワキウトル族様式のフォルムラインで、家の正面に描いた。ポールから三m以上も突き出たワタリガラスの嘴は、中空で下嘴が開閉できるようにとりつけた蝶番《ちょうつがい》で動くようになっている。儀式のさい、口が開けられ、ワキアシュ首長の客人らは食欲旺盛《おうせい》なワタリガラスの口を通って家のなかに入った。

クワキウトル族の彫り物にみられる動物や人間の顔は、北部地域の人々と共通してわかりやすい。南の地の人たちは、眼を平らな頬の面に輪郭線で描き、切り込みを入れず、眼球を瞼の下に置いて押し込んだ。

この眼球や眼のふくらみはクワキウトル族よりも、北部域の先住民の彫刻の特徴で、西部や南部の人々のものにはみられない。クワキウトル族の顔の彫刻は、出っ張った眼球を表現することで、容貌全体がくっきりとしている。突き出た口は強い頬の線で示し、歯は多くのばあい剥き出しで、表現した生き物に危うい雰囲気をもたせている。

一九世紀後半から二〇世紀前半のトーテムポールはだんだんと手が込み、付属部分やコントラストが加味したほか、白地に複雑な絵を描くようになった。この風潮は二〇世紀中葉までつづいた。このころになると、派手さに対する一種の反応として、一部の彫り師たちが、絵も描かず、複雑な細部も彫らない、いわばクワキウトル族の特色の純粋さへと回帰していった。

その後、一九八〇年代には多くの彫り師らが、この抑圧《よくあつ》をはねのけ、二〇世紀前半の彫刻師たちがもっていたような自由と気楽さを取り戻したのである。

クワキウトル族の彫刻と絵の芝居的な部分は、仮面であらわした。仮面には先祖の驚くような体験や基本的権利に対する劇的な反応を描いた神話に登場する生き物が多く描かれた。

仮面にはいろいろな形態があり、いくつかは顔を覆い、数例は仮面を額に、あるものは背負われたり、ダンサーの胴体につけられたりした。

これらの多くは連結式で、顎はパタンと閉まり、鰭と尾は波動し、アーチ状になった（図25）。

仮面製作者らが得意としたのは変形仮面で、そのなかには面が割れるか変わるかして、もうひとつの内側の像が、変化した像をみせるものであった。

記憶を呼び起こす豊富な神話に煽《あお》り立てられた彫り師たちは、その生き生きとした想像力のすべてを図案や仮面づくりにむけた。いくつかはパワフルで、《ウッドマン》のような恐ろしい怪物の自然描写的な像とも思われる（図26）。

図25　クワキウトル族の連結式仮面
顎、背、尾などが動くようになっている。1900年ころの作。長さ1.7m

ある仮面は、大きさと人目をひく輪郭線や仮面を被《かぶ》る者の演出のうまさにより、非現実な像にリアリティをもたせている。

楽器のラトル、杖《つえ》、ダンス用の頭飾り、祝宴の皿など、あらゆるものがクワキウトル族独特の方法で彫られ、装飾がほどこされた。こうした儀礼用の品物をとおし、一般におこなわれている信仰はあるが、ほとんどの彫刻の対象となったのは信仰的なものではなく、社会的なもの、つまり先祖代々の権利を誇示するものであった。

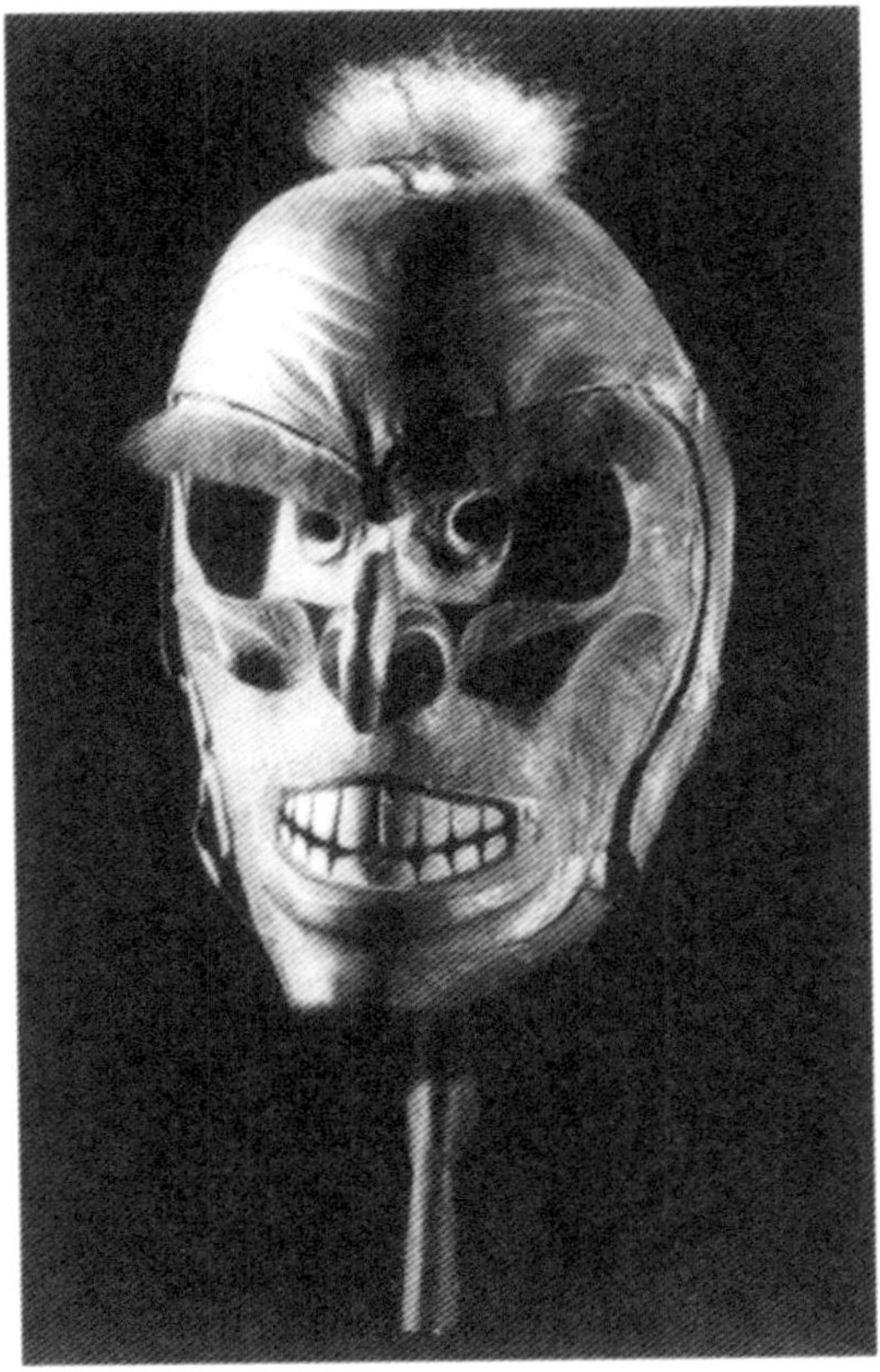

図26　クワキウトル族のウッドマンの仮面
ブリティッシュ・コロンビア州フォート・ルパートでの収集品。高さ29㎝

●ヌートカ族

彼らが彫った作品は、この地域の自然環境に即した平面的なアートである。記念碑的な像のような人物をモチーフとした彫像は、自然なプロポーションや写実的な量感のある各筋肉の部位が浮き出ている。

ハウス・ポストは、構造および機能面から多くが頑丈《がんじょう》にできており、表現は様式化している。また、徹底的に自然描写した肖像画のような仮面もヌートカ族の彫り師たちはつくったが、これらはこの地域の彫刻に共通した特徴である様式化がみられる。

それらは、セイリッシュ族の人物の彫像の顔よりもかなり強く立体化され、正面を向いた平面的なものはほとんどない。眉毛の下の面は基本的にセイリッシュ族の顔の彫りのごとく急に凹むのではなく、内側に向かって長く傾いている。眼は大きくて丸く、長い尖った瞼で、眼球の出っ張りもほとんどみられず、頬の面は平らにしている。

こうした仮面や彫像の大半は、驚くほど真に迫っており、いくつかのものには眼を開けたり閉じたりできるローリング・アイが備わっている。仮面や彫像の髪、口髭、顎鬚には、より写実的にするために人間の毛を使うこともあった。

南部の地に暮らしたヌートカ族の人物をモデルとした彫像の顔は、基本的に平面が多く、平らな顔には両方の側面が出ており、大胆な横顔をのぞかせている。長い斜めの眉毛の下の面と頬の面につけた大きな眼は、ヌートカ族の伝統に基づいている。

仮面に描かれた図案は肉太で、幾何学的であるが、一般的には非対称的なものが多い。顔面は幅広で縦縞《たてじま》と羽を用いてU字形に描いた。

人々が好んだ色は黒、赤、青であるが、二〇世紀になるとオレンジ色や黄色などを用い始めた。いくつかの図案は象徴的であるが、彫り師たちはかなり自由に工夫し、試している。

ヌートカ族の彫刻は、動物や鳥をモチーフとし、とくにオオカミや神話に登場する架空の鳥で、いなびかりと雷鳴を起こし、クジラを常食とするといわれているサンダーバードを多く彫った。

記念碑的な彫像やハウス・ポスト、楽器のラトル、棍棒、仮面などはすべて、神話のなかの生き物に似せてつくった。トーテムポールや彫像には流線形が多用されたのも特徴といえよう（図27）。

たとえば、引き締まった長い鼻、たくさんの歯の並列、引っ込んだ薄い唇、斜めの耳、尖った瞼と大きな眼をもつオオカミの頭飾りは、ヌートカ族の

図27　ヌートカ族のトーテムポール

アートの典型である。

鳥をかたどった楽器のラトルは優美につくられ、球形の胴部には細長くのびた首と小さな頭がついている（図28）。それらには胴部に少しばかり装飾をほどこした（Holm 1990）。

●セントラルコースト・セイリッシュ族

一九世紀におけるセントラルコースト・セイリッシュ族の彫り物には、量感と細部装飾が強調された。そして南部域のセイリッシュ族の彫刻のようにわかりやすい表現様式がみられる。人物や動物、鳥の彫像は、形がそれとすぐわかるように、プロポーションは比較的自然体である。

セイリッシュ族の彫像によくある正面を向いた像は人をかたどったものが多い。平坦な卵形の顔に頬の上の小さな眼と出っ張ったごく小さな口をつけ

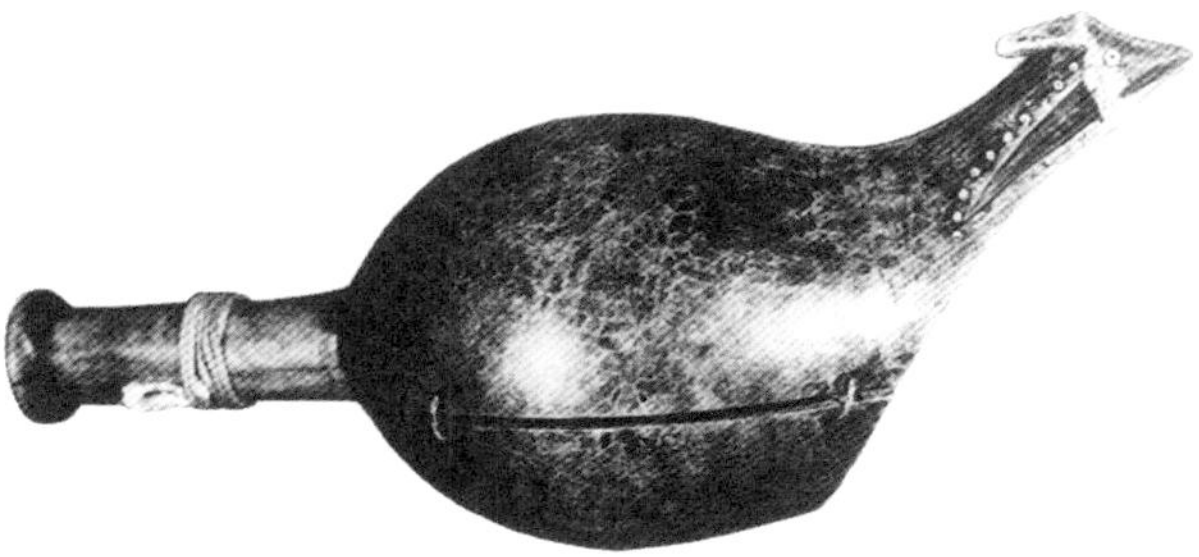

図28　マカー族の楽器ラトル
ワシントン州フラッタリー岬で1915年以前に収集。長さ32㎝

ている。顔の形は南部のセイリッシュ族の彫り物よりもいちだんと丸みをもち、何点かは頬の線で輪郭をあらわした口と顎先にかなり量感がある。指、腕、手足の筋肉の状態は自然体で示し、衣服や装飾品をこまやかに描いた。

鳥や動物は滑らかな丸い輪郭線をもって写実的に彫り、顔の部位や他の部分はこの地域独自の平面表現スタイルで処理している。また、北米産のテン（フィッシャー）をあらわしたと思われる足が短く、尾の長い四足動物、つまり超自然的なパワーと結びついた動物が、ハウス・ポストや墓標の題材としてよく使われた（Suttles　1982）。

みごとな彫り物は、ハウス・ポストの大きな厚板から飛び出るように厚く浮き上がらせている。

織り機を支える柱には糸を紡《つむ》いだり、織ったりする道具や毛でつくった太刀、他の道具、武器などは人間や動物の彫像で飾った。これらは、超自然的なパワーと結び付いていることを暗示するが、実際にはよくわかっていない。

また、スピリット・ダンサーが使う楽器のラトルの柄にほどこした、似たような彫像も所有者の超自然的な体験を具現したようである。

やわらかい石に彫った小さな物はボウルに似ており、これらはブリティッシュ・コロンビア州南西部からワシントン州北西部にかけての遺跡から出てくる。その多くには、この地域の一九世紀の彫り物にはみられない特徴がある。その典型例は、《人物の坐像をともなうボウル》と呼んでいる浅いボウルを両脚のあいだに挟《はさ》んだ坐像で、人間の像をモチーフとしたのではなかろうか（Duff 1956）。

これらの彫像は、先住民がヨーロッパ人と接触する以前につくったらしいが、そのいくつかは顔の彫りの表情が一九世紀のセイリッシュ族のものよりも、北西海岸北部の著名な彫像を思わせる（Duff 1975）。

顔は丸く、頬面に眼をもつ平らな卵形の顔に代って、眼球をはっきりと描き、瞼は輪郭がくっきりし、小鼻は開き、頬は盛り上り、大きな口は突き出ている。ボウルは儀礼に用いたらしいが、くわしいことはわからない。

セントラルコースト・セイリッシュ族の彫刻の表現形態のうち、一九八〇年代まで使われつづけたのは儀礼のときの仮面である（図29）。

この仮面は神話や儀礼とのかかわりが深いため、セイリッシュ族の他の彫刻品より知られている（Barnett 1955, Duff 1952, Jenness 1955, Suttles 1982）。飛び出した円筒形の眼、仮面の上の隅から突き出した鳥あるいは動物の二つの頭部、垂れ下がる舌にたとえられる幅広の長い突起、鼻の位置にある生き物の頭部が、この仮面に独特の風貌《ふうぼう》をもたせている。直立した頭部・顔・鼻・胴部は生き物のようで、

図29　セントラル・セイリッシュ族のワタリガラス・タイプの仮面
ブリティッシュ・コロンビア州ナナイモでの収集品。高さ41㎝

セイリッシュ族のフォルムラインによる図案化といえよう。

ダンサーの完全な仮面と衣装はよくできており、仮面の下には襞襟《ひだえり》状の羽毛をたくさんつけ、動くと揺《ゆ》れた。踊り手の女性は、下半身を細身のぴったりとした鳥の羽毛をつけたレギンスをまとい、シカの蹄《ひづめ》製の楽器ラトルを手にしていた。彼女は、糸でつるしたホタテの貝殻をガチャガチャ鳴らしながら踊った。

●サザンコースト・セイリッシュ族

男たちは木彫づくりにたずさわったが、一部の者は特別な種類のものをつくるのに優れており、それらを専門に彫った。たとえば、カヌーはほとんどの者が製作したが、装飾性に富んだ優品は専門の彫り師に委《ゆだ》ねた。彼らが多く暮らすピュージェット湾岸域には、熟練の彫り師たちがカヌーづくりに励んでいた。

ピュージェット湾岸域で最も注目すべき木彫は、人間のような形をした超力をもつ像である（Wingert 1949）。これらはピュージェット湾岸の中央部にいたシャーマンがつくったもので、《スピリット・カヌー》の儀式で使う道具の一部である。

像はどれもシャーマンの財産で、霊魂再生の祈祷《きとう》により、そのパワーによって死者の土地へと旅立つことができた。それぞれの像の形はシャーマンの超自然的なヘルパーで指図され、その彫像が人物像とみなされた。

これらの像は、正面に平らに置いた卵形の頭部をもつ脚のない胸像で、強烈な角度と量感をもって、レッドシダーに大胆に彫った。腕は胸の上に置き、肘《ひじ》を曲げ、指は開いている。なかには腕を浮き彫りにし、細部まで描いたものも稀にある（図30－2）。顔は南部に居住する先住民の彫刻の表現法と共通し、平坦な卵形の顔は眉毛の下で切り、細長い鼻は眉毛の位置から伸び、頬には小さな眼を配し、象嵌をほどこしている。

《スピリット・カヌー》の像は、額から縁のまわりと顎先にかけた平坦な顔と頬の部分がかなり凹形になっている。また、顔の上に眼や鼻などを描いた

1　2　3

図30　超力をもつ人物像

1. エルクの角に彫った像。1955年以前、オレゴン州のチヌーク族領域内のソービー島での収集品
2. サザンコースト・セイリッシュ族の《スピリット・カヌー》の像。1892年に収集。高さ1.4m
3. カウィチャン族のハウス・ポスト、厚板を張った家の梁を支えるために家の内側に立っていた。のちに製材板で家が建てられると、壁の外側に置かれるようになり、建築的な役割を果たしていない。1944年以前にブリティッシュ・コロンビア州のクアーミチャン保留地の家で収集

ものが数例ある。それぞれの像の脚の部分には尖った太い杭を取りつけ、これを地面に差し込み、儀式がおこなわれているあいだ彫像を真っ直ぐに立てた。スピリット・ヘルパーの指図で、白地に赤や黒の色を塗り、像は森に隠しておき、使うたびに色を塗り直した。

サザンコースト・セイリッシュ族は仮面を少しばかりつくったが、大半は他の先住民から手に入れたもので、これらは一九世紀後半以降といわれている（Eells 1985）。

ほかの儀礼用品、ダンサーが使うシカの蹄でこしらえたラトルの柄はパワーを彫刻であらわしたが、彫り師の技はほとんどのばあい、実用品の製作にかぎられた。スプーン、カヌーの水をかき出すあか汲み器、カヌーの櫂、手斧の柄、といった実用品の多くは彫ったままで、優美な襞《ひだ》や仕上げ塗り以外の装飾はみられない。

●サウスウエスタンコースト・セイリッシュ族

この種族の彫刻のうち、最も知られているのはキノールト族のシャーマンが祈祷に使う超自然的なスピリット・ヘルパーを示す彫像である。この像は霊的な生き物の出現をあらわしたものといわれている。柄の先端装飾として彫った像は、高さが一〇cmくらいの円筒形の棒のついた三〇cmから四〇cm前後までと、いろいろの大きさがある（Winget 1949）。

これらの像は、北西海岸の南部に一般的にみられる真正面を向いた人間をモチーフとした立像である。胴体の両脇に真っ直ぐ垂れ下がった腕は、長円形に切り込んだ割れ目によって胴体と切り離している。像は全体にこわばり、南部地域の彫り物に多く使われた幾何学的な形である。胸の上には、しばしば肋骨《ろっこつ》を彫り込んだ。

もし肋骨の表現がなければ、ロワー・コロンビア地方の彫像より硬直さがないのでみわけやすい。ラトルとして用いたいくつかの像や首や胸に吊るした一連のシカの蹄は生き物の骨と考えていた（Hajada 1990）。

キノールト族の彫像の顔は、南部地方の彫り物の伝承を受け継いでいる。平坦な卵形の顔は、眉毛の下に鋭い切り込みを入れ、水平な額の面と顔の面とに分けているが、頬の面の下端にもうひとつの切り込みを入れて三分している。額から突き出た細長い鼻を残して、切り込みの深さまで削っている。頬と顎先にはそれぞれ眼と口を示す小さな凹んだ切り込みを入れた。

眉毛と頬の下に切り目を入れることで正面を向いた顔を表現し、突き出た鼻を残して頬と顎先にわずかな量感をもたせた。眼と口の切り込みを入れる手法は、コロンビア川からバンクーバー島南部にかけた地域の主要な手法である。

キノールト族のパワーを備えた像には、その変形として幅の広い厚板に浮き上らせた像もある（Wingert 1949）。これらの像はすべてに赤と黒の色が塗られ、眼と歯を貝殻で象嵌して表現した。頭部には人間の髪や馬の毛をつけた。

こうした像がシャーマンの仕事にどのような意味をもち、どう使われたかについて、のちに所有者が語ったのを研究者がまとめている。さらにコロンビア川流域における先住民とヨーロッパ人との交流時のことも話したという(Hajada 1990)。

●ロワー・コロンビア地方

この地方は北西海岸の他の地域と変わらない彫刻の伝統があった。石、木、骨、シカの枝角、ヤギの角といったものを材料に用い、装飾をほどこした実用品や儀礼用の品々をあみだした。

当地方の籠細工と同じように、人や動物をシンメトリに図化したものが一般的で、純粋な幾何学模様で綿密に仕上げている。現存する彫刻の多くは考古遺跡の発掘から得たもので、それらの目的や用途もしだいにわかりつつある。

正面を向いた人物像は、独立した彫像としても、また実用品にみられる浮き彫りの像としても芸術的要素をもっていた。ダルズ近くの火葬場跡からは、骨、シカの枝角製の彫像とその断片が発掘で見つかり、信仰的な役割をもっていたことがわかる。

それらは、高さが一〇㎝前後と小さく、細かい切り込みが入っている。顔の表情や骨格の構造、髪の毛、頭飾り、キルトの細部は三日月や山形紋、三角形の背景に溶け込むように彫っている。顔は長く平坦な卵形で、アーチ形の眉毛とアーモンド形の眼、長い鼻、頬は隆起している。口元は微笑んでいるようにみえるのがほとんどで、真ん中に長方形の舌がついている。

こうした彫像や、これらと関連のある他の彫像のきわだった特徴は肋骨の描写で、背景の三日月や山形文によってはっきりと輪郭が出ている。

また、同じ地域で製作された籠の上の人物像とも、そのプロポーションや細部が類似している。これと似た像は、乾燥したサケを粉末にするさいに使う木製の深めの擂《すり》鉢と擂り棒にもみられるほか、北西部の地でも多く確認されている。

高原（プラトー）のワスコ族やウィッシュラム族の領域でつくられたと思

われるヤギの角製の小さな鉢にも浮き彫りがある。これらとかかわりのある角製の大きなスプーンは幾何学模様で飾られていた。

この幾何学的な図案には、重なった列の小さな三角形を取ってジグザグ線の帯を形づくったものや、同心の正方形や円を刻んだものなどがある。こういった鉢やスプーンは、たとえ製作されたとしても、一九世紀中ごろのわずかな期間である。

いちだんと大きな人物像は木製で、骨製の小さな彫像の様式的な特徴を多く採り入れている。人物像のなかには支えるための台があった。ピュージェット湾岸にみる《スピリット・カヌー》の像のように地面に垂直に立てたか、キノールト族の霊魂像のようにラトルないし杖を用いて立てた。この人物像の高さは二五cmから一〇〇cmくらいである。

一八〇五年、この地域を探検した隊員らはカヌーの船首と船尾に実物大の木製のクマの像と人物像を取りつけているのを眼にした（Holm 1990）。

一八四六年に画家のポール・ケーンがチヌーク族の家の内部を描いた水彩画には、ロワー・コロンビア様式で彫った人物像のようなハウス・ポストや、仕切り用の厚板に刻み込んだ典型的な幾何学模様の浮き彫りがみられる(Silverstein 1990)。

動物や鳥の像もロワー・コロンビア地方の彫り師たちのレパートリーの一部だった。それらの彫像は、角や木製のスプーンの柄やシカの枝角でこしらえた手斧の柄の手元に取り付けた。人物像と同じく、プロポーションは自然体で、骨格の構造や解剖学的な生き物の像として、キノールト族やサザンコースト・セイリッシュ族らは好んで用いた。

四　籠細工

籠の素材はトウヒの根を裂いて経糸《たていと》とし、糸は格子目に編み合せて底部をこしらえたのち、経糸として上に向かって編んだ。緯糸《よこいと》は細くて曲げやすい植物の根を用い、常に二本一組みで使った。うち一本の緯糸を籠の内側に沿って水平にのばし、経糸と経糸のあいだにあたる緯糸の部分に第二の緯糸を巻きつけた。なお、第二の緯糸を斜めに外側に引っ張って二本の経糸を強く結び付けた。このような籠は透かし細工で、緯糸の間隔をとることにより、思ったとおりの空間がとれた。

経糸を互いに逆方向に斜めに走らせて交差させるなどの工夫をし、外観の美しいものに編み上げている。このあと、経糸をしめるために同じ素材の緯糸を二本セットにして編み込んだ（菊池・益子訳　1990）。

●トリンギット族

籠はトリンギット族の文化にあって高く評価されている。《クラックワン・ホエール・ハウス》の最も価値あるもののひとつは、スプルースの根で編んだ《マザー・バスケット》と呼ばれる大きな籠である（Oberg 1973）。

チルカット族の籠のほとんどがそうであるように、この籠には編み込み模様以外に装飾はないが、トリンギット族の籠の多くには図案を組み合わせた手の込んだ模様を入れている。

模様は編み方や染色した緯糸、着色した草で幾何学模様を帯状に縫《ぬ》った擬《ぎ》似刺繍《じししゅう》を多様化してつくった。整然と並ぶ精巧な反復模様は、わずかな基本要素の組み合わせからなる。ほとんどの模様には名前がついているが、それらは装飾的で、象徴的なものではない。

籠は用途に応じて大きさや形が編まれた。揺り籠も籠細工の一例で、初めから編むのではなく、大きな籠を切って揺り籠用に編み直した。

トリンギット族の籠のうち、最も美しいものは、対になった少し先細りの小さな円筒で、いっぽうの円筒が片方のそれにすっぽりと入る入れ子で、中身が密封できるようになっている。

こうした入れ子の籠は、銃口にこめる銃弾を運ぶのに用いた。これにより大型の籠は、儀式の参列者の頭にふりかけるワシの綿毛のような儀礼用の材料を保管するのに使った。こういった籠はしばしば繊細な擬似刺繍をほどこした帯で覆われた。

いくつかの村の女性たちは籠を編む技に優れており、その多くが一九世紀後半から二〇世紀前半に、欧米用商品の製作にたずさわった。交易品としての籠づくりは、種類や装飾はある程度進展し、繊細で調和のある編み方により、いっそう美しい籠が登場した。

現在、ビクトリア市の博物館やブリティッシュ・コロンビア大学の人類学博物館などに収蔵されている籠の多くは欧米向けの交易品で、先住民が使用するものではなかった。

スプルースの根で編んだ円錐形の帽子は実用品であるとともに、最も威信《いしん》のある家紋でもあった。トリンギット族の帽子は北部の先住民タイプで、つばは広がり、上部は平らである。広がったつばの下半分にはスキップ・ステッチ編みでジグザグ模様や連続する菱形模様が入り、上半分は滑らかな表面を出すために細い三本の撚り糸で編み、表面には絵を描いた。ふだん使う帽子には絵がなく、正装用の帽子には家紋と思われる動物のフォルムラインを描いて美しく飾った。

最高級の帽子は首長たちが被り、家紋の絵を強調した。そのいくつかが高位の家紋に使われた。帽子の多くには籠細工による円筒を数個積み上げる方法をとっている。これは、真ん中が空洞の軽い材質の木のまわりを細い三本の撚り糸で編んだもので、円筒の山全体が一つの単位である。

円筒の数は、ポトラッチで贈り物としてあたえられた回数をあらわしているというが、実際のところ真意はわからない。円筒は特定の帽子につけられたらしい。いずれにしろ、円筒を高く積み上げた姿は威信を示し、立派である。籠細工の帽子にみられるような円筒は、木彫りの家紋を入れた帽子にもつけた。

帽子に家紋を編み込んだのは権威を示すものであり、トリンギット族の特色といえよう。

●ハイダ族

ハイダ族の籠製品はすべてスプルースの根で編み、おもに貯蔵用や木の実の採集用の円筒形の籠、つばの広い帽子などをつくった（関　2010）。彼らの籠の芸術性は、優美な調和や規則正しい編み方、黒く染めた緯糸を用いた帯、何本もの撚り糸とスキップ・ステッチ編みを使った上部の縁飾《ふちかざ》りの細部装飾によって決まる。

一部の籠細工師たち、とりわけトリンギッ

図31　ハイダ族の帽子
シダーの樹皮で編んだもの。クマがしゃがみ込んでいる。赤と緑と黒を配し、クマの頭は黄色で塗り、体は赤色とトルコ石、眼唇に銅を使用

ト族の下位の人々と親密な交流をもっていたアラスカの先住民らは擬似刺繍の装飾をほどこした。それは一般的ではなかった。ハイダ族の籠細工師たちは帽子づくりに長《た》けており、実用品のほか、本土の先住民と交易するためにたくさんの帽子を編んだ。

帽子には、つばにスキップ・ステッチ編みで模様を入れたり、山の部分を三本の撚り糸で編んだり、編み目に変化をつける以外、装飾をつけなかった。帽子の飾りは絵を描く男の職人らがおこなった。彼らはシンプルなものにこだわったようである（図31）。

● ツィムシアン族

人々にとって、籠細工はハイダ族やトリンギット族ほど芸術的に重要なものという意識はなかった。籠はスプルースの根を材料に撚り糸で編んだ。撚り糸で編んだ北部タイプの典型的な帽子の多く

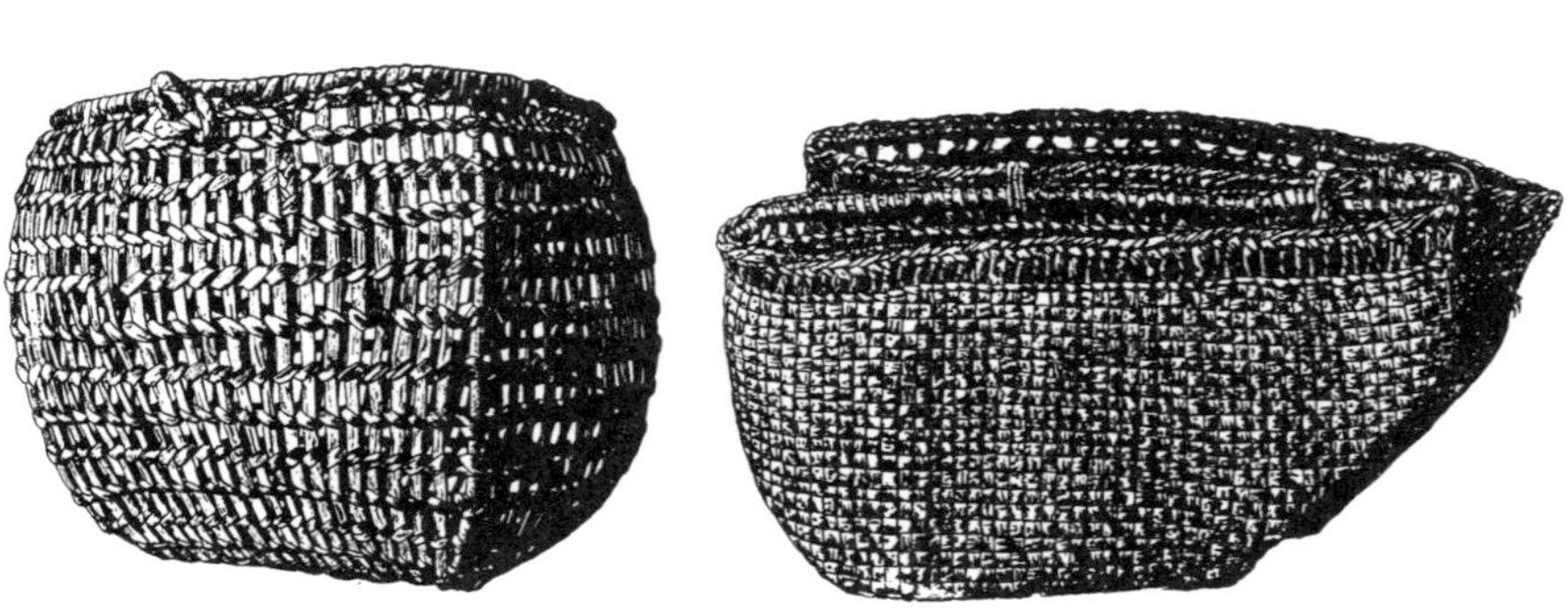

図32　シダーの樹皮で編んだツィムシアン族の籠

は、ツィムシアン族の女性らによってつくられたらしい（図32）。

一九世紀後半から二〇世紀には、草の擬似刺繍の模様を配した、シダーの内皮の撚り糸で編んだ籠がアラスカのメトラカトラ村民によってつくられた。また、興味をそそる別のタイプの籠は、ギトクサン族の籠のなかにみられる（Weber 1982）。

これらはサザンコースト・セイリッシュ族のいくつかの籠だけにある形の細部と技法を使っている。この形と技法は、他のどこかから導入されたかわからない。

ツィムシアン族の編み手たちは格子編みによる実用的な籠とマットも製作した（Laforet 1984）。スキーナ川上流域に暮らしたギトクサン族は、採集民がつくったものと同じタイプの籠をつくり、使用した。これらはスプルースの根で縫ったカバノキの皮でつくり、皮の黒い表層を擦《す》りとって抽象的な葉形や幾何学模様で飾った。こうした例は他の部族に例をみない（関 2010）。

●ノーザン・ワカシャン族、ベラ・クーラ族

ハイスラ、ハイハイズ、ベラ・ベラ、オーウェキーノ、ベラ・クーラ、クワキウトルといった先住民のあいだでは、籠細工の芸術的価値は低かった。手の込んだ装飾性に富む籠はほとんど製作されず、もっぱら荷物運びや貯蔵用といった実用的なものにかぎられた。荷物運搬用の包み編みの籠と透かし編みの籠、シダーの内皮で編んだ籠のいずれかであった。

籠のできばえはよいが、編み込み模様や黒く染めた撚り糸を使うほか、表面の飾りがほとんどない。籠のつくり方も編み方も実用本位で、材料や技法は近隣の先住民のものと同じだった。

スプルースの根の撚り糸で編んだ北部先住民タイプの帽子は、ベラ・ベラ族とクワキウトル族の編み手がつくったらしい。なかには直径一〇〇㎝ほどの帽子もある。それらは地位の高い家紋をもつ人物が被ったもので、神話に出てくる帽子ではなかろうか。

シダーの樹皮で加工したものは、《冬の儀式》で使われ、赤く染めた皮の精巧な宝器の一部にみられるように、芸術性の高いものであった。レッドシダーの内皮の繊細な糸が撚り合わされ、包み編みされ、複雑な構造とあいまって儀礼的な冠と首輪ができた。

やわらかみをもつ彫刻は、仮面や他の宝器を飾るためにこまかく刻んで染色したシダーの内皮の縁飾り、束、結び目、房飾りを用いた結果生まれた。彼らにとり帽子はステイタスでもあった。

●ヌートカ族

ヌートカ族の籠細工のおもな材料は、レッドシダーの内皮とスプルースの根である。技法には撚り糸を使ったさまざまな編み方があり、シダーの内皮で四角い編み方や斜め編み、綾編みによって、マットや実用的な籠を編んだ。

考古学者による低湿地遺跡の発掘で古い時代の籠細工による品々が出土し

た。たとえば、ワシントン州沿岸のオゼット遺跡のような北西海岸で最も肥沃な地域では、一七世紀から二〇世紀にかけて挿し絵技法による籠製品が多く、長い期間つくられた（Wessen 1990）。

また、ホコ・リバー遺跡からは、紀元前五〇〇年前後の文化層から模様のない籠や包み編みによる籠細工品が多数見つかった。これは撚り糸で編んだもので、この地域の古くからの伝統であることを物語っている。

ヌートカ族の籠細工で有名なのは、上にタマネギ形の球根をのせた幾何学的な図案や、クジラとクジラ捕りのカヌー、あるいはサンダーバードとくねったヘビの場面の装飾を配した円錐形の帽子である（Arima and Dewhirst 1990）（図33）。

一八一四年、最初にヌートカ族をみたヨーロッパの画家が、彼らを描いた範囲は遠く南のコロンビア川流域にまで及んでいる（Holm 1990）。スケッチを多く描かせたのは、材料と編み方が巧みで、こまかな装飾がクジラ捕り用の帽子にもほどこされていたからであろう。

　ヌートカ族の籠細工手法による帽子は一般に二重につくられ、シダーの内皮の裏面がつばの縁の最後の数段で表面と一緒に編んでいる。

　経糸はスプルースの根を裂いたのを用いた。タマネギ形の球根の先端、首、縁はスプルースの根でつくった経糸で編み、球根本体と帽子は黒く染めたシダーの内皮で編み上げている（図33）。

　サーフ・グラスを使ったチョークホワイト・スパイアの上飾りは、白地にこま

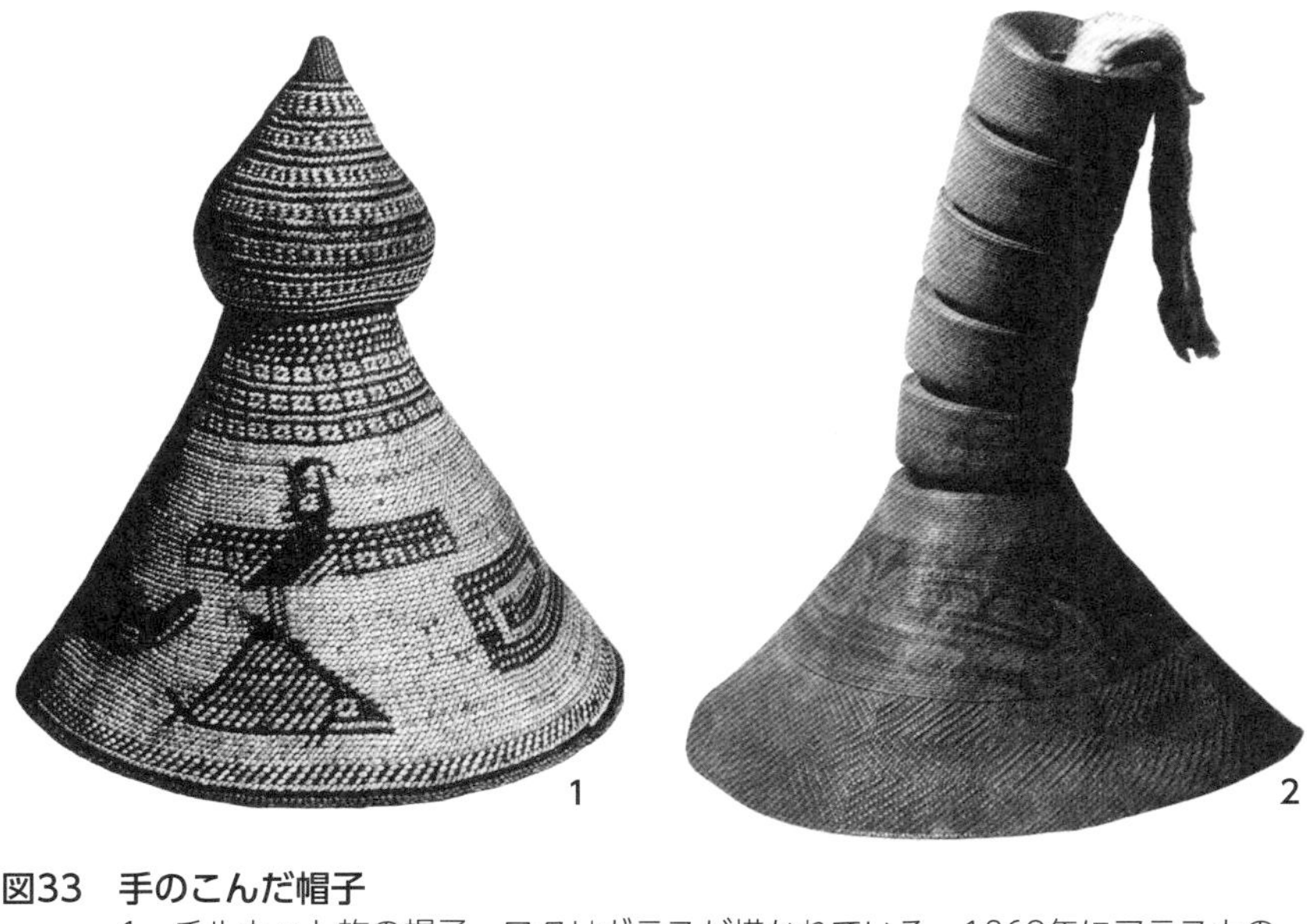

図33　手のこんだ帽子
1. チルカット族の帽子。ワタリガラスが描かれている。1869年にアラスカのチルカット村で収集。高さ31㎝
2. ヌートカ族のクジラ捕りの帽子。1778年にイギリスのジェームズ・クックが収集。高さ28.5㎝

やかな模様で仕上げた。クジラ、カヌー、クジラ、サンダーバードなどの図案には、限界もあって幾何学的に様式化されている。

くねくねしたヘビとサンダーバードの頭部は、編み手が非現実的な像のキャラクターを表現している。

一九世紀後半、ヌートカ族の編み手たちは、精巧な装飾のある籠づくりに包み編み技法を売り物用に応用した。包み編み技法はスプルースの根で透し編みした荷物を運ぶための大きな籠など、長いあいだ実用品に応用された。それを例証するものがホコ・リバー遺跡から出ている。

また、ジョン・ウェバーが一七七八年に描いたドローイングには、ヌートカ湾沿いのユクォト村の家で使っていた、荷物運搬用の包み編みの籠が積んである様子を描いている（Arima and Dewhirst　1990）。

その後、飾りをつけた籠にはシダーの内皮を裂いた経糸と内側の緯糸が使われ、編み込みの模様には染色や色付けしたいろいろな緯糸が用いられた。

たとえば、水鳥、クジラ、カヌーといったものの幾何学的な図案を帯状にならべた。

やがて籠に蓋をつけたものが登場すると、小物入れとして人気を集めた。これらは販売を目的に編まれ、質もよく、籠細工師たちは芸術品という高い評価を得た。

こうした籠は一九八〇年代まで一定の質を保ちながら製作された。二〇世紀になると、何人かの編み手が珍しいクジラ捕りに被る帽子を真似てタマネギ形の球根をのせたものをつくるが、初期のような平編みした上に模様を配する手法ではなく、すべて包み編み技法で編んだ（Holm　1990）。

●ノーザン・セントラルコースト・セイリッシュ族

彼らの生活領域で最も独特な籠は、シダーの根で螺旋《らせん》状に編んだ硬質のもので、技法・材料・図案はコースト・セイリッシュ族の領域からプラトー（高原）にかけて使われたものと似ていた。その多くには、装飾がまったくないか、鱗模様《うろこ》のこまかい装飾がわずかにつけられたにすぎない。

鱗模様は、イトラン、トクサの根の皮、サクラの木の皮などを素材とし、その細片をシダーの根でつくった糸の縫《ぬ》い目の下に通し、表面に取り付ける方法で編んだ（Dorthy and Bouchard 1990）。

幾何学的な図案は鱗模様の材質を変え、そのつど、色も変えてつくった。なかには、ビーズ細工の技法で鱗模様が施文されているものもある。つまり、草の細片をシダーの根の細糸で編んだ螺旋に対して平行に置き、その上下を縫い糸で縫いつける方法である。

強く編んだものもふつうに編んだものも、無文の実用的な籠の多くには、微妙な色彩や手ざわり、繊細な技術による固有の美しさがある。

これらは調理や荷物の運搬、あるいは木の実の採集に利用した。螺旋状に編んだこの種の実用的な籠にも精巧な鱗模様が頻繁《ひんぱん》にほどこされた。籠編みの職人たちは図案を入れる部分にシダーの根の縫い糸の一部をそのまま残した。

一九世紀後半の初めには、先住民以外の市場向けの籠の形が導入され、大きな蓋付の籠などがノーザンとセントラルコースト・セイリッシュ族の女性らによって編まれた。

北西海岸の他の地域と同じく貨幣経済への調整期には、籠細工が重要な資金源となり、ワシントン州北部からブリティッシュ・コロンビア州南部に居住した先住民の籠細工師たちは新しい市場に対応した。しかし、一九二五年ごろに籠の生産は急落し、一九五〇年代になるとわずかな製作にとどまった。

その後、コレクターの関心が高まったことで一九七〇年代には籠の価格が上昇し、それとともに先住民の伝統文化に対して、彼ら自身誇りをもつようになった。また、籠づくりも促進され、籠細工はいくぶん復活した。

●サザンコースト・セイリッシュ族

女性たちは、北西海岸の先住民のもっている大半の技法を用いてさまざまな籠を編んだ。なかでもシダーの根で螺旋形に硬く編んだ籠は、北西海岸の中部と北部で製作された大きな箱形の容器のように土着文化の一端を担っていた。模様は幾何学的で、ほとんどが高原地域の籠の装飾に似た大きな山形紋である。また、ステップ模様と巧みな縦縞も多く用いている。

ピュージェット湾岸の人々が編んだ籠は、硬質で朝顔形に開き、やや凸形で、卵形の断面が特徴だったが、一九世紀末には他の形のものも登場した。このころにはヨーロッパ系アメリカ人の入植により、この地方の経済環境が変化し、籠細工がおもな収入源となった。

先住民の女性たちは、売り物用にあらゆる大きさの籠を大量につくり、派手な飾りをつけたもの、洗濯用のもの、魚籠《びく》といった新しい形などの求めにすばやく対応した。なかでもやや球形の蓋付き籠は好評だった。

その多くは派手な鱗模様で装飾し、ピュージェット湾岸の人たちが編んだ数例の籠は一八九〇年代から一九二〇年代に芸術的に高い作品として売られ、人気を博した。

しだいに籠づくりは低迷し始め、二〇世紀中葉には伝統的な技法は消えた。一九八〇年代には、シダーの根で螺旋形に編んだ籠がサザンコースト・セイリッシュ族によってごくわずかつくられたにすぎない。

ほかに傑出《けっしゅつ》した籠細工の伝統をもっていたのはトゥワナ族であった。彼らもシダーの根で螺旋形に硬く編んだ籠をつくった。この人たちは、やわらかく編んだ籠の表面にイトランや染色したシダーの皮で飾ったみごとな品々をつくった。

大きなジグザグや複雑な縦縞の大胆な幾何学模様は、黒や濃い赤に染めたシダーの皮を黄褐色のイトランの代わりに用いて表面を彩った。

籠の縁の真下は一連のループや小動物や鳥の姿を一列に編み込んだ細い帯で飾った。これとほぼ同じ帯は、他のサザンコースト・セイリッシュ族の籠のいくつかにもみられる。

これはチェハリス族とチヌーク族の包み編みの籠の一般的な特徴でもあり、トゥワナ族の籠のシンボルともなった。トゥワナ族のやわらかく編んだ籠は、この地域の先住民以外の人々に称賛され、二〇世紀前半に売り物として大量に製作された（Holm 1990）。

● サウスウエスタンコースト・セイリッシュ族

チェハリス族とキノールト族の籠は、大半が撚り糸で編まれた。両集団とも包み編みと平編み技法をさまざまに変形させてつくったが、キノールト族は平編みを好んだ。彼らの平編みの籠には良質の材料であるスプルースの根の細片が使われ、表面にはイトランを用いて細い垂直線や直線模様で飾りつけた。

キノールト族はトゥワナ族と交易をつづけたことから、両者の籠は形も技法も似ていたが、キノールト族の籠のほうが硬質につくられていた。これは蒲《がま》の葉ではなくスプルースの根で編んだからである（Marr 1984）。

● ロワー・コロンビア地方

籠づくりは材料の採集や下準備から、図案、編み方、調理、貯蔵まで女性の仕事だった。シダーの根による螺旋技法でつくった硬質の籠は、根や果実を採集し、貯蔵し、石蒸し法で調理するのに使った。

川の上流域にいたクリキタト族の籠は、円錐の先端を切ったような形をし、カスケード山脈の西側に住んでいた人々の籠は、断面が楕円のものが多く、サザンコースト・セイリッシュ族やコロンビア高原で製作された螺旋形の籠とのちがいを示している。

カウリッシュ族の編んだ初期の籠は、断面が卵形だった（Marr 1984）。シダーの根で螺旋形に編み上げた鱗模様をつけた籠は、コースト・セイリッシュ族の領域全体でつくられたから、その技法がクリキタト族とアパー・カウリッシュ族とのあいだの結婚や交易をつうじてプラトー（高原）地帯に持ち込まれたのかもしれない（Holm 1990)。

これら二つの領域の図案は幾何学的で、大きな垂直な山形紋が籠の周囲に連続して配された。模様にはそれぞれ名前をつけたが、象徴的な意味はない。ロワー・コロンビア地方では数種類の技法が用いられた。最も独特なのは、ひねり編み技法で編んだ籠に、こげ茶色に染めた緯糸と自然のままの色の緯糸の二色で模様をつけたものである。この技法を使ったやわらかい円筒状の籠は、プラトーのダルズ地域に住んでいたワスコ族やウィッシュラム族、それに彼らの近隣にいたいくつかの部族により編まれた。

この編み方は包み編みと関連しているが、図案は緯糸へ切り替えることでつくられた。図案のほとんどは具体的で、六角形の人物の頭部や骨ばった人物像を何列も並べたものがあり、鳥や哺乳動物、魚が出現するのは一九世紀後半からである。こうした図案は幾何学的で、ロワー・コロンビア地方の他の媒体にみられる具象アートと似ている。

ロワー・チヌーク族とその近隣のセイリッシュ族、ロワー・チェハリス族、ティラムーク族は、藺草《いぐさ》の経糸とイトランの緯糸を使い、包み編み技法でやわらかめの籠をつくった。図案は基本的に幾何学的な図像を帯状に水平に並べたもので、縁にはよく動物や鳥の図案が帯状に配された（Marr 1984）。動物や人物像をほどこした籠もいくつかあったが、それらはアパー・チヌーク族のやわらかい籠に使われたものよりも小さくて粗製だった。こうした包み編み技法による南部の籠は、材料と図案の配置がキリュート族やマカー族、ヌートカ族の籠とは異なっている。

しかし、あきらかにちがう点は編み方のピッチにあり、表面の斜めの編み目が、ヌートカ族の包み編みのように左下ではなく、右上に向かって編まれていることである。

●オレゴン州沿岸

オレゴン州沿岸北部の人々はコロンビア川河口に暮らしたチヌーク族と多くの文化的な特徴を共有した。籠細工は芸術表現の主要な技法であった。ティラムーク族は、チヌーク族やロワー・チェハリス族の包み編み技法とほとんどみわけのつかない籠をつくった。

平編みはオレゴン州沿岸の中部で採用された技法で、ハシバミの新芽の緯糸とスプルースの根を使い、全体を繊細にきつく編み込んだ。図案は染色した緯糸で編まれ、染色したイトランで表面をこまかく飾った。透かし編みは、北西海岸域のほとんどの地域と同じように荷物運搬の籠や貝類を入れる籠にも用いた。

五　織物

●トリンギット族

北西海岸域で最も精巧で、貴重な織物とされるチルカット・ブランケットは、すべてがトリンギット族の織り手によって製作された。この伝統的な形式のブランケットは、一八世紀の植民地時代の初期にのみ織られたらしい。一八二八年、ロシアの画家パベル・ミハイロフによって描かれた作品には、伝統的ながら独特の模様を入念に織り込んだローブがある。この種のものとしては最古で、一八三二年にマサチューセッツ州セーラムのエセックス・ピーボディー博物館に収蔵されている（Holm 1990）（図34・35）。

チルカット織りは技術的にも傑作である（Laguna 1990, Samuel 1982）。繊細な輪郭のフォルムラインの模様を撚り糸で織って表現した。そのため、籠やヤギの毛で織った幾何学模様の儀礼用ローブなどに使われたさ

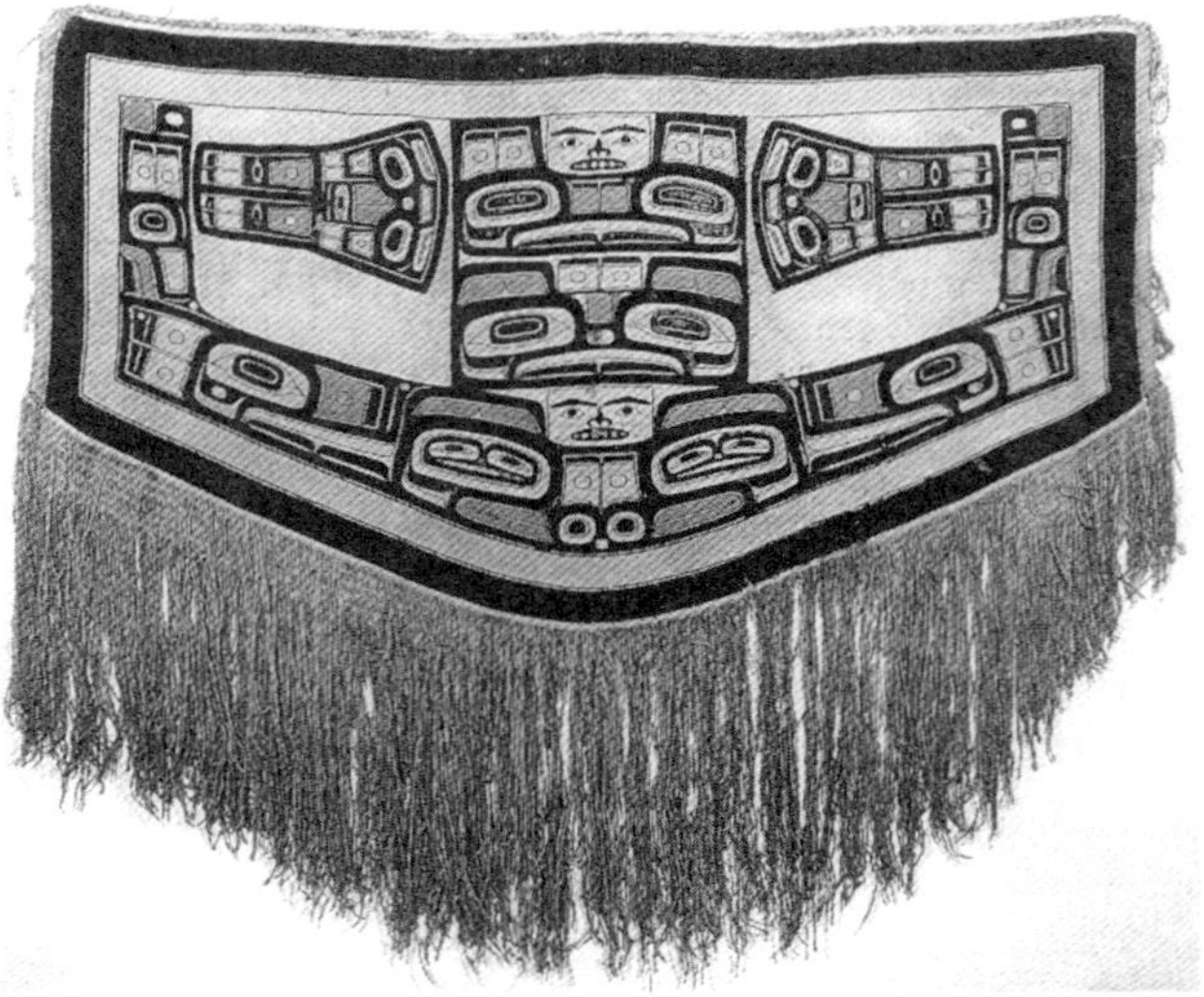

図34　トリンギット族のチルカット・ブランケット
幅1.62m 1832年収集
セーラム・エセックス・ピーボディー博物館蔵

図35　トリンギット族の山ヤギの毛で織った儀式用ローブ
南東アラスカで収集 1800年 長さ1.79m
セーラム・エセックス・ピーボディー博物館蔵

まざまな織り方に新たな技法を考えようとした。

そこには織り手の意欲的な取り組みがあったのではなかろうか。模様はいろいろな手法でつくられたが、そのなかの包み織り法では二色の緯糸のほか、染色していない緯糸で織った段と段のあいだに差し込むもう一色の緯糸を使った。

トリンギット族の織り手は伝統的なチルカット法でシャツ、前垂《まえだ》れ、女性が下半身につけるレギンス、銃の玉を入れる小袋などをこしらえた。ほかには、ポトラッチで裁断されて配られたチルカット・ブランケットの切れ端を集めて小物入をつくった。

ヨーロッパとアメリカで製造された毛のブランケットとフランネルは植民地時代の初めに導入され、たちまち普及した。このころ、布の上に別の小さな布を縫いつけて模様とした刺繍したアップリケが流行した。

儀礼用のブランケットは濃紺で、一列に並べた真珠層のある貝ボタンで仕切られ、市販されている赤いフランネルのアップリケで縁飾りされた。ローブの真ん中には、赤い布とボタンで細工した家紋が配された。

家紋つきのボタンで飾られたブランケットの最古の例は、シトカ村にいたトリンギット族の首長の葬儀を描いたボズネセンスキーの一八四四年の絵にみられる。葬列者のうちの三人がブランケットをまとっている（Blomkvist 1972）。その後、ボタン・ブランケットは主要な儀礼用ローブとなった。

上着、前垂れ、レギンス、頭飾りといった他の儀礼用着衣は市販の布で織られ、布飾り、ボタン、ツノガイやアワビの貝殻、ビーズなどで装飾をほどこした。ビーズ細工は北西海岸域の主要な装飾技法ではなかったが、これがおこなわれた地域はいずれもすばらしい作品を生み出している。

トリンギット族のビーズ細工はアサパスカン族の原型の流れをくんでいたと思われるが、トーテムの図案にフォルムラインの変形様式や抽象的な葉形を用いるなど、独自の歩みをした。

また、ヤマアラシの針を用いた装飾工芸もつくられた。図案には、前垂れやシャーマンの帽子にみられる幾何学模様と、彩色した図案に大羽根を縫いつけるフォルムライン模様の両方があった。

●ハイダ族

一九世紀になってもハイダ族のあいだではチルカット・ローブを織ったらしいが、大部分は北部の人たちが持ち込んだものを用いた。一七九四年にスペイン人の探検隊がハイダ・グワイ諸島の北端に寄港した折、優美な幾何学模様のブランケットを眼にしている。これはハイダ族の織り手によるものと考えられる（Holm 1990）。

彼らはイエローシダーの内皮でブランケットやケープを織っているが、この製作法は一九世紀にもおこなっていたヌートカ族やクワキウトル族と同じと思われる。ボタン・ブランケットは一九世紀中ごろに盛んに織られ、まもなくして儀礼用ローブとなった。その多くは、アップリケのついたチュニックと同じく、赤い布、ボタン、ツノガイのアップリケで伝統的フォルムラインを図案化している。これこそがハイダ族の特徴といえよう。

●ツィムシアン族

チルカット織りという名称は、一九世紀後半にその様式のほとんどを生み出したトリンギット族にちなんでつけられ、ツィムシアン族は、その技法を考案し発達させたと考えられてきた（Holm 1990）。フォルムラインの図案をタペストリーに織り込む手法を完成させた人たちのなかにツィムシアン族もいたと思われる。

彼らは一八世紀の植民地時代初期にはブランケットを織っていたらしいが、一九世紀中ごろにはダンス用ブランケットの生産を止め、すぐにボタン・ブランケットに切り替えている。ツィムシアン族のボタン・ブランケットは斬新《ざんしん》で、人々の眼をひいた。その多くには市場で売られていた濃紺のブランケットに、赤い布のアップリケで図案化したフォルムライン模様を配したものがあった。

ツィムシアン族のボタン・ブランケットの図案は他部族のものより物語性があり、ローブにはよく同じ物語のなかのいくつかのできごとが描かれていた。ボタンの使用は、クワキウトル族をはじめとする他の数部族が盛んに飾り立てたのに対して、ツィムシアン族はひかえめだった。

チルカット・ブランケットの着用は首長の特権とみなされたが、ツィムシアン族のばあい、ボタン・ブランケットのほうが高い地位をあらわした。それは家紋を誇示することができたからと思われる。

●ベラ・クーラ族

人々はイエローシダーの内皮やヤギの毛糸でローブを織った。一九世紀後半につくられた毛糸のローブには彩色した毛糸で白地に精彩な図案が刺繍された。ベラ・クーラ族はこまかく刻んだレッドシダーの内皮を巧みに使いこなした。その材料でつくった儀礼用の宝物、頭飾り、首輪、仮面、そのほかの装飾品は豪華だった。

一九世紀中葉に市場で売られていた布とボタンでアップリケした儀礼用ブランケットが織られるようになると、ベラ・クーラ族の織物工たちもそうしたブランケットを織り出した。

ベラ・クーラ族の織物は、レッドシダーの内皮でつくった儀礼用の頭飾り、首輪、仮面のみごとさが特徴である。それは他の種族のものとはきわだった華やかさをもっている。

●クワキウトル族

この種族の織物の主要材料は、イエローシダーの内皮で、ローブに熟練者の本領が発揮されている。また、ヤギの毛糸でローブやケープを織った。市場にブランケットが出まわるようになると、これまで使っていた材料の代わりに解いた毛糸も使うようになり、装飾のある色のついた縦縞のローブを織った。

クワキウトル族はボタン・ブランケットでも注目されたが、これは幾何学的な図案をボタン・アップリケで重々しく装飾した幅広の赤い縁飾りが特徴である。ほかのボタン・ブランケットと同じく、赤い布とボタンでアップリケした家紋の図案は、一般的には濃紺のローブの真ん中に刺繍した。一時期、緑色のローブも織られた。

クワキウトル族の女性らが、シダーの内皮を使って綾織りしたマットはすこぶる上等な品だった。これは典型的な斜め編みのため、経糸と緯糸に分かれてはいない（Holm 1990)。

●ヌートカ族

ヌートカ族の女性たちはヤギの毛とイエローシダーの内皮でブランケットを織った。その代表的なものは綾織《あやお》りではなく巻き織りである。最も細い内皮で織ったブランケットのいくつかは織り目の段と段の空きぐあいによって柔らかな肌触《はだざわ》りを出した。また、あるものには黄色と茶色に染めた毛の緯糸を使ったジグザグ模様織りの縁飾りが下部についていた。

一九世紀後半に綿モスリン（メリンス）とカンバス地でつくったダンス用ブランケットのいくつかには、神話に出てくる生き物の図案が描かれた(Eugene 1990)。

●セントラルコースト・セイリッシュ族

一八世紀にヨーロッパ人が北西海岸域に到来したころ、セントラルコースト・セイリッシュ族は、おもにヤギの毛とイヌの毛を用いてブランケットを織っており、それは二〇世紀前半までつづけられた。

そのほとんどは無地のものだが、彩色した毛糸で独自の図案やシンプルな縞模様、ときにはフォルムを交差させて一種の格子縞を綾織りにしたものもあった。のちには市販のブランケットや布を裂いた細片が縞模様として使われた。ヨーロッパ人と交流したころには、複雑な幾何学模様を入れた縁飾りのついたものや、長方形や三角形、菱形の構図を精巧に図案化して全体に配したものなど、かなり豪華なブランケットが織られていた（Holm 1990）。

いっぽう、ヨーロッパ人との接触時代以前にブランケットが製作されていたことを証すものがないため、あったとしても市販の毛糸や布を裂き、細片を利用してつくったのではなかろうか。しかし、ブランケットの製造技法、毛糸の紡ぎ方、巻き織り、綾織り、平織りといった織り方は、すでに先史時代に存在していた。

こうしたブランケットや同じ織り方の帯のいくつかは一八四一年にアメリカ探検隊によって収集され、一八四七年に報告されている（Wayne 1990）。

精巧に模様を織り込んでいく織り方は一九世紀後半にすたれたため、この種のブランケットはほんのわずかしか残っていない。

そこで、一九六〇年代の初めにセントラルコースト・セイリッシュ族の女性が、ブランケットの織り方の復活につとめた。地元出身の先住民でない人たちであったが、先住民の伝統文化に興味をいだいた女性らにより、模様入りのブランケットが織られ始めた。ついに一九八〇年代に完全に再現させた。

現在は、セイリッシュ族の多くの織り手が伝統的な図案を体験し、模様を織り込む新しい技法を修得した（Wells 1966, P.Gustafson 1980, Johnson and Bernick 1986）。

●サザンコースト・セイリッシュ族

ピュージェット湾岸に住んでいた女性たちがつくった織物は、蒲の繊維で編んだマット、こまかく刻んだレッドシダーの内皮で織ったチュニックやキルト、ヤギの毛やイヌの毛、あるいはカモの羽毛や雑草の冠毛などの材料を紡《つむ》いだ糸で織ったブランケットなどである。

イヌの毛は、毛を取るために飼育されたものを用いた、と初期の探検隊の隊員らは語っている（Holm 1990）。多くのブランケットがイヌの毛によるものといわれてきたが、その繊維質はまったく確認されていない。これらのブランケットは実用品で、装飾をおこなっていない。

毛織りのブランケットは二つのローラーのついた織り枠を使って指織りにした。これによって、経糸の両端を一本の棒、あるいは長くのばした紐《ひも》に巻きつけて織物の四つの辺のすべてに縁をほどこすことができた。織物の表面にはさまざまな綾織りでジグザグ模様や同心の菱形模様を配した。染色した経糸と緯糸が導入されてからは、色のある縞模様がたびたび加えられた。

一九世紀後半には、これらの模様に市販されている布を裂いた細片を用いた。サザンコースト・セイリッシュ族は一般に精巧な模様の入ったブランケットは製作しなかった。しかし、大麻の経糸に市販の毛糸や布を裂いてつくった細片を編み込んで、複雑な図案のタンプライン（額、肩、胸に掛けて荷物を背負うためのやや広めの紐）をつくった。

六　おわりに

北西海岸域では、彫刻は男性の仕事であった。その素材は木、骨、動物の角で、大半は木材を用い、なかでもやわらかく、真っ直ぐのび、きめがこまかなシダーを好んで使った。箱などには落葉高木で太い榛《はん》の木を用いた。技法は丸彫りか浮き彫りである。

彫り師たちは熟練した高い技量により、まるで見る人の心のなかにひきおこす反応を意識して製作したと考えられるものが多い。それは墓柱にあらわれている。その半面、神話的な怪物や神格などを表象するのではなく、現存の動物や人間らを写実的に描こうというものが感じられる。

彫刻作品のほとんどは儀礼の場で使われた。動物像は超自然的にあらわした。というのは、あらゆる動物はもともと人間の形態をもつと先住民は信じていたからである。そこで人間の姿に似せてつくった。

トーテムポールは、ある物語を想起させたり、ある観念を呼び起こさせたりする目的でつくられた。それを実現するために、彫り師たちは動物の解体をよく観察し、解剖した動物デザインを巧みに組み合わせて、自分が自由に描きたいと思う独自の形象を考え出した。

トーテムポールにみられる彫刻は、神話的できごとを思わせる、いわば記憶装置の役割を果たしていたといえよう。ポールには、これを立てた家族に属する主要な紋章が表現された。紋章の二個ないし四個を、ポールの頂上部、下部、中央部の目立つ所に彫り込んだ。紋章は連続しており、空いた部分に動物を様式化した形象を入れた。

ポールには家族の祖先としての動物があらわされ、それらは人間の顔をもつものとして表現された。このばあい、動物と人間を区別するのはむずかしい。多くの動物は、耳が頭頂部についているため、人間と識別できる。ワタリガラス、タカ、ワシなどの鳥類は、人間の顔から突き出ている嘴で、魚は鰓か鰭がついているのでわかる。

家柱、トーテムポール、記念柱の彫刻は、いろいろの概念を図解して表現するが、日用品の皿、匙、棍棒などのばあい、彫刻の重要度は薄れ、使いやすさを重視した。

ただし、祭宴用の皿には人間や動物をかたどったものにきめこまやかな彫り込みがなされ、脂を入れる皿にはアザラシが彫られた。ヤギの角製の椀には浅い浮き彫りでタカの意匠がほどこされたみごとな作品が多い（菊池・益子 1990, 関 1993)。

榛の木などを素材として一枚の平板を折り曲げてつくった四角い箱には、浅い浮き彫りで表現し、彩色した。このばあい、箱の一面に正面から見た動物の姿を彫り、その反対の面には動物の後ろ姿を彫り、左右側面には動物の側面部を表現するという装飾法をとっている。

彫り師らは、動物を解体して感じたものを表現し、製作したらしい。たとえば、一匹の動物は背中から鼻にかけて切り分け、二つの切断面が前の部分だけでつながっているかのように分割してあらわした。

北西海岸域の先住民は、連想をつうじて記憶の底に訴えかけることで効果を出す心象美術を重視した。

彼らは浅い浮き彫りで、身体の各部位を図形要素として、それを自由に配置し、組み合わせた。見栄えをよくするため、身体各部位の形と大きさを調節したり、直線を曲線に変えたり、左右対称化し、太い線と細い線を駆使するなどして作者の思いどおりに仕上げているのが特徴である。

籠細工をながめたばあい、北西海岸域の先住民は独自の表現をおこなっている。とりわけ、トリンギット族の籠は美的観点からみて突出している。技術面のすばらしさ、色の調和、模様空間の配置の絶妙さ、などである。

籠は家族の食べ物の調理、貯蔵、貯水といったものに使い、用途に応じてさまざまな大きさのものが編まれた。のちにヨーロッパ人との交易が盛んになると、物々交換の商品として製作された。やがて伝統的な籠細工の量は減少した。

トリンギット族が編む籠が、他の人たちのものにくらべて卓越している理由はいくつかあろう。素材、編み方、装飾にキーワードがあるのではなかろうか。そこで、これらをもう少し分析してみよう。

材料はスプルース（アメリカトウヒ）の小さな根である。集めた根を火でゆっくりと焙《あぶ》り、棒で外皮をはがした。それから根を裂き、つるつるして輝きのある外側の部分を緯糸に、内側の層状部を経糸にした。芯《しん》の部分は取り除いた。スプルースの根は春か夏に採集し、籠づくりに適した冬まで乾燥させつづけた。

編み方は三種あり、一種は二つ撚りの糸の編み合わせである。二種は籠の縁にあたる部分で強度を保つため、三つ撚りの方法をとった。三種は同列の経糸を二本ずつ二つ撚りにしながら、列が変わるごとに対になる経糸の組み合わせを変えて綾織り模様をつくる方法である。

装飾性はウラジロやワラビなどの羊歯《しだ》類の茎や、その他の草を緯糸に巻き付けて出した。茎は漂白して白色で使うか、染料で着色して用いた。黒色に染めるばあいは、素材を黒泥に浸すか、マツ科ツガ属に属する常緑針葉樹のヘムロックの樹皮の浸出液に漬けた。黄色は木に生えたコケやヒイラギメギの根からつくり、赤色は榛の木製の尿溜容器に漬けて染め、紫色はハックルベリーから取った。模様は織物と同じく幾何学デザインを用いた。

編み手は女性で、彼女らはシダーの樹皮の毛皮や肩マントの織り手でもあり、模様には似た部分が多い（Christian　1980）。

かつて、北西海岸沿岸に居住していた先住民どうしの往来はほとんどなかった。しかし、一八世紀になるとヨーロッパから毛皮商人が訪れたり、ある部族がユーラコンの脂を求めて物々交換をおこなったりすると、人と物が各地へ移動した。これにともない技やデザインも伝わり、隣接する人々のあいだに少しずつ変化があらわれ、共通性がみられるようになった。

これ以前は、彫刻や籠細工に部族特有のものが保持され、外部との行き来でモノづくりに触発されても一部に変化があるものの伝統が重視された。彫刻は高貴な者たちにとり、財宝として社会的祭宴において相手への戦略手段となった。

また、首長とその近親者たちにとり、富と名声を上げる役割を担っており、祭宴と儀礼などと深くかかわっていたため、各部族の伝統が色濃くみられる。

籠は日々の暮らしになくてはならないもので、用途にしたがいさまざまな種類があり、基本は使いやすさであった。籠編みは女性の手によるもので、織物同様にきめこまやかで、装飾は写実的でシンプル、色彩に富んだもの、これはどの部族にもあてはまる。彫刻物に比較して籠には共通性が少なく、伝統を守りつづけていた。

しかし、一九世紀後半ごろからは、ヨーロッパの商人が籠を取り引きの対象にしたため、これまでのデザインとは趣きを異にし、編み手は商品化を意識したものを多くつくるようになった。

本文を書くにあたり、Holm（1990）の論文を主体とし、引用・参考文献にかかげたものでまとめた。文献のコピーはカナダ・ブリティッシュ・コロンビア大学のリチャード・ピアソン名誉教授の協力をあおいだ。

図1・3・8・18・19・24・32はStewart（1990）、2・13はMcConkey（1973）、6・27は菊池（1990）、7・9・10・12・22・25・26・28〜30・31・33〜35はHolm（1990）、11はHolm（1965）、17・23はHolm and Bill（1975）、4・5・14・15・20・21はInverarity（1950）による。

引用・参考文献

Arima, Eugen and Dewhirst, John

1990　Nootkans of Vancouver Island. *Handbook of North American Indians.*　—*Northwest Coast* —Vol.7 : 391-411, Smithsonian Institution, Washington D.C.

Barbeau, C. Marius

1950　Totem Poles, 2 vols, *Anthropological Series* 30, *National Museum of Canada Bulletin* 119. Ottawa.

Barnett, Homer G.

1955　The Coast Salish of British Columbia. *University of Oregon Monographs. Studies in Anthropology* 4. Eugene. (Reprinted: Greenwood Press, Westport, Conn., 1975.)

Blackman, Margaret B.

1990　Haida: Traditional Culture, in *Handbook of North American Indians*. 7: *Northwest Coast.* –Pp. 240-260. Washington, D.C. Smithsonian Institution.

Boas, Franz

1898　The Mythology of the Bella Cooola Indians. *Memoris of the American Museum of Natural History* 2 (1) : 25-127. New York. (Reprinted: AMS Press, New York, 1975.)

Carlson, Roy L.

1983　Prehistory of the Northwest Coast. Pp. 13-32 in I*ndian Art Traditions of the Northwest Coast.* Roy L. Carson, ed. Burnaby, B.C.: Arcraeology Press, Simon Fraser University.

1983a　Prehistoric Art of the Central Coast of British Colmubia. Pp. 121-129 in *Indian Are Traditions of the Northwest Coast.* Roy L. Carlson, ed, Burnaby, B.C.: Archaeology Press, Simon Fraser University.

1983b　Change and Continuity in *Northwest Coast Art*. Pp. 199-205 in *Indian Art Traditions of the Northwest Coast.* Roy L. Carlson, ed, Burnaby, B.C.: Archaeology Press, Simon Fraser University.

Christian F. Feetst

1980　Native Arts of North America. Thames and Hudson Ltd, London

Dorthy I.D. Kennedy and Rondall T. Bouchard

1990　Northern Coast Salish. *Handbook of North American Indians.* —*Northwest Coast* — Vol.7: 441-452, Smithsonian Institution, Washington D.C.

Duff, Wilson

1952　The Upper Stalo Indians of the Fraser Valley, British Columbia. *Anthropology in British Columbia. Memoris* 1. Victoria.

1956　Prehistoric Stone Sculptuere of the Fraser River and Gulf of Georgia. *Anthropology in British Columbia.* 5: 15-51. Victoria.

1964a　The Indian History of British Columbia. Vol. 1: The Impact of the White Man. *Anthropology in British Columbia. Memoris* 5. Victoria.

1964b　Contributions of Marius Barbeau to West Coast Ethnology. *Anthropologica* n.s. 6 (1): Pp. 63-96. Ottawa.

1967　*Arts of the Raven: Masterworks by the Northwest Coast Indian:* An Exhibition. Text by Wilson Duff, Bill Holm, and Bill Reid. Vancouver, B.C.: Vancouver Art Gallery and the University of Washington Press.

1975　Images: Stone: B.C.: Thirty Centuries of Northwest Coast Indian Sculpture. Seattle: University of Washington Press.

Eells, Edwin

1985　The Indians of Puget Sound: The Notebooks of Myron Eells. George B. Castile, ed. Seattle: University of Washington Press.

Emmons, George T.,

1945　*The Tlingit Indians*. (Unpublished manuscript in the American Museum of Natural History, New York.)

Feder, Norman

1983　Incised Relief Carving of the Halkomelem and Straits Salish. *American Indian Art Magazine* 8(2); Pp. 46-53.

Feder, Norman, and Edward Malin

1962　*Indian Art of the Northwest Coast*. Denver, Colo.: Denver Art Museum, Department of Indian Art.

Hajda, Yvonne

1990　Southwestern Coast Salish. *Handbook of North American Indians. —Northwest Coast* — Vol.7: 503-517, Smithsonian Institution, Washington D.C.

Halpin, Marjorie M.

1984　The Structure of Tsimshashian Totemism. Pp. 16-35 in *The Tsimshian and Their Neighbors of the North Pacific Coast*. Jay Miller and Carol M. Eastman, eds. Seattle: University of Washington Press.

Holm, Bill

1965　*Northwest Coast Indian Art*: An Analysis of Form. (*Thomas Burke Memorial Washington State Museum. Monographas* 1) Scattle: University of Washington Press. (Reprinted in 1970.)

1967　The Northern Style: A Form Analysis, In *Arts of the Raven*. Vancouver, B.C.: Vancouver art Gallery.

1981　Will the Real Charles Edensaw Please Stand Up? The Problem of Attribution in Northwest Coast Indian Art, Pp. 175-200 in *The World is As Sharp As a Knife*: An Anthology in Honour of Wilson Duff. D.N. Abbott, ed. Victoria: British Columbia Provincial Museum.

1983　Smoky-Top: The Art and Times of Willy Seaweed. (*Thomas Burke Memorial Washington State Museum. Monographs* 3) Seattle: University of Washington Press.

1990　Art. in *Handbook of North American Indians* 7: *Northwest Coast*. Pp. 602-632. Washington, D.C. Smithsonian Institution.

Holm, Bill, and Bill Reid

1975　*Indian Art of the Northwest Coast*: A Dialogue on Craftsmanship and Aesthetics. Seattle: University of Washington Press. (Originally published as Form and Freedom: A Dialogue on Northwest Coast Indian Art, Rice University Press, Houston, Texas.)

Inverarity, Robert B.

1941　*Moveable Masks and Figures of the North Pacific Coast*. Bloomfield Hills, Mich.: Cranbrook Institute of Science.

1946　*Northwest Coast Indian Art*: A Brief Survey. *Washington (State) Museum Series* 1.

1950　*Art of the Northwest Coast Indians*. Berkeley: University of California Press.

Jenness, Diamond

1955　The Faith of a Coast Salish Indian. *Anthropology in British Columbia. Memoris* 3. Victoria.

Jonaitis, Aldona

1986　*Art of the Northern Tlingit.* Seattle: University of Washington Press.

Kennedy Dorothy I.D. and Bouchard Randall T.

1990　Bella Coola in *Handbook of North American Indians* 7: *Northwest Coast.* Pp. 323-339. Washington, D.C. Smithsonian Institution.

Kew, J.E. Michael

1970　*Coast Salish Ceremonial Life: Status and Identity in a Modern Village*. (Unpublished Ph.D. Disseration in Anthropology, University of Washington, Seattle.)

1980　Sculpture and Engraving of the Central Coast Salish Indians. *University of British Columbia Museum of Anthropology Notes* 9. Vancouber.

Kew Della and Goddard, Piny E.

1974　*Indian Art and Culture of the Northwest Coast*. Hancock House Publishers, British Columbia, Canada.

King, Jonathan C.H.

1974　*Portrait Masks from the Northwest Coast of America.* New York: Thames and Hudson.

1981　*Artificial Curiosities from the Northwest Coast of America: Native American Artefacts in the British Museum Collected on the Third Voyage of Captain James Cook and Acquired Through Sir Joseph Banks.* London: British Museum Publications.

Laforet, Andrea

1984　Tsimshian Basketry. Pp. 215-280, in The Tsimshian: Images of the Past, View for the present. Margaret Seguin, ed. Vancouver: University of British Columbia Press.

McConkey, Lois

1973　Sea and Cedar — How the Northwest Coast Indians Lived —. A Firefly Book. Douglas Tait, Canada.

MacDonald, George F.

1981　Cosmic Equations in *Northwest Coast Indian Art.* Pp. 225-238 in The World is As Sharp As a Knife: An Anthology in Honour of Wilson Duff. Donald Abbott, ed. Victoria: British Columbia Provincial Museum.

1983　*Haida Monumental Art: Villages of the Queen Charlotte Islands.* Vancouver: University of British Columbia Press.

1983a　Prehistoric Art of the Northern Northwest Coast. Pp. 99-120 in *Indian Art Traditions of the Northwest Coast.* Roy L. Carlson, ed. Burnaby, B.C.: Simon Fraser University, Archaeology Press.

Macnair, Peter L., and Alan L. Hoover

1984　The Magic Leaves: A History of Haida Argillite Carving. *British Columbia Provincial Museum, Special Publication* 7. Victoria.

Marr, Carolyn J.

1984　Salish Baskets from the Tlingit Indians. *American Indian Art Magazine* 9 (3): 44-51.

Oberg, Kalervo

1973　The Social Economy of the Tlingit Indians. (*American Ethnological Society Monographs* 55) Seattle: University of Washington Press.

Sawyer, Alan R.

1983　Toward More Precise Northwest Coast Attributions: Two Substyles of Haisla Masks. Pp. 143-147. in The Box of Daylight: *Northwest Coast Indian Art*, by Bill Holm. Seattle: Seattle Art Museum and University of Washington Press.

Shane, Audrey P.M.

1984　Power in Their Hands: The Gitsontk. Pp. 160-173 in *The Tsimshian: Images of the*

Past. Views for the Present. Margaret Seguin, ed. Vancouver: University of British Columbia Press.

Silverstein Michael

1990　Chinookans of the Lower Columbia in *Handbook of North American Indians. 7: Northwest Coast*. Pp. 533-546. Washington, D.C, Smithsonian Institution.

Stewart, Hilary

1990　*Totem Poles*. Douglas & Mclntyre, Vancouver.

Suttles, Wayne

1982　The Halkomelem Sxwayxwey. *American Indian Art Magazine* 8 (1): 56-65.

1983　Productivity and Its Constraints: A Coast Salish Case. Pp. 67-87 in *Indian Art Traditions of the Northwest Coast*. R.L. Carlson, ed Burnaby, B.C.: Archaeology Press.

Suttles Wayne and Lane Barbara

1990　Southern Coast Salish. in *Handbook of North American Indians*. 7: *Northwest Coast*. Pp. 485-502 Washington, D.C. Smithsonian Institution

Weber, Ronald L.

1982　Tsimshian Twined Basketry: Stylistic and Cultural Relationships. *American Indian Basketry* 2 (2): 26-30.

Wessen. Gary

1990　Prehistory of the Ocean Coast of Washington, *Handbook of North American Indians*. — *Northwest Coast* — Vol. 7: 412-421, Simthsonian Institution, Washington D.C.

Wingert, Paul S.

1949　American Indian Sculpture: A Study of Northwest Coast. New York: J.J. Augustin.

Wrigt, Robin K.

1985　*Nineteenth Century Haida Argillite Pipe Carvers*. Stylistic Attribution. (Unpublished Ph D. Dissertation in Fine Arts, University of Washington, Seattle.)

赤木　俊訳

1943　『キャプテン・クック太平洋航海記』第３航海篇　232-251頁、大日本出版

菊池徹夫、益子待也訳

1990　『北西海岸インディアンの美術と文化』六興出版

関　俊彦

1993　「北米・北西海岸地域の先住民の生活」『考古学の世界』９、44-76頁、学習院考古会

1994　「北アメリカ・北西海岸地域の先住民の造形表現」１『武蔵野美術大学紀要』24号、137-150頁、武蔵野美術大学

2006 「カナダ北西海岸域の先史文化」『考古学の諸相』Ⅱ、1-23頁、坂詰秀一先生古希記念会
2009 「カナダ北西海岸域の先住民の漁撈」『青山考古』、613-640頁、青山考古学会
2010 「カナダ北西海岸域の先住民―ハイダ族について―」『青山考古』第27号、145-175頁、青山考古学会
2012 「カナダ北西海岸域の先住民―ツィムシアン族―」『青山考古』第28号、51-83頁、青山考古学会
松田幸雄訳、C.バーランド
1990 『アメリカ・インディアン神話』青土社

◎関　俊彦
1994 「北アメリカ・北西海岸地域の先住民の造形表現」『武蔵野美術大学研究紀要』24号、137-150頁、武蔵野美術大学
2012 「カナダ北西海岸の先史アート」『立正史学』112号、1-31頁、立正大学史学会

エピローグ

カナダ北西海岸域、なかでも北緯五八度から四七度の大陸側と島沿いの海岸は氷河の侵食による変幻自在《へんげんじざい》の風景が織り成す青と緑の世界である。

一帯は海辺まで針葉樹の象徴ともいえるイエロー・シダー（シーダー）やレッド・シーダーの巨木が高くそびえている。北部はイエロー・シダーが、南部はレッド・シダーが主体である。いずれもヒノキ科に属する。

北西海岸域は高い緯度にもかかわらず、日本海流の影響により温暖で、雨の量も多い。そのため、森林からはいくすじもの大小の河川が、大量のプランクトンを産み出し、海の生き物を棲息《せいそく》させる役割を果たしている。

北太平洋の荒波を受け止める島の内側は、おだやかな海の日が多い。しかし、外海は人やカヌーをのみこむ大波が押し寄せ、航海は危険きわまりない。

自然の猛威《もうい》と恵みは、およそ一万数千年前から変わらず、人間はたびごと立ち向かった。

先住民はきびしい状況の下、自然と共生する道をじょじょに広げ、時間をかけてさまざまなことを学び、知恵と技をはぐくんだ。

彼らの歩みを紀元前から追ってみると、ゆるやかではあるが前へ前へと踏み出している。

本書であつかった一八世紀から二〇世紀にかけては、各地の人々のパワーや感性、社会の多様性が造形物に投影されている。それは個性と地域色に富んだもので、一見理解しがたいものもある。これこそ北西海岸民の特性といえる。

先住民は自然を崇《あが》め感謝し、そのなかで生きていた。また、森を敬《うやま》い、畏《おそ》れもした。

太古から針葉樹の森は人々の味方であり敵でもあった。森は食べ物や家屋、トーテムポール、カヌー、燃料などをあたえてくれる宝庫である。しかし、その半面、恐しい生き物や精霊たちが宿《やど》る場所でもあった。

年輪を重ねたシダーの巨木には、ふしぎな力があると、彼らは信じていた。

先住民は古いモノほど価値があり、それを認めてくれる人に尊敬の念をいだいた。

そこで高貴な人たちのなかには、驚異的なパワーを秘めた巨木にあやかろうと切り倒し、利用した。そのときは多くの人々が見守るなかで、シャーマンが司る儀式がおこなわれ、木霊に感謝の念を捧《ささ》げた。

先住民はあらゆるモノを介して祖先やトーテムと交信をつづけたのではなかろうか。

というのは、彼らが創り出した工芸品や記念物、儀礼などに感じとれる。

人間は地球という限られた環境で、自然と長く長く共生してゆくには、どうしたらよいのか。人それぞれに考え方があろう。

北西海岸域は過去から連綿とつづく風景が多く守られている。はるかな海から吹いてくる風、押し寄せる波、森林からの香り、流れ下る川、生き物の鳴き声など。

この地域の歴史とは、先住民の生き方といえる。ここには自然と人間が一体となったものが残っている。

支援者へのお礼

カナダシリーズが続刊できるのは、前書にも記したようにブリティッシュ・コロンビア大学の名誉教授リチャード・ピアソン氏に招かれ、これをきっかけに北西海岸の地や先住民を知りたい気持ちがあるからである。

本書の出版にいつもご支援下さっているカンボジア大学総長で、ＮＰＯ法人国際縄文学協会の半田晴久会長、六一書房の八木環一・唯史の両氏、校正者の渡辺利子氏、光写真印刷株式会社の惟村唯博氏、編集の菊澤稔氏、文献のコピーに協力されたアメリカの研究者らに謝意を表したい。

ご恩をいただいた先生や友に感謝をこめて

二〇一九年四月六日、山口大学名誉教授で高地性集落研究の先駆者、考古地理学者、画家として著名な小野忠凞《ただひろ》先生が白寿で逝去された。

先生にお会いしたのは山口大学の教授で、独創性のある著書『島田川』などを刊行され、ご活躍されている折である。小生が九州の弥生土器を見た帰りにうかがった。これを契機にご指導を賜り、一九七四年、先生が「弥生系高地性集落跡の総合的研究」で文部省から科学研究費を交付され、そのメンバーの一員に参加させてもらった。このグループには小田富士雄、岡本健児、森浩一、佐原真、石野博信といった他、弥生時代研究で名声を博した多くの先生方がおられ驚いた。

同年一〇月にメンバーの人たちと兵庫県芦屋市の会下山遺跡を、一九七五年七月に京都と大阪の高地性集落跡と土器を朝から夕方まで見、そして旅館では意見交換を夜半までつづけ、まるで研究合宿の数日だった。いまとなっては懐しく、贅沢《ぜいたく》きわまりない有意義な時間に感謝している。

小野先生は会合のときに、各研究者から見解を引き出そうと心がけておられ、その成果は一〇五三頁の大著『高地性集落跡の研究　資料編』として、一九七九年に学生社から出版された。このころ小生はミクロネシアで調査しており、この書に「トラック諸島における高地性集落の研究」を寄稿させてもらった。

晩年は小野今《こん》として油絵に精魂を傾けられた。画家としてデビューされ、数年後に銀座で個展を開かれた。そのときの力強い生命感にみちた作品と先生のにこにこされた優しい面影と握手した温もりが印象深く忘れられない。

先生は若者を育てられるのにたけておられ、これは秘められた情熱と感性によるものであろうか、お聞きしたかった。

前奈良県立橿原考古学研究所所長の菅谷文則《ふみのり》さんが六月一八日に七七歳で

故人になられたことを新聞で知った。残念という言葉に尽きる。彼との思い出を二つ紹介したい。

一九七八年、大阪と奈良に出かけたさい、最終日に橿原考古学研究所で菅谷氏と偶然会った。夕方の酒席へどうかと誘われた。同席した仲間は数人で、みな顔見知りで、ほっとした。

この席が、彼の北京大学へ留学するお祝いだと知り、うれしさと驚きでいっぱいだった。彼いわく、中国へは恩師末永雅雄先生の推挙によると、眼を潤ませていた。帰国後は以前に増して友情が深まった。

彼は中国への想いがいちだんとつのり、つぎつぎと企画をたてて両国の交流の絆を強くした。その功績は大きく、後輩を継続して中国に送り出し、日中考古学の礎のパイプ役をつとめた。

もうひとつは二〇一〇年一二月四日、昭和女子大学で開催された《ベトナム・ホイアン国際シンポジウム》の研究発表とレセプションに皇太子殿下（現天皇陛下）が出席された。

菅谷氏は皇太子殿下が奈良の大峯山へ行かれたときにご案内役をつとめた関係で、レセプションでは話題が当時にさかのぼられた。

あとで彼は、殿下があのころのことを鮮明に語られた。自分は断片的に思い出しつつ、緊張のままだったという。彼の性格のひとこまを見たようである。

彼とは専門分野と勉学の差がありすぎたせいか、人間性のつながりのエピソードを取り上げてみた。

人間味あふれた小野忠熈先生と菅谷文則氏のご冥福を心よりお祈りします。

索　引

ア

イ

ウ

エ

オ

カ

ク

キ

コ

サ

ケ

ス

セ

ソ

タ

シ

ツ

チ

ナ

ニ

ヌ

テ

ト

ヒ

ネ

ノ

ハ

ホ

マ

ミ

フ

ヘ

ユ

ラ

リ

レ

メ

モ

ヤ

ロ

ワ

Archaeology Square 8

カナダ　北西海岸民の生活像

二〇一九年一二月二七日　第一刷発行

著者　関　俊彦
デザイン　菊澤　稔
発行者　八木唯史
発行所　株式会社　六一書房
〒一〇一―〇〇五一　東京都千代田区神田神保町二―二―二二
Tel : 03 (5213) 6161　Fax : 03 (5213) 6160
http://www.book61.co.jp　Email : info@book61.co.jp
振替：00160-7-35346

印刷・製本　光写真印刷株式会社
〒一四六―〇〇九二　東京都大田区下丸子二―二四―二六
Tel : 03 (3758) 7788　Fax : 03 (3758) 7787

ISBN 978-4-86445-124-6　C0039

Archaeology Square 6

エーゲ文明
―クレタ島紀行―

The Aegean Civilization
― An Archaeological Trip to Crete ―

関　俊彦
Seki Toshihiko

412頁　**3刷**
定価（2400円＋税）六一書房

残部僅少